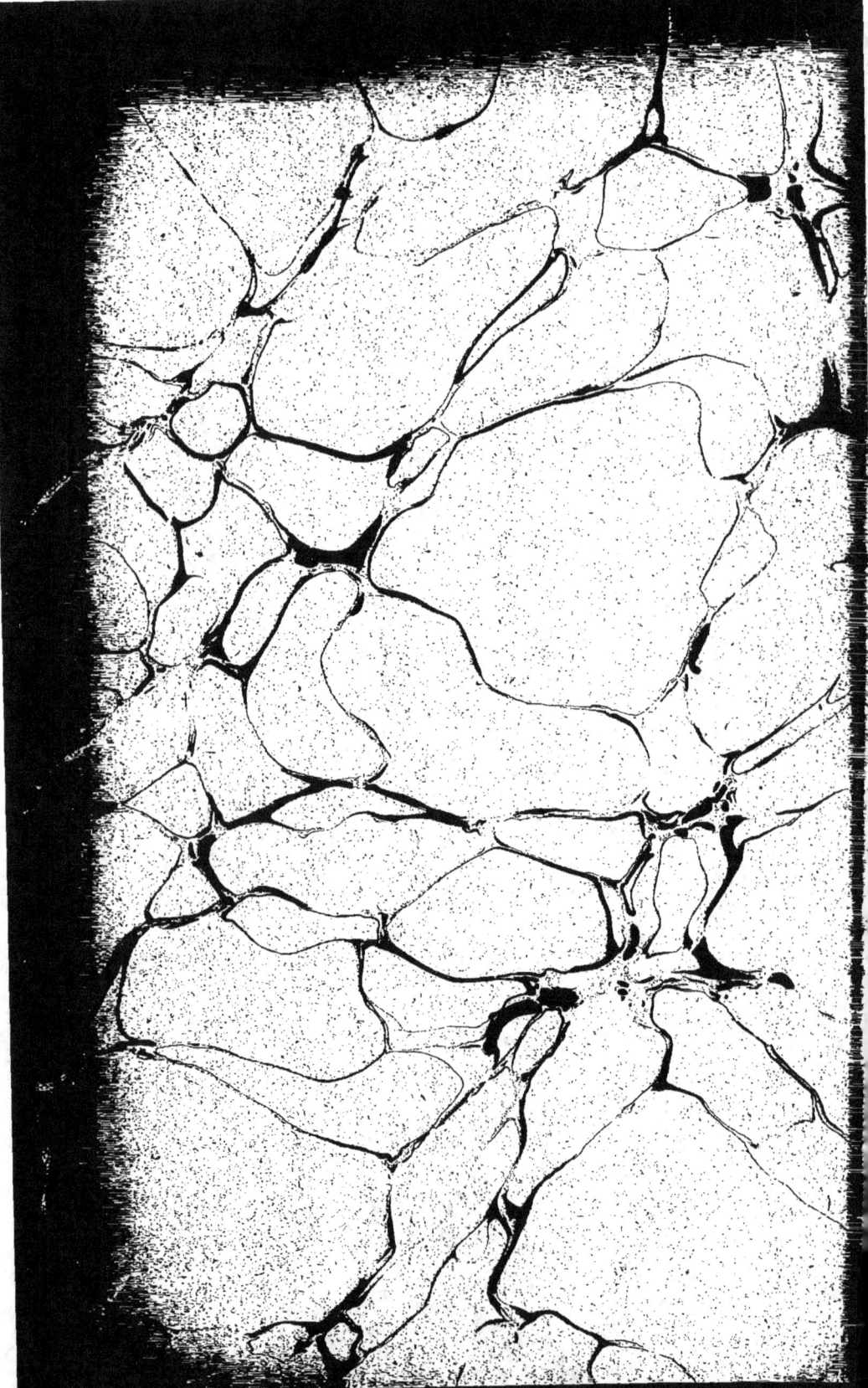

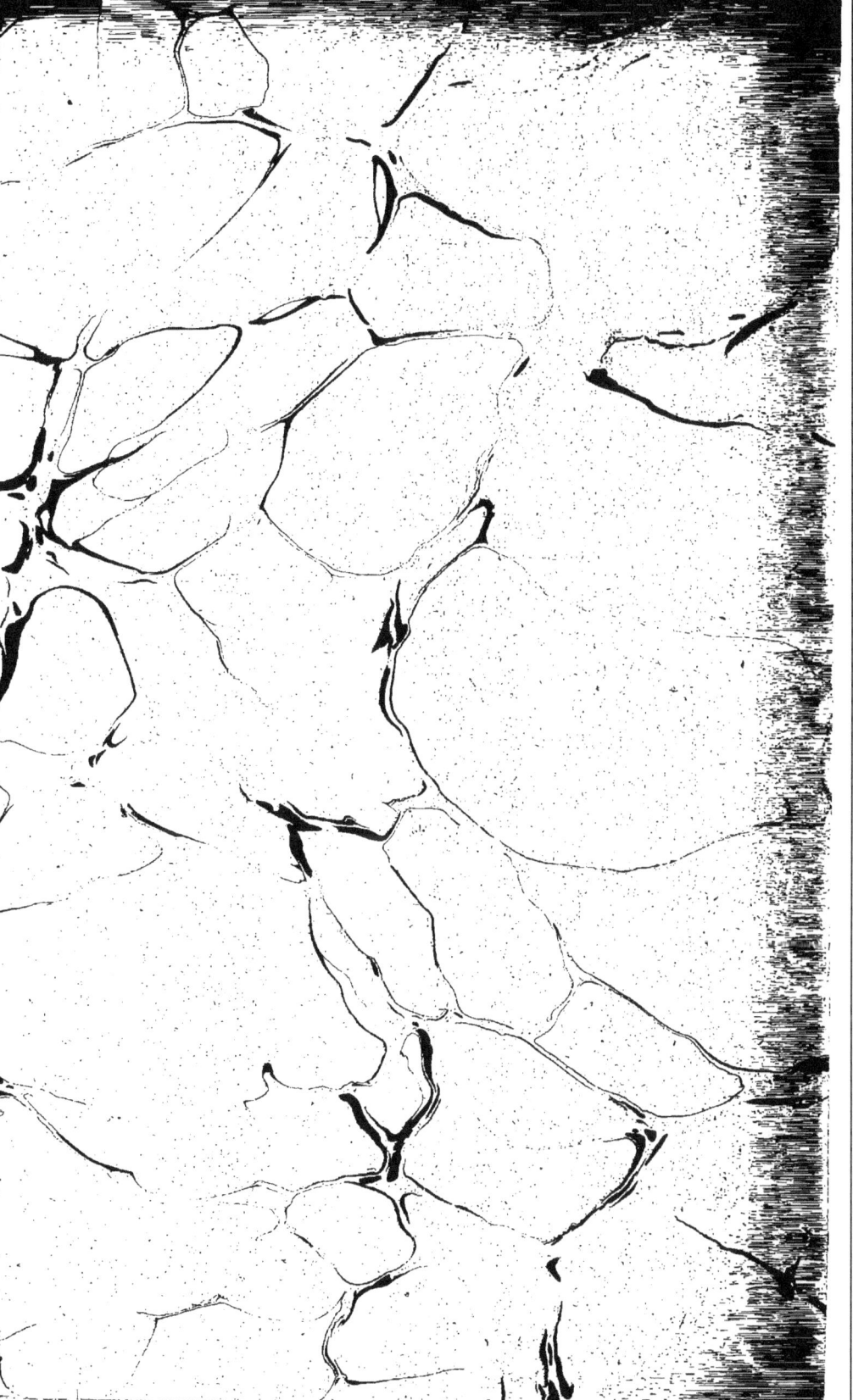

LE SIÈCLE

DES

BEAUX-ARTS ET DE LA GLOIRE,

OU

LA MÉMOIRE DE LOUIS XIV JUSTIFIÉE

DES REPROCHES ODIEUX DE SES DÉTRACTEURS.

OUVRAGE OU SONT PASSÉS EN REVUE LES PRINCIPAUX AUTEURS QUI ONT ÉCRIT
SUR LE RÈGNE DU GRAND ROI, DEPUIS 1715, JUSQU'A NOS JOURS.

Par M. Ossude,

ANCIEN SECRÉTAIRE DES ARCHIVES DE LA COURONNE.

Versailles,

CHEZ DUFAURE, IMPRIMEUR, RUE DE LA PAROISSE, 21.

Paris,

CHEZ { AUGUSTE VATON, LIBRAIRE, RUE DU BAC, 46;
DENTU, LIBRAIRE, PALAIS-ROYAL, GALERIE D'ORLÉANS;
ET CHEZ L'AUTEUR, ESPLANADE DES INVALIDES, 10.

1838.

LE SIÈCLE

DES

BEAUX-ARTS ET DE LA GLOIRE,

OU

LA MÉMOIRE DE LOUIS XIV JUSTIFIÉE.

Je poursuivrai tout contrefacteur ou vendeur d'exemplaires contrefaits.

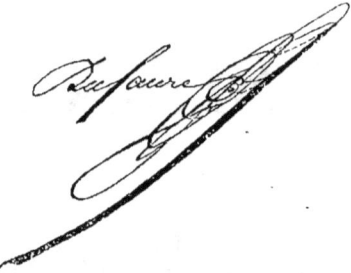

VERSAILLES. — IMPRIMERIE DE DUFAURE,
Rue de la Paroisse, 21.

LE SIÈCLE

DES

BEAUX-ARTS ET DE LA GLOIRE,

OU

LA MÉMOIRE DE LOUIS XIV JUSTIFIÉE

DES REPROCHES ODIEUX DE SES DÉTRACTEURS.

OUVRAGE OU SONT PASSÉS EN REVUE LES PRINCIPAUX AUTEURS QUI ONT ÉCRIT
SUR LE RÈGNE DU GRAND ROI, DEPUIS 1715, JUSQU'A NOS JOURS.

Par M. Ossude,

ANCIEN SECRÉTAIRE DES ARCHIVES DE LA COURONNE.

Versailles,

CHEZ DUFAURE, IMPRIMEUR, RUE DE LA PAROISSE, 21.

Paris,

CHEZ { AUGUSTE VATON, LIBRAIRE, RUE DU BAC, 46;
DENTU, LIBRAIRE, PALAIS ROYAL, GALERIE D'ORLÉANS;
ET CHEZ L'AUTEUR, ESPLANADE DES INVALIDES, 10.

1838.

PRÉFACE.

Les nations ne sont pas plus exemptes que les individus, de payer tribut à la faiblesse humaine. On les voit souvent courber la tête sous le joug humiliant de l'erreur et du préjugé. C'est là le triste apanage de notre imparfaite nature, une des grandes misères de la vie présente, l'inévitable conséquence des lumières bornées de notre frêle raison !

Les erreurs nationales dont la force s'accroit nécessairement par le grand nombre d'individus qui les partagent, deviennent par cela même, beaucoup plus difficiles à déraciner, que les préjugés individuels. Quelquefois il ne faut qu'un malentendu, un mot caustique, un léger incident pour former ces erreurs. Un instant fugitif les voit éclore : une lutte opiniâtre de plusieurs années suffit à peine pour les détruire !

Si l'histoire des peuples fournit mille témoignages à ce sujet, la nation française qui, par sa vivacité naturelle, est plus exposée que toute autre, peut-être, à croire légèrement aux récits malins des historiens satiriques et infidèles, offre en particulier, une preuve vivante de la vérité des faits avancés.

On a peine à concevoir en effet, que la France, aujourd'hui même, ignore encore complètement la quotité des dépenses faites en bâtiments par Louis xiv. A quoi peut tenir cette ignorance qui n'est pas, après tout, en état de faire honneur à une nation? Elle tient uniquement à un préjugé. Quel est donc ce prejugé? C'est que Louis-le-Grand, dans un moment d'humeur ou de regret, a livré aux flammes les mémoires qui nous auraient révélé le taux des dépenses entraînées par les nombreuses et magnifiques constructions du 17.ᵉ siècle. Un écrivain peu estimé, *Delaplace*, a le premier consigné dans un recueil rempli de faits faux ou hasardés, cette anecdote qui, sans reposer sur aucun fondement, a néanmoins obtenu la croyance universelle. Des écrivains postérieurs l'ont recueillie avec empressement et solennité, et ce qui, dans le principe, n'était que l'erreur d'un particulier, est devenu une erreur générale.

M. Guillaumot, ancien architecte du roi, et alors directeur de la manufacture des Gobelins, publia en 1801, un ouvrage bien propre à dissiper le préjugé qu'avait adopté la nation tout entière. Son livre contenait de grandes vérités ; mais ces vérités furent présentées au public comme la production d'un esprit faible et sottement crédule. Plusieurs écrivains, l'académicien Lemontey, à la tête, contestèrent hautement l'authenticité du document produit par M. Guillaumot. Les révélations de ce publiciste éclairé et consciencieux furent traitées de *rapsodies*.

Son livre tomba donc dans l'oubli, et le préjugé sorti vainqueur de la lutte, n'en fut que plus profondément enraciné.

Le temps est venu de mettre fin à ce débat entre l'erreur et la vérité. Il convient de réhabiliter ici la mémoire de M. Guillaumot, comme historien, et de reproduire les tableaux de dépense des bâtiments, par lui publiés en 1801.

Ce vieillard vénérable, indigné de l'exagération calculée que les écrivains détracteurs de la gloire de Louis xiv, avaient portée dans les résultats par eux présentés, des dépenses du 17.e siècle en bâtiments, entreprit de confondre leur mauvaise foi. Il résolut donc de publier un manuscrit qu'il avait trouvé dans les archives du gouvernement, et dont l'auteur nommé G. Marinier, était commis de Mansart, et fils d'un commis principal des bâtiments, sous l'administration de Colbert. Certes, aucun homme n'était plus en état que le sieur Marinier, de faire connaître le montant réel des dépenses, puisqu'il avait puisé à la source véritable les renseignements curieux qu'il donnait. Son témoignage était d'autant moins récusable, qu'il avait dédié son ouvrage à Mansart, son chef suprême, lequel était en mesure d'en vérifier l'exactitude.

Cependant M. Guillaumot, homme qui cherchait avant tout la vérité, jugea convenable de soumettre le manuscrit, avant la publication, à M. le comte d'Angiviller, directeur général des bâtiments sous le règne de Louis xvi, en le priant d'ordonner une vérification dans ses bureaux. Ou M. d'Angiviller ne donna pas d'ordres, ou ses ordres demeurèrent sans exécution. M. Guillaumot, ennuyé d'attendre, retira son manuscrit. Les orages de la révolution de 1789, l'empêchèrent de le publier sur-le-champ. Il attendit le retour de l'ordre et de la tranquillité, et ne le livra à l'impression qu'en 1801.

A l'apparition de cet ouvrage, le philosophisme, en émoi, s'arma de pied en cap contre un livre qui allait dévoiler tous ses mensonges. Une levée de boucliers fut résolue dans le conseil de la secte, et l'attaque commença de toutes parts. Lemontey, jugé digne d'être l'interprète du corps fameux, publia son *Essai historique sur l'établissement monarchique de* Louis xiv, ouvrage où il traite indignement M. Guillaumot, lequel, descendu dans la tombe, ne pouvait plus se défendre. Ainsi fut étouffée, sous le poids du sarcasme et de l'ironie, une production historique vraiment remarquable, en ce qu'elle était la seule qui, depuis un siècle, eût fait connaître la vérité sur les dépenses des bâtiments de la Couronne, sous le règne de Louis xiv.

D'après le manuscrit de Marinier, lequel n'était que l'abrégé d'un manuscrit plus volumineux rédigé par le père de ce commis, M. Guillaumot assura qu'en 1690, la dépense totale des bâtiments dépassait à peine 153 millions; déclaration qui arracha des cris de fureur aux écrivains ennemis de Louis xiv. Cependant le chiffre était exact, parce que l'auteur partait de l'année 1664. Pour que la dépense réelle atteigne 157 millions, il faut partir de 1661, année où commencèrent réellement les travaux de Versailles. Il y avait d'autant moins à gloser sur l'ouvrage de M. Guillaumot, que cet écrivain appuyait ses calculs, non seulement sur les données certaines du manuscrit rédigé d'après les ***Etats au vrai***, mais encore sur les mémoires arrêtés par la Cour des Comptes. Malgré toutes ces preuves de vérité, Lemontey osa assurer à ses lecteurs que le livre par lui attaqué ne pouvait être que l'œuvre d'*un radoteur*. L'académicien fut généralement cru, et l'ouvrage de M. Guillaumot n'atteignit pas le but que s'était proposé l'auteur. On voit, par cet exemple, que juger uniquement du mérite d'un livre par le peu de succès qu'il a obtenu, c'est s'exposer à porter un faux jugement.

Trois erreurs principales ont été répandues dans le public, par les écrivains qui ont essayé d'écrire l'histoire des bâtiments. Il devient nécessaire de les détruire ou par des faits incontestables, ou par des raisonnements sans réplique.

La première erreur a consisté à dire que Louis XIV avait livré aux flammes les mémoires constatant les dépenses de son règne en bâtiments ; qu'ainsi il devenait impossible de préciser le taux réel de ces dépenses. Ici se présentent à-la-fois un fait faux, et une conséquence mal déduite.

Lemontey lui-même a publié dans ses écrits, que les archives de l'ancienne maison du roi renferment un grand nombre de registres, du temps de Louis xiv, où ont été inscrites, jour par jour, les dépenses de ce prince, en bâtiments. Les ouvrages publiés postérieurement par MM. Waysse de Villiers, Peignot et Eckard, ont confirmé la vérité de ce récit. Donc, Louis xiv n'a point brûlé les *Comptes originaux de Versailles*. Mais quand bien même il en aurait été ainsi, c'eût été à tort qu'on en aurait conclu qu'il n'y avait pas moyen de connaître le chiffre réel des dépenses du monarque, en bâtiments : car les écrivains politiques et les historiens ont toujours pu consulter *les Comptes rendus du trésor, et les Mémoires arrêtés par la Cour des Comptes*, lesquels fixent ce chiffre de la manière la plus authentique.

Lemontey, et avec lui plusieurs écrivains,

ont avancé que les registres dont il vient d'être parlé ne contiennent que les dépenses acquittées sur les fonds des bâtiments, et nullement celles auxquelles il était pourvu sur les fonds que le roi tirait de diverses caisses particulières, et notamment des caisses provinciales : d'où ils ont conclu qu'il était inutile de compulser ces registres, puisqu'ils ne pouvaient donner le chiffre de la dépense totale. D'abord, cette assertion était purement gratuite de leur part, car ils ne l'appuyaient pas de l'ombre même d'une preuve. On serait donc autorisé à nier un fait qui ne repose que sur une supposition vague, dénuée de fondement. Mais il y a une observation essentielle à faire, et cette observation seule suffira pour détruire la fiction de ces écrivains mal intentionnés.

La Cour des Comptes vérifiait, chaque année, les mémoires de dépense des bâtiments; elle arrêtait définivement le chiffre total des frais de construction, qui avaient eu lieu l'année précédente. Peu lui importait que les dépenses eussent été acquittées sur les fonds tirés du trésor public, ou sur ceux provenant des caisses provinciales. Son unique mission était de constater la dépense totale. Eh bien, ainsi que l'a remarqué M. Guillaumot, le chiffre résultant de la vérification de la Cour des Comptes, a toujours été identiquement le même que celui contenu dans les Comptes rendus du trésor. Or, cette concordance entre les versements faits par le Trésor, et le chiffre de dépense totale arrêté par la Cour des Comptes, prouve invinciblement que le roi ne tirait aucune somme des caisses particulières, étrangères à ses bâtiments, pour solder les frais des grandes constructions de son règne.

Il a existé, jusqu'à nos jours, une troisième erreur qu'il n'importe pas moins de combattre et de détruire que les deux premières. Tous les auteurs qui, depuis un siècle, ont écrit sur les dépenses des bâtiments du temps de Louis XIV, se sont accordés à dire que la valeur relative de l'argent, au 17.e siècle et de nos jours, est dans la proportion de 1 à 2. Or, comme il est établi par des documents publics, dont le témoignage est irrécusable, que les dépenses du grand règne, en bâtiments, n'ont pas atteint 215 millions du temps, et que cette somme, quoique doublée, n'a point paru répondre à la longue durée et à l'immensité des travaux entrepris par Louis xiv, on n'a pas manqué d'en conclure que les registres des bâtiments étaient loin de donner le chiffre exact de la totalité des dépenses.

Ce raisonnement aurait pu être juste et concluant, si l'hypothèse admise eût été vraie; mais il ne sera pas difficile de faire voir combien peu il est solide, en démontrant que l'hypothèse repose sur une base vicieuse, ou plutôt tout-à-fait erronée. Les écrivains dont le système est ici combattu, ont dit : « La valeur du marc d'argent, sous « Louis xiv, était de 26 livres; elle est aujourd'hui de 52 francs : donc, ce qui coûtait, au 17.e siècle, 100 livres, ne doit se « payer, de nos jours, que 200 francs. »

Ce calcul ne manquerait pas de justesse, si la masse du numéraire, en circulation sous Louis xiv, eût été la même qu'actuellement. Mais il y a aujourd'hui, en France, six à sept fois plus d'espèces monnoyées qu'au 17.ᵉ siècle. Les impôts, il y a cent cinquante ans, ne s'élevaient pas annuellement à 100 millions, et pendant vingt à vingt-cinq années, ils ont fort peu dépassé cette somme ; tandis que, de nos jours, ils offrent une masse de plus d'un milliard. Cette première considération prouverait, seule, que la proportion de 1 à 2, établie par les écrivains précédents, est inadmissible, puisqu'elle est contraire à l'évidence des faits. Personne, en effet, n'ignore que, dans tout pays, le taux des denrées et des marchandises est toujours en proportion de la masse monétaire en circulation. Mais voici des preuves matérielles qui viennent à l'appui du raisonnement.

D'après les chroniques et les statistiques du temps, sur la fin du 17.ᵉ siècle, le prix des bonnes terres, semées en blé, variait de 150 à 170 livres l'arpent. La location de ces mêmes terres ne rapportait que 5 à 6 livres également par arpent. Le prix du septier de blé, en temps ordinaire, était de 50 sols à 3 livres. La location des chambres, à Paris, offrait pour taux annuel commun, 20 à 25 livres. Enfin, le salaire des ouvriers était à peine de 7 à 8 sols par jour.

Mme de Sévigné assure dans ses lettres, qu'avec 6 mille livres elle pourvoyait à toutes les dépenses de sa maison. Cependant cette dame voyait beaucoup de monde, recevait chez elle de hauts personnages. Elle avait équipage et un nombreux domestique. Défraierait-on aujourd'hui, à Paris, une maison ainsi montée, avec moins de 50 mille francs ?

Une famille honorable, propriétaire de bonnes terres dans les environs de Versailles, a certifié à l'auteur qu'elle louait maintenant 60 francs l'arpent ces mêmes terres, que ses pères avaient louées 5 livres sous Louis xiv, et 10 livres sous Louis xv.

Toutes ces données, qui sont certaines, ne permettent pas de douter que, vers le milieu du 17.e siècle, le rapport de la valeur de l'argent à cette époque, comparée à celle de nos jours, était dans la proportion de 1 à 8. Cependant, comme sur le déclin de ce siècle, ou au commencement du siècle suivant, la valeur de l'argent avait subi des altérations, il convient de prendre une moyenne proportionnelle pour toute la durée du grand règne, et de supposer que les dépenses faites alors se trouvent avec celles qui se feraient maintenant, dans la proportion de 1 à 6. Il résulterait de cette base définitivement arrêtée, que les dépenses de Louis xiv, en bâtiments, lesquelles se sont élevées, dans l'espace de cinquante-cinq années, à près de 215 millions, valeur du 17.ᵉ siècle, représentent environ 1 milliard 300 millions de notre monnaie actuelle.

D'après les preuves qui ont été produites, il est certain : 1.º que Louis xiv n'a point livré aux flammes les mémoires pouvant servir à constater les dépenses de son règne, en constructions ; 2.º que les sommes employées à les acquitter, étaient tirées du trésor public, et non de caisses particulières, telles que les caisses provinciales ; 3.º que les dépenses du 17.ᵉ siècle se trouvent, avec celles que nécessiteraient nos constructions actuelles, dans le rapport de 1 à 6.

XIX

Il ne suffit pas d'avoir détruit les erreurs ci-dessus, qui ont préoccupé tant d'esprits depuis cent ans. Il faut encore combattre et renverser les systèmes des nombreux écrivains qui, par esprit de dénigrement, et dans le but évident de vouer au mépris et à la haine le règne le plus glorieux de notre monarchie, paraissent s'être donné le mot pour exagérer avec excès, en les portant à plusieurs milliards, valeur du 17.ᵉ siècle, les dépenses de Louis xiv, en bâtiments.

LE SIÈCLE

DES

BEAUX-ARTS ET DE LA GLOIRE,

OU

LA MÉMOIRE DE LOUIS XIV JUSTIFIÉE.

INTRODUCTION.

Si la grandeur des souverains et la puissance des empires se reconnaissent ordinairement à l'éclat des victoires, à l'importance et à l'étendue des conquêtes, il n'est pas moins vrai qu'elles se révèlent aussi par l'accroissement subit, extraordinaire, des connaissances humaines, par l'érection simultanée de grands monuments publics, par la création de manufactures nouvelles, d'un genre riche, élevé, jusque-là inconnu : établissements qui sont la conséquence naturelle de progrès rapides faits dans la carrière des sciences et des arts.

Les annales du monde nous offrent, il est vrai,

peu de princes qui aient été assez habiles ou assez heureux pour acquérir ainsi un double titre à la reconnaissance comme à l'admiration des contemporains et de la postérité. Mais, si l'un de ces moyens de célébrité suffit pour signaler une époque, pour la rendre à jamais remarquable dans les fastes des nations, de quelle splendeur n'a pas dû briller le trône de Louis XIV, à quel haut degré de renommée ce prince ne s'est-il pas nécessairement élevé, lui qui a fait concourir les deux moyens à l'illustration de son règne, ainsi qu'à la gloire du peuple qu'il était appelé à gouverner, et dont il a fait le premier peuple de l'univers !

En vain des historiens passionnés, vrais pygmées attaquant un géant redoutable, ont eu l'audace d'insulter dans leurs écrits ce roi magnanime ; en vain ont-ils essayé de ternir l'éclat de sa mémoire, soit en atténuant, soit en dénaturant les hauts faits qui l'ont conduit à l'immortalité. Les traits acérés dont ils ont tenté de percer ce colosse de l'histoire, sont tombés à terre, sans avoir atteint le but, ou sont venus s'émousser contre l'opposition unanime des nations ; en sorte que, malgré les railleries, les sarcasmes, les insinuations perfides de ces adversaires aussi acharnés que téméraires, le monarque français est sorti de la lutte triomphant et intact !

Le beau règne de Louis sera donc toujours pour les âges modernes, ce qu'a été celui d'Auguste pour les temps anciens; il sera à jamais pour les peuples une ère pleine de grandeur et de majesté, un des anneaux les plus forts et les plus brillants de la longue chaîne des siècles!

Il est en morale un axiôme généralement consacré, c'est que de mauvais principes, il ne saurait surgir que de mauvaises actions. Les maximes funestes introduites au sein du corps social, dans le cours du 18.ᵉ siècle, devaient donc produire des fruits de mort! Aussi ont-elles mis la France dans un état de perturbation profonde, en sorte que l'anarchie la plus complète y dévorait la société, et menaçait d'étendre son hideux réseau sur l'Europe entière. Voilà le déplorable résultat des leçons de ces hommes qui s'étaient donné l'affreuse mission d'opérer la réformation des croyances publiques, en attaquant avec violence les maximes et les dogmes du christianisme!

Le vaste et audacieux plan conçu, il y a un siècle, par le philosophisme, pour le renversement de l'autel, se liait nécessairement à celui formé pour la destruction du trône; ou plutôt, les deux plans se réduisaient à un seul, les trônes ne pouvant se maintenir debout long-temps, quand la religion qui leur sert de base, en ce qu'elle est le seul frein solide, capable d'arrêter l'effervescence des peuples, vient à être impunément bafouée dans sa morale, dans son sacerdoce, dans ses mystères!

Telle fut l'illusion produite par les systèmes nouveaux, enfantés, disait-on, pour la régénération des sociétés et le bonheur de l'humanité, que les souverains eux-mêmes, entraînés par le mouvement général des esprits, semblèrent applaudir aux premiers efforts tentés par les philosophes, à l'effet d'affranchir les nations du joug des idées et des croyances anciennes; ou du moins, ne paraissant pas s'apercevoir du but perfide que l'on voulait atteindre, ils eurent l'air de ne prévoir aucunement les cruels ravages que devaient exercer les doctrines nouvelles. Ainsi, les zélés propagateurs de ces doctrines anti-sociales, eurent de puissants protecteurs au sein même de la cour des rois, dont l'intérêt dominant était d'arrêter les progrès rapides du mal qui menaçait la société d'une dissolution prochaine.

Quelle devait être la conséquence de tant d'audace et de perversité, d'un côté, et de si peu de méfiance de l'autre? C'est que les milliers d'étincelles qui partirent d'une foule d'écrits licencieux et impies, vinrent se réunir en un centre commun pour produire dans les esprits une conflagration générale : incendie d'un genre nouveau qui ne répandit pas d'abord une assez forte allarme pour déterminer l'autorité à prendre des mesures sérieuses, afin de l'empêcher de consumer entièrement le corps social; mais incendie dont les ravages, quoique moins sensibles, furent bien autrement déplorables que les ravages partiels des incendies ordinaires, parce que les divers rangs de la société se trouvant à-la-fois embrasés, le désastre devint universel et sans remède!

Ces observations, dont une triste expérience doit faire sentir la solidité et la justesse, serviront à expliquer dans quel dessein presque tous les écrivains du 18.e siècle se sont coalisés pour attaquer la mémoire du prince auguste qui a eu la gloire d'attacher son nom à son siècle, et dont le souvenir impérissable offrira un sujet de louange et d'admiration aux âges les plus reculés! Ces écrivains sentant parfaitement qu'ils ne pouvaient flétrir un monarque d'une si haute renommée, qu'en dénaturant ses actes, se sont tous accordés à exagérer, de la manière la plus outrée, ce qu'ils appelaient sa manie pour les bâtiments, et à porter à un taux excessif les dépenses des nombreuses constructions qui ont signalé son règne.

A la tête de ces écrivains il convient de placer Voltaire, créateur et patron de la secte philosophique, et quelques littérateurs ou historiens, animés du même esprit et tendant à la même fin, tels que Duclos, Volney, Mirabeau, Dulaure, Lemontey, etc. Une foule d'auteurs moins renommés sont venus s'asseoir au second rang, et ont fait chorus avec leurs maîtres. Tous, à l'envi l'un de l'autre, se sont efforcés de rendre odieuse la mémoire de Louis-le-Grand, en cherchant à établir par de faux calculs, que l'élévation énorme des dépenses de ce prince, surtout en bâtiments, avait grevé l'État de dettes immenses, et accru les charges de la nation de plusieurs milliards.

Il importe de venger la vérité de l'histoire si audacieusement outragée! Le principal but de cet ouvrage est de mettre au néant tous les systèmes enfantés par la haine ou la prévention, en prouvant, par pièces authentiques, que Louis xiv n'a pas dépensé en bâtiments le dixième des sommes que quelques-uns de ses ennemis ont supposé avoir été absorbées par les magnifiques constructions du 17.ᵉ siècle.

Il n'a pas fallu 245 millions du temps, pour élever les riches et admirables monuments qui ont embelli la France sous Louis xiv. Cependant il résulte des calculs de Volney, lequel porte à 1400 millions, les frais de construction de Versailles seul, que la dépense totale des bâtiments, aurait atteint le chiffre de 3 milliards, valeur de 1680, ce qui donnerait, d'après la valeur actuelle, 18 milliards. Fiez-vous maintenant à la science ou à la bonne foi des philosophes, adressez-vous à eux, avec pleine assurance, pour connaître la vérité!

Tous les écrivains qui se sont occupés des bâtiments de la Couronne, n'ont pas porté l'exagération au même degré que Volney; mais tous sont allés bien au-delà de la vérité, sauf l'abbé Castel de Saint-Pierre, lequel est demeuré fort au-dessous du vrai. Les opinions diverses de ces historiens vont être pesées, leurs pensées approfondies, et leurs jugements injustes refutés de la manière la plus solide.

MÉMOIRES

DU DUC DE SAINT-SIMON.

Le duc de Saint-Simon a servi de guide et de modèle à la plupart des écrivains qu'a offusqués la gloire de Louis xiv. Ses mémoires, formant plus de vingt volumes in-8.°, sont remplis d'une foule innombrable d'anecdotes, sur le plus ou le moins de vérité desquelles il serait hors de mon sujet de vouloir prononcer. Tout ce que je puis affirmer, sans crainte d'être accusé d'erreur, c'est que si la peinture qu'il fait des intrigues de la cour et des événements du temps, soit civils, soit politiques, soit militaires, n'est pas plus empreinte des couleurs du vrai, que ce qu'il raconte des constructions du grand siècle et des sommes excessives qu'elles ont coûté, ses mémoires doivent être regardés non seulement comme suspects, mais comme visiblement entachés d'ignorance des faits ou de mauvaise foi.

Du reste, l'auteur n'avait pas trop la prétention d'être cru sur parole, car, dans un accès de franchise, ou dans un moment d'inadvertance, il déclare lui-même à ses lecteurs qu'il ne s'est *nullement piqué d'être impartial*. D'après une telle déclaration, il est bien étonnant que beaucoup de personnes, parmi celles-même qui, à un esprit délié, joignent de l'instruction, s'applaudissent d'avoir lu les mémoires de Saint-Simon, parce que, disent-elles, elles savent à quoi s'en tenir sur Louis xiv et sur les événements de son règne. Cette confiance aveugle ne peut s'expliquer que par la malignité du cœur humain toujours disposé à croire le mal dans autrui. Il n'y aurait donc pas la moindre témérité à avancer que les mémoires du duc, qu'on se plaît à regarder comme curieux et instructifs, ne manqueraient pas de fatiguer par leur longueur, et produiraient bientôt l'ennui, si au lieu de mettre à découvert des vices, ils révélaient des vertus.

Ce grand seigneur, auquel on ne saurait refuser beaucoup d'esprit, joint à une manière d'écrire qui, quoique très-incorrecte, offre toujours une originalité piquante, semblait pourtant ignorer les faits historiques les mieux constatés, lorsqu'ils s'étaient passés hors de l'enceinte de la cour. En effet, s'il n'en eût pas été ainsi, le censeur du gouvernement royal n'aurait jamais eu la témérité d'écrire que la guerre de 1688 a tiré son origine d'une discussion vive, au mois de mars de la même année, entre Louis xiv et le ministre de la guerre, Louvois, au sujet d'une fenêtre de Trianon. L'étude de l'histoire de son pays lui eût appris que la guerre de 1688 était résolue, depuis deux ans, dans presque tous les cabinets de l'Europe; qu'ainsi elle avait été uniquement la conséquence de la fameuse ligue d'Augsbourg, formée, en 1686, par le prince d'Orange, ennemi personnel du Roi. Le lecteur trouvera dans l'article consacré à Duclos, une réfutation plus circonstanciée de l'anecdote de Trianon.

On ne saurait voir, sans peine, le filleul de Louis xiv et de Marie-Thérèse d'Autriche, employer tristement ses loisirs à diffamer, aux yeux de la postérité, les personnages les plus éminents de son siècle, dès qu'ils n'avaient pas l'avantage de lui plaire. Les scandales ne sont-ils pas déjà assez fâcheux par eux-mêmes, pour le siècle qui en est le témoin, sans qu'on prenne plaisir à en transmettre le poison aux âges les plus reculés; et si l'obligation de faire connaître les faits d'une époque, impose quelquefois à l'historien la nécessité de révéler les vices comme les vertus de ceux qui gouvernent, est-il autorisé, pour cela, à pénétrer audacieusement dans les secrets domestiques des particuliers, afin d'avoir plus ample occasion de satisfaire sa passion pour la médisance? C'est là une question dont la solution n'est pas douteuse pour les âmes honnêtes, ennemies du scandale.

M. Michaud, jeune, dans la Biographie universelle, a soulevé une partie du voile qui dérobait la connaissance des motifs qui ont fait agir le duc de Saint-Simon. « Les couleurs, dit-il, dont le duc a
« peint son époque, sont un peu rembrunies, et
« en général, ses portraits ne sont point flatteurs.
« Lorsqu'il parut à la cour, il ne vit le beau règne
« que sur son déclin : la plupart des hommes qui
« l'avaient illustré, n'existaient plus. Le jeune duc
« était sans titre ni recommandation assez remar-
« quable pour fixer l'attention. Le Roi qui d'ail-
« leurs, avait alors tant d'affections diverses, *ne*
« *le distingua point*. La vanité du duc était fort
« grande, *et il fut probablement choqué de cet oubli.* »

La causticité s'allie difficilement, ou du moins ne s'allie pas constamment avec l'amour du vrai : celle du duc de Saint-Simon est, en quelque sorte, devenue proverbiale. Elle a été reconnue, et, de plus, avouée des écrivains même qui se sentant animés, comme lui, de l'esprit de détraction, se sont empressés de recueillir ses malignes insinuations, et n'ont pas, malgré la conviction qu'ils avaient de son peu de sincérité, balancé à offrir son livre au public, comme un sûr garant de la fidélité de leurs récits. Cette observation dont la vérité, du reste, va être confirmée par le témoignage de l'auteur moderne que je viens de citer, mettra à même de juger de leur bonne foi. « Tous les historiens et
« tous les compilateurs, dit-il, *ont puisé à pleines*

« *mains* dans les mémoires de Saint-Simon. Des milliers de volumes ont paru, dont cet ouvrage a fourni le fonds; et l'on pourrait citer plus d'un écrivain *qui en parle assez mal*, quoiqu'en ayant emprunté et les récits et les couleurs. »

Le duc de Saint-Simon a donné un exemple qui n'a été que trop fidèlement suivi par un grand nombre d'auteurs. Après avoir pris plaisir, ce semble, à nous dépeindre Louis XIV, comme le plus honnête homme de son royaume; après avoir vanté sa politesse exquise, son extrême réserve, pour ne rien dire de désobligeant à qui que ce soit; après avoir exalté sa douceur et sa patience à l'égard de ses gens, et même sa familiarité avec eux; tout-à-coup changeant de langage, il lance contre ce prince les traits les plus acérés. Quelquefois, il s'appésantit avec complaisance sur des riens, lesquels, fussent-ils rigoureusement vrais, ne prouveraient rien autre chose, sinon que Louis XIV, participant comme tous les autres hommes aux faiblesses de l'humanité, ne joignait pas aux qualités éminentes d'un grand roi, une perfection absolue qui n'est point du domaine de la terre. « Peut-être est-ce à la vanité de Saint-Simon, dit encore l'historien du duc, qu'il faut attribuer le peu de ménagement qu'il a mis à parler de Louis XIV que, du reste, il fait très-bien connaître dans son intérieur; *mais qu'il a le tort* de ne montrer souvent que par son côté faible. »

Notre écrivain, si sensé et si spirituel, quand il porte des jugements exempts de fiel et de passion, divague, dénature ou tronque les faits, lorsqu'il s'abandonne exclusivement à toute l'aigreur de l'esprit de critique. Personne n'ignore que l'ancien château de Marly était une des merveilles du siècle de Louis xiv. Étrangers et nationaux accouraient de tous les points, pour jouir de la vue de ce palais enchanteur. Eh bien! le duc de Saint-Simon, au lieu de convenir de ce fait, comme l'exigeait la vérité de l'histoire, s'écrie avec l'accent de la colère et du mépris : « Telle fut la fortune de ce re-
« paire de serpents et de charognes, de crapeaux et
« de grenouilles, *uniquement choisi pour n'y pou-*
« *voir dépenser*. Tel fut le mauvais goût du roi *en*
« *toutes choses*, et ce plaisir superbe de forcer la
« nature, que ni la guerre la plus pesante, ni la
« dévotion ne purent émousser. » (Tom. 13, pag. 90.)

Le duc de Saint-Simon était si vain, que pour se distinguer, je ne dirai pas des classes inférieures, mais de ceux même de son rang, il affectait de ne pas parler comme tout le monde. Il résulte de là, que son langage est quelquefois obscur, et peut présenter deux sens contraires. Ainsi, quand il a dit que Marly *avait été uniquement choisi par* Louis xiv, *pour n'y pouvoir dépenser*, il semblerait, d'abord, qu'il a voulu insinuer que le monarque n'avait été déterminé à donner la préférence à cet emplacement, que parce qu'il se trouvait, par un tel choix, réduit à la nécessité de ne pas y dépenser beaucoup d'argent. Dans ce cas, le raisonnement du censeur aurait été en défaut; car de ce que l'emplacement choisi était ingrat, il aurait fallu, en bonne logique, conclure qu'il eût été indispensable d'en venir à de grandes dépenses, si l'on eût voulu en faire un lieu charmant.

N'a-t-il au contraire usé de cette expression, que dans un sens ironique? On serait porté à le croire pour son honneur, puisque, sans cela, il se fût contredit lui-même, en disant que Versailles, tel qu'on l'a vu de son temps, n'a *pas coûté Marly*, et qu'on n'avance rien de trop au sujet de ce dernier château, *en comptant par milliards*. La vérité est que les dépenses des bâtiments, parcs et jardins de Marly, ne se sont pas élevées à 13 millions sous le règne de Louis XIV, ainsi que la suite de l'ouvrage en fournira la preuve. Or, ces 12 à 13 millions, du temps, forment environ le cinquième des frais qu'a entraînés la construction du château de Versailles, avec ses accessoires immédiats.

En résumé, les mémoires du duc de Saint-Simon ne sont point un livre qu'il convienne de consulter, quand on est uniquement animé du désir de trouver la vérité. Il serait imprudent de le mettre entre les mains de la jeunesse; car, dit encore M. Michaud, jeune, « Les tableaux de l'ouvrage
« *sont quelquefois d'un cynisme qui va jusqu'à*

« *l'obscénité*. » Comme ces mémoires sont la source empoisonnée où ont puisé la plupart des écrivains que j'ai à combattre, je relèverai les erreurs et les contradictions du duc de Saint-Simon, dans les articles consacrés aux auteurs qui l'ont servilement copié.

MÉMOIRES
DU MARQUIS DE LA FARE.

Le marquis de La Fare ayant écrit ses mémoires sous l'inspiration de la haine et de la vengeance, les deux plus mauvais guides que puisse suivre un historien, ne mériterait pas, par cette considération, qu'on se donnât la peine de le réfuter. Si donc je mets sous les yeux du lecteur quelques exemples des divagations de cet écrivain, c'est moins pour repousser les traits méchants par lui lancés, qu'afin d'offrir une nouvelle preuve des égarements où l'esprit humain peut être entraîné par la passion.

S'il faut en croire le marquis de La Fare, « Louis XIV, dont l'autorité était sans bornes, s'en « est servi pour tirer de ses peuples tout ce qu'il « en pouvait tirer, pour le dépenser en bâtiments « aussi mal conçus que peu utiles au public, et en « fontaines qui, s'éloignant de la nature à force « d'être magnifiques, sont devenues ridicules. »

Il paraît que le marquis se croyait le seul homme de goût qui fût au monde, puisqu'il regardait comme mal conçus des monuments qui ont excité l'admiration des contemporains, et qu'encore aujourd'hui même, les étrangers ainsi que les nationaux se montrent avides de contempler. D'ailleurs, l'écrivain devait-il se dépouiller de tout sentiment de pudeur et de raison, au point de ranger au nombre des constructions peu utiles au public, l'Hôtel des Invalides, l'Observatoire, le Jardin des Plantes, la Machine de Marly, le Canal du Languedoc, les Manufactures des Gobelins et de la Savonnerie, etc.

L'auteur ajoute : « Imitateur des rois d'Asie, le « seul esclavage plut au Roi; il négligea le mérite : « ses ministres ne songèrent pas à lui dire la « vérité, mais à le flatter et à lui plaire. Il rap- « porta tout à sa personne, rien ne se fit par rap- « port au bien de l'État. Le Roi ne donna confiance « à aucun de ses généraux, et n'eut point d'égard « à leurs talents, mais à leur soumission, ce qui fit « que de son temps il ne se forma point de grands « hommes de guerre. »

Ce paragraphe renferme presque autant de mensonges ou de niaiseries que de mots. Examinons chaque assertion en particulier, et réduisons-la à sa juste valeur. 1.° *Louis négligea le mérite*. Ici, les historiens, même les plus mal intentionnés, donnent un démenti formel au marquis de La Fare;

mais les faits parlent encore plus haut. Un des traits distinctifs du caractère de Louis-le-Grand, a été de discerner, de rechercher, d'encourager et de rémunérer le mérite, sous quelque forme qu'il se présentât, en quelque lieu qu'il se trouvât. A ce sujet, les limites de ses vastes états lui paraissant trop étroites, il allait découvrir le talent jusque dans les contrées les plus lointaines. Les artistes, les savants, les poëtes, les historiens, tous les hommes distingués par leurs connaissances, étaient comblés de ses faveurs, et attirés dans ses États par des distinctions et des récompenses, s'ils étaient étrangers; en sorte que son règne n'est devenu le plus célèbre de la monarchie, que parce que le prince a eu constamment soin de protéger le mérite. Le marquis de La Fare est le seul qui soit demeuré dans les ténèbres, au milieu des flots de lumière qu'ont répandus sur la question par lui agitée, les innombrables bienfaits de Louis.

2.° « Ses ministres ne songèrent pas à lui dire « la vérité, mais à le flatter et à lui plaire. » M. de Montyon, dans son livre des Particularités sur les ministres des finances, détruit cette fausse insinuation, en nous rapportant textuellement les observations écrites que M. de Colbert mit souvent sous les yeux du Roi. Parmi ces observations, il y en a beaucoup qui n'étaient pas de nature à plaire à ce prince; il fallait même que le monarque eût l'âme aussi grande et aussi élevée qu'il l'avait, pour entendre avec calme certaines vérités qui eussent profondément blessé tout autre. J'ajouterai, à l'égard de M. de Louvois, que ce ministre ne peut être mis dans la classe des complaisants du Roi. Il est constant, au contraire, que M. de Louvois lutta souvent contre son maître, et finit même par lui devenir odieux à force d'opiniâtreté. Comment donc M. de La Fare, qui n'ignorait pas ces circonstances, a-t-il été assez impudent, pour écrire que les ministres de Louis ne songeaient qu'à le flatter?

3.° « Il rapporta tout à sa personne; rien ne se « fit par rapport au bien de l'État. » J'ai déjà eu occasion de faire remarquer toute la légèreté et toute l'irréflexion du caractère français. Il fallait que le marquis connût bien les lecteurs auxquels il avait affaire, pour avoir eu seulement la pensée qu'il pourrait parvenir à leur persuader que Louis xiv n'avait en rien contribué, par ses actes, au bien de l'État. Les codes de lois que ce monarque publia; les réformes qu'il opéra dans l'administration de la justice et dans la direction des finances; les belles routes qu'il entreprit; les canaux qu'il creusa; les grands établissements publics dont il embellit la France; les riches provinces qu'il ajouta à ses États; les ports qu'il créa ou agrandit; les places de guerre qu'il construisit ou répara; les manufactures, en tout genre, qu'il établit; l'ordre et la discipline qu'il introduisit dans les armées, etc., sont autant de monuments incontestables des sollicitudes de ce prince pour le bien-être de ses sujets et pour la gloire de son empire. Cependant un seigneur de sa cour osa s'inscrire en faux contre tous ces témoignages qui subsistent encore!

4.° « Enfin, le roi ne donna confiance à aucun
« de ses généraux, et n'eut point d'égard à leurs
« talents, mais à leur soumission : ce qui fit que
« de son temps, il ne se forma point de grands
« hommes de guerre. » Ici, les allégations du marquis sont dénuées non-seulement d'équité, mais de bon sens. Quoi! les Turenne, les Vauban, les Condé, les Luxembourg, les Catinat, les Vendôme, les Villars, etc., etc., inspiraient de la méfiance à Louis! Ce prince n'eut aucun égard à leurs talents, et commit, à leur occasion, la double faute de méconnaître leurs services, et d'étouffer, en ne les récompensant pas, tous les mérites naissants, en sorte qu'on ne vit jamais règne aussi pauvre en talents militaires, que le sien! Est-il possible d'être, je ne dirai pas injuste, mais absurde et déhonté jusqu'à ce point!

Le marquis croyant n'avoir pas encore assez outragé la majesté royale, poursuit ses invectives en ces termes : « A la place des ministres habiles qu'il
« avait, le Roi adopta leurs enfants, jeunes, mal
« élevés, insuffisants, et corrompus par la fortune.
« Louvois pourtant et Seiguelai se trouvèrent gens
« d'esprit et d'activité, mais non pas des ministres
« sensés et prévoyants. »

Il semble d'abord que le marquis veuille faire un crime à Louis de n'avoir pas su rendre ses premiers ministres immortels. Puis voyez avec quelle aigreur il reproche au monarque inhabile, d'avoir choisi pour les remplacer, des jeunes gens formés par les leçons et par les exemples de leurs pères, hommes consommés dans les affaires! Il est vrai que le marquis détracteur veut bien accorder de l'esprit et de l'activité à MM. de Louvois et Seiguelai; mais remarquez l'empressement qu'il met à détruire l'impression favorable qu'aurait pu laisser cette concession, en ajoutant que les deux ministres n'étaient ni sensés, ni prévoyants.

Quel dommage que Louis n'ait pas fait le marquis de La Fare historiographe de France! Quelle intéressante histoire il aurait offerte à la crédulité de nos descendants! Vraiment, d'après son système, tout eût été renversé : les idées reçues auraient eu besoin d'une rectification universelle! Il nous aurait fallu renoncer à toutes nos croyances anciennes, et revenir sur les connaissances en histoire, que nous aurions pu avoir acquises! En un mot, pour ajouter foi aux récits du marquis, nous nous serions vus obligés de boire quelques gouttes des eaux du Léthé!

Sans cette sage précaution, devenue pour nous absolue nécessité, nous aurait-il été possible, en effet, d'oublier 1.° que si une qualité distinguait particulièrement M. de Louvois, c'était la prévoyance;

et que si, sous son administration, nos succès militaires ont été prodigieux, la France en a été redevable, en grande partie, à l'art éminemment possédé par ce ministre, dit le président Hénault, « de « prévoir tout, de ne négliger rien; de joindre aux « vues promptes et étendues la science des détails; « de former des entreprises qui tenaient du prodige « par leur exécution subite, et dont le succès n'était « jamais incertain, malgré la foule des combinaisons « nécessaires qui devaient y concourir. »

2.° Que l'époque du règne de Louis xiv où la marine française s'est montrée le plus redoutable, a été celle du ministère du marquis de Seignelay, parce que ce fils du grand Colbert savait unir à beaucoup d'activité une prévoyance admirable, laquelle jointe à l'habileté de nos amiraux et à la bravoure de nos marins, assura long-temps sur toutes les mers le triomphe de notre pavillon.

Enfin, le marquis de La Fare pour mettre le comble à ses folies et à ses déraisonnements, va nous dire qu'après la guerre de 1667 contre l'Espagne, la France n'était pas plus avancée qu'avant les hostilités. Un tel dévergondage ne serait pas croyable, s'il n'était constaté par le paragraphe qu'on va lire : « Après tant de batailles gagnées et de villes prises, « la France, sans que la fortune lui ait tourné le dos, « se trouva au même état, que quand elle a commencé la guerre, hormis qu'elle est épuisée et a « plus d'ennemis ligués contre elle. L'oisiveté de la

« paix a laissé le champ libre à la passion du roi,
« pour les bâtiments et les fontaines. Il fit des dé-
« penses immenses pour faire venir de l'eau à Ver-
« sailles où il n'y en avait point. »

La Flandre qui renferme tant de places fortes, et qui est aujourd'hui le département de la France le plus riche en population, et un des plus riches en industrie; la Flandre conquise et réunie à notre ancien territoire qu'elle protège contre les invasions du nord, n'était rien apparemment aux yeux du marquis! Quant aux dépenses faites pour amener des eaux à Versailles, elles furent considérables, il est vrai, mais non immenses, comme le prétend l'historien infidèle : je le prouverai plus tard. D'ailleurs, le plan une fois arrêté de la fondation d'une nouvelle ville, ne devenait-il pas indispensable de la pourvoir d'eau? De quelle incurie et de quelle imprévoyance le marquis n'aurait-il pas accusé Louis XIV, s'il n'eût pas trouvé dans la nouvelle ville l'eau nécessaire à ses besoins? Dans ce cas, il se serait plaint avec raison.

La bienséance imposait au marquis détracteur le devoir rigoureux du silence. Plus d'équité l'aurait, du moins, engagé à exhaler ses plaintes avec modération; enfin le respect dont est tenu envers son souverain un bon et loyal sujet, devait l'empêcher de déchirer impitoyablement un prince dont la mémoire glorieuse survivra aux mensonges et aux sarcasmes de l'impudent écrivain!

LA BEAUMELLE.

(Mémoires de Madame de Maintenon.)

La première qualité d'un historien, c'est l'impartialité. Pour acquérir des droits à la confiance du public, il ne lui suffit pas d'avoir puisé à des sources pures, de n'avoir consulté que des documents authentiques; il faut encore qu'amateur de la vérité, il soit assez consciencieux pour ne jamais la dissimuler, et surtout pour ne pas dénaturer les causes et les effets des événements, par esprit de système, d'adulation ou de dénigrement. Comme il est plus rare qu'on ne pense, de trouver dans les écrivains cette fidélité constante, cette sincérité inaltérable, qui, seules, peuvent mériter l'estime, tout lecteur instruit et éclairé se tient nécessairement en garde contre les récits de ces mémoires du temps, qui sont, presque tous, moitié histoire, moitié roman. On ne rencontre dans la plupart de ces mémoires, tant de faits hasardés et même invraisemblables, que parce que les auteurs, en s'éloignant de la gravité de l'histoire sérieuse, ne se trouvent pas, comme les autres historiens, assujétis aux lois sévères qui mettent un frein aux élans de l'imagination, en ne permettant pas de substituer à la réalité, des fictions plus ou moins ingénieuses.

Je ne suis donc point étonné que les mémoires de La Beaumelle, qui remplissent quinze volumes, et contiennent des milliers d'anecdotes, aient suscité de nombreuses critiques. Voltaire les a attaqués avec amertume, et l'annotateur de ses œuvres complètes, avec fureur et injustice. Je ne puis dissimuler que ces mémoires renferment des détails oiseux, et présentent des récits peu décents, et quelquefois même tout-à-fait scandaleux. Sans m'être trouvé à portée de vérifier l'exactitude des anecdotes qu'ils offrent à la curiosité du public, je crois pouvoir avancer que beaucoup de ces anecdotes sont de nature à inspirer quelque défiance. Mais ceux qui les ont attaquées avec tant de violence, auraient-ils été plus véridiques et plus impartiaux que La Beaumelle? Je suis loin de vouloir me faire son apologiste, car j'ai trouvé dans son ouvrage, quantité de choses qui m'ont extrêmement choqué : pourtant j'éprouve quelque plaisir à lui rendre ce témoignage, qu'il n'a pas appartenu à cette propagande anti-chrétienne formée et dirigée par Voltaire. Quelques citations feront apprécier la justesse de mon observation. J'ajouterai qu'en général ses remarques sont judicieuses, et que plusieurs de ses jugements m'ont paru marqués au coin de la bonne foi et de la vérité. Aussi, malgré le décri dont quelques écrivains ont frappé son ouvrage, ne ferai-je nulle difficulté d'opposer son sentiment à celui des historiens que j'ai signalés comme ayant écrit sous l'influence de la haine et de la passion. Enfin, j'émettrai, à son sujet, une opinion que beaucoup de personnes, sans doute, partageront, c'est que la défaveur marquée dont il a été l'objet, a pu provenir principalement de ce qu'il n'a pas voulu s'associer à la propagation des principes régénérateurs de la secte voltairienne.

Cette présomption sera peut-être, pour le lecteur, convertie en certitude, lorsque l'auteur lui-même aura manifesté sa façon de penser religieuse. « Mme de Maintenon, dit La Beaumelle, « établit à Saint-Cyr une maxime avec laquelle on « ne peut jamais avoir tort : je veux dire, un in- « violable attachement pour le Saint-Siège, et un « respect docile pour celui qui le remplit. » Le même écrivain, à l'occasion de la mort d'une dame trop célèbre de la cour de Louis XIV, s'exprime ainsi : « Sa mort fut marquée par tant de « circonstances effrayantes, qu'elle peut être un « de ces coups de la Providence qui daigne quel- « quefois se justifier auprès des faibles, et con- « fondre l'incrédulité des sages, soit en frappant « de sa main des peuples entiers, soit en refusant

« aux pécheurs publics les consolations de la grâce
« et les sentiments de la nature. »

Un tel langage pouvait-il plaire aux encyclopédistes, et doit-on regarder comme nullement fondée, l'opinion que ces principes religieux exprimés par La Beaumelle, ont dû lui valoir, de la part de la secte, les épithètes qu'elle croyait si injurieuses, d'ultramontain et de fanatique ?

La Beaumelle, critiqué et vilipendé par Voltaire et ses disciples, s'est permis, à son tour, de relever quelques erreurs du philosophe de Ferney. Ainsi Voltaire, dans son Siècle de Louis XIV, prétend que le mariage secret de ce prince fut toujours problématique à la cour, qu'il n'y eut aucune stipulation préalable; qu'enfin Mme de Maintenon avait cinquante-deux ans quand elle épousa le grand monarque. La Beaumelle répond avec raison, et une citation postérieure le prouvera, que personne en France, et à plus forte raison à la cour, ne doutait de ce mariage; qu'il n'est nullement vraisemblable que les deux époux n'aient pas, avant la conclusion, exprimé leur consentement par écrit, et que Mme de Maintenon, née le 27 novembre 1635, ne pouvait avoir cinquante-deux ans en 1685.

On verra dans l'article sur Lemontey, que l'académicien s'est plu à nous représenter Mme de Maintenon comme une femme de basse condition. La Beaumelle qui avait très-bien senti toute l'injustice de la haine qui poursuivait la mémoire de cette dame si célèbre dans nos annales, semble vraiment avoir prévu l'absence de pudeur et de raison de Lemontey, lorsqu'il nous a donné la généalogie complète de la famille d'Aubigné. Il résulte des documents fournis par cette généalogie, 1.° que de vieux titres offrent un d'Aubigné dans le 10.ᵉ siècle; 2.° qu'en 1160, Geoffroy d'Aubigné possédait en Syrie la terre de ce nom, et la qualité de chevalier, alors le prix de la valeur et de la noblesse; 3.° que les d'Aubigné prouvent la même ancienneté que les maisons les plus nobles d'Europe; 4.° que Françoise d'Aubigné, depuis Geoffroy d'Aubigné, son premier ancêtre connu, comptait dix-sept générations. Des faits si constants et si avérés, ne seraient-ils pas propres à faire rougir le philosophisme de ses turpitudes, si le philosophisme était capable de quelque pudeur?

L'annotateur des œuvres complètes de Voltaire non-seulement a parlé de La Beaumelle avec le dernier mépris et dans les termes les plus insultants, comme il sera facile de le remarquer dans l'article sur Lemontey; mais encore il a attaqué cet écrivain fort injustement. On va juger de l'équité et de la bonne foi du disciple voltairien.

« L'auteur des mémoires de Maintenon ne cite
« jamais qu'au hasard, s'écrie l'annotateur; il dit
« que M.ᵐᵉ de Maintenon n'eut long-temps qu'un
« même lit avec la célèbre Ninon de l'Enclos. »

La Beaumelle assure précisément le contraire, et met cette fausse anecdote sur le compte du marquis de La Fare, qu'il signale comme un écrivain passionné, et conséquemment peu digne de foi. « Melle de « L'Enclos, dit La Beaumelle, offrit à Mme Scarron « sa maison et sa table; mais cette dame était trop « jalouse de sa gloire, pour accepter cet asyle. La « société de Ninon ne s'accordait ni avec son carac- « tère, ni avec ses vues. »

L'annotateur ajoute : « La Beaumelle qui dans « ses mémoires a rassemblé tant de faussetés, dit « que Louvois avait craint que le roi l'empoison- « nât. » Il est vrai que La Beaumelle a prêté cette pensée injurieuse à M. de Louvois, et en cela, il n'a montré ni réflexion, ni jugement; car M. de Louvois, tout exaspéré qu'il pouvait être contre son maître, le connaissait trop bien, pour avoir de lui une si affreuse opinion. Afin de justifier en partie La Beaumelle, je ne dois pas laisser ignorer que la suite de son récit fait voir qu'il donnait peu de créance à l'odieux et injuste soupçon qu'il supposait avoir été conçu par le ministre de la guerre.

Notre écrivain parle fort peu des constructions du grand règne. Il nous fait seulement la description des travaux immenses entrepris pour amener à Versailles les eaux de la rivière d'Eure. Comme les détails qu'il donne, sont conformes aux documents qui existent, et que d'ailleurs ils se trouvent confirmés par la vue des arcades en pierre; qui sont encore debout, près de Maintenon, j'ai cru faire plaisir au lecteur, en les lui mettant sous les yeux.

« Colbert, dit-il, avait fait un lieu enchanté de
« Versailles qui, sous Louis XIII, n'était qu'un
« chenil. Louvois voulut renchérir et forcer la na-
« ture. Toutes les eaux étaient tirées d'un étang
« par une pompe qui les élevait et les répandait
« dans des canaux qui les distribuaient dans les
« lieux nécessaires. Mais ces eaux croupies étaient
« troubles et de mauvaise odeur. Il projeta donc
« de faire venir à Versailles la rivière d'Eure, par
« un aqueduc qui la conduirait depuis la montagne
« de Pirardon jusqu'aux réservoirs. Ce projet ef-
« fraya tous les ingénieurs. Louvois l'exécuta, et
« il fallut que l'Eure fît onze lieues, pour porter
« l'abondance de ses eaux aux fontaines de Ver-
« sailles. Une année fut employée à ces travaux.
« Deux montagnes furent jointes, vis-à-vis Main-
« tenon, par 48 arcades bâties pour l'éternité. On
« fit de Pontgoin à Berchères, un canal de 20,000
« toises. Dans le fond de Berchères, on fit une
« levée ou aqueduc de terre rapportée, dans l'es-
« pace de 3,607 toises, aboutissant à l'aqueduc de
« maçonnerie placé vers Maintenon. On en fit une
« autre dans le fond de Maintenon même, dont la
« hauteur était de 216 pieds, et où passèrent les
« rivières d'Eure et de Gaillardon. Trois arcades,
« jetées l'une sur l'autre, comme au pont du Gard,
« renouvelèrent les merveilles des Romains, et la

« rapidité de l'exécution tint des miraculeux ou-
« vrages conçus et produits à l'instant par les dieux
« du monde enchanté. La terre de Mme de Maintenon
« fut embellie de tous ces prodiges de l'art. »

Les détails d'exécution, renfermés dans cette riante description, sont exacts, comme je l'ai dit; mais l'auteur a eu tort de vouloir embellir son récit, aux dépens de la vérité historique, en nous assurant qu'une seule année avait vu commencer et se terminer ces prodigieux travaux. Un tel écart, de la part de La Beaumelle, prouve que j'ai eu raison d'avancer, au commencement de cet article, que les faiseurs de mémoires, pour donner plus de merveilleux aux faits qu'ils racontent, ne se reprochent nullement de substituer à la réalité, les fictions de leur imagination. Il a fallu au moins une année pour la levée des plans, l'évaluation des terrains appartenant à des particuliers, qui devaient traverser le canal, et le transport des immenses matériaux nécessaires. Les travaux commencés en 1684 n'ont été entièrement terminés qu'en 1689.

La Baumelle nous assure que Mme de Maintenon s'est opposée, autant qu'il a dépendu d'elle, à la construction de la chapelle actuelle du château de Versailles, et cela par des motifs d'intérêt public, par un sentiment de commisération pour le peuple que la guerre de 1688 avait surchargé d'impots. Ce fait que je n'ai aucun moyen de vérifier, ne me paraît pas sans vraisemblance, vu le caractère bien connu de cette dame, et son éloignement naturel pour tout ce qui sentait la magnificence. Mais la non construction de cette chapelle eut-elle singulièrement allégé le fardeau supporté par le peuple ? Commencée en 1699, année qui vit la cessation des hostilités, elle ne fut terminée qu'en 1712, avec tous ses accessoires. La dépense totale n'a pas atteint deux millions et demi, du temps, qui repartis sur 13 années, donnent à peine deux cents mille livres par an. En se chargeant de ces nouveaux frais, le gouvernement royal a-t-il sérieusement obéré le trésor public ? D'ailleurs la construction de cette chapelle n'était-elle pas, en quelque sorte, devenue nécessaire ? L'ancienne, à cause de son peu d'étendue, ne pouvait plus contenir une cour que la réunion de tant de princes et de princesses avait rendue si nombreuse; et, en outre, par son extrême simplicité, elle contrastait d'une manière désagréable avec la magnificence du palais.

Lemontey, malgré les vertus privées et les dons éminents de l'esprit, qu'il accordait à M.me de Maintenon, avait pris un plaisir singulier à nous insinuer que la réputation de cette dame n'avait pas été à l'abri de toute atteinte, et que ses contemporains l'avaient prise en grande aversion. La Beaumelle va détruire cet échaffaudage de prévention ridicule et de mensonge insolent. « Après la mort de Louis xiv, « dit-il, M.me de Maintenon ne songea qu'à le pleurer « et à le suivre. Sa grandeur avait été sans vanité :

« sa retraite fut sans orgueil, soit qu'elle fut in-
« différente sur les jugements des hommes, soit
« qu'elle se défiât également des ennemis puissants
« et des faibles amis dont elle était environnée; soit
« qu'elle fût engagée au silence par la promesse du
« secret, ou qu'elle crût son état trop connu, pour
« avoir besoin du secret, elle abandonna sa répu-
« tation à la malignité de l'envie et à l'équité de
« l'histoire, et brûla toutes les pièces qui nous au-
« raient transmis, sans nuage, des vérités que le
« temps pouvait obscurcir. Elle a été flétrie par
« la postérité de ceux qui l'avaient encensée pen-
« dant sa vie, comme si les enfants avaient voulu
« se venger des soumissions, peut-être des bas-
« sesses de leurs pères, en attaquant une vertu qui
« pouvait seule les justifier. Ce que la cour a de
« plus respectable, et Paris de plus judicieux, est
« revenu de ces préventions. La réputation de
« Mme de Maintenon était si pure, qu'un courtisan
« disait : je ferais plutôt une proposition imperti-
« nente à la Reine, qu'à cette femme là. Il n'est point
« étonnant que cette dame respectée de tous ceux
« qui la connaissaient, ait été soupçonnée par ceux
« qui ne la connaissaient pas. »

Lemontey toujours guidé par la haine ou par la prévention, n'a pu pardonner à Louis son mariage secret. Je vais citer textuellement le paragraphe où l'écrivain nous donne, à ce sujet, la mesure de sa haine et de sa mauvaise foi ; car, sans cette précaution, je ne saurais faire connaître parfaitement la manière dont il extravague, quand la passion l'obsède. Selon l'académicien moderne, « Un mariage « clandestin ne diffère point, en scandale, du con- « cubinage. Aucune raison d'état n'excusait cette « violation des mœurs publiques; il était fort in- « différent que le roi épousât ou n'épousât pas une « femme de l'âge de Mme de Maintenon. De Harlai, « Bossuet, Fénélon et le père La Chaise, autori- « sèrent pour le Roi une clandestinité qui eût été « dans tout autre un scandale criminel. Il y a eu « de tout temps, une religion mitigée à l'égard des « grands. Si cette union est seulement à nos yeux « un mariage clandestin, condamné par l'Église, « elle fut, pour tous les contemporains, un com- « merce réprouvé par les mœurs. Le public s'obs- « tina, s'il faut en croire de nombreux témoigna- « ges, à ne voir dans l'amour du roi que les symp- « tômes de la faiblesse, et dans sa dévotion, que « les caractères de la peur. Or, depuis quatorze « siècles, ce qu'on pardonne le moins à un roi de « France, c'est la faiblesse et la peur. »

Louis-le-Grand, héros non moins distingué au sein des malheurs domestiques les plus déchirants, et des désastres réunis de la guerre et des saisons, qu'au milieu des triomphes les plus éclatants, représenté comme faible de caractère, et dévot par peur, n'est-ce pas là, de la part du philosophisme, le comble de la folie! L'écrivain, en contradiction avec lui-même, ajoute, quelques lignes plus bas, que l'âge et les remords avaient courbé Louis sous le joug d'une dévotion sincère.

Au témoignage extravagant de Lemontey, La Beaumelle opposera le sien propre, qui est fort raisonnable, et celui du grand Arnauld, qui est accablant. Ce dernier, contemporain de Louis, avait été bien plus à portée, que l'académicien, de connaître et d'apprécier l'opinion publique, au sujet du mariage. « Le grand Arnauld, dit La Beaumelle,
« quoique ayant plusieurs sujets de mécontente-
« ment contre le père La Chaise, a pensé saine-
« ment là-dessus. Les liens formés par le Roi,
« n'étaient ni avilissants, ni ridicules, puisque la
« disproportion d'âge n'était que de trois ans. Les
« princes murmurèrent, les femmes parlèrent,
« mais les gens sages s'accordèrent à louer le roi. »

Voici maintenant le sentiment du grand Arnauld. Comme il est assez longuement développé, je me suis vu obligé de le donner en abrégé. « On
« ne peut faire un crime de ce mariage aux direc-
« teurs de la conscience du roi. Il n'y a point de
« scandale, puisque tous ceux qui voient qu'il y
« a plus que de l'amitié entre eux, croient en
« même temps qu'ils sont mariés. Si le confes-
« seur a jugé que le prince ne pouvait se passer
« de femme, ne devait-il pas l'engager à en pren-
« dre une légitime ? Je ne vois pas ce qu'on peut
« blâmer dans ce mariage contracté selon les

« règles de l'église : mariage qui lie le roi d'affec-
« tion, avec une femme dont il estime l'esprit et
« la vertu, et dans les entretiens de laquelle il
« trouve des plaisirs innocents qui le délassent de
« ses grandes occupations. » Voilà donc le sacerdoce et la royauté, également vengés des imputations calomnieuses de l'académicien du 19.e siècle !

La Beaumelle nous trace ainsi le portrait moral
du grand roi : « Tout ce qui développe le cœur
« des princes est digne de l'histoire, et rien ne le
« développe mieux que ces saillies que le souverain
« réprime, et qui échappent à l'homme. Partout,
« on voit Louis XIV représenter avec éclat, parler
« avec dignité; nulle part s'entretenir avec amitié,
« écouter avec complaisance. Partout, on ren-
« contre l'homme immortel, et c'est l'homme sim-
« ple que l'on demande. On connaît le maître de
« Louvois : on cherche celui de Bontems. »

L'auteur des mémoires de M.me de Maintenon
prétend donc que Louis ne savait ni s'entretenir
avec amitié, ni écouter avec complaisance. Je ferai
d'abord observer que l'écrivain se contredit lui-
même, puisque dans un autre passage, il s'écrie
avec l'accent admirateur d'une vive et pleine conviction : Louis n'était pas de ces princes qui crai-
gnent d'être attendris ! Or, un roi qui aime à se
laisser attendrir, est un roi qui sait écouter avec
complaisance. Quant à l'autre reproche, de n'avoir
jamais connu la douceur des entretiens de l'amitié,

mille traits de la vie du grand roi démentent cette étrange assertion. Le comte de Lausun, le duc de Villeroi, le marquis de Dangeau, et une foule d'autres courtisans, auraient protesté hautement contre ce trait satyrique, s'ils eussent encore vécu à l'époque où il a été si maladroitement lancé. Ici donc La Beaumelle raisonne mal, comme il l'a fait en prêtant à M. de Louvois des soupçons que bien certainement n'a jamais eus ce grand ministre, parce qu'ils devaient disparaître devant l'idée de la probité naturelle du roi, probité qui a été solennellement reconnue par les plus acharnés détracteurs de ce prince.

Quelle conclusion prendre à l'égard des mémoires de La Beaumelle ? C'est un ouvrage qui offre bon nombre de passages intéressans, mais qui, en général, ne peut amuser que l'oisiveté ignorante, peu capable de discernement, comme de réflexion. Je ne voudrais pas le voir mettre indiscrètement entre les mains de la jeunesse, à cause de la liberté cynique de certains vers, de certains récits. Du reste, j'estime que l'auteur n'est pas plus digne de blâme que la plupart de ceux qui ont essayé de le noircir, et qu'en somme, il se montre beaucoup plus qu'eux, ami de la justice et de la vérité. Je pense que, d'après les citations que j'ai faites, le lecteur partagera mon sentiment à l'égard de cet écrivain qui a été décrié avec trop de passion.

M. CASTEL,

ABBÉ DE SAINT-PIERRE.

(Annales politiques.)

Partisan déclaré du mariage des prêtres, admirateur des quatre propositions du clergé, de 1682, qu'il regardait comme le palladium de nos libertés; ardent ennemi des prérogatives de Rome, dont il conseillait de laisser les *Constitutions* sans exécution, pour peu qu'elles déplussent, M. Castel, abbé philosophe, n'a pas, dans le cours de ses annales politiques, manqué une seule occasion de déclamer avec feu contre l'ambition, l'intolérance, les usurpations tyranniques du Saint-Siège. C'est-là, il faut en convenir, un langage tout-à-fait usé, à force d'être répété, c'est une arme dont le philosophisme a émoussé la pointe, en ne cessant de s'en servir; mais ce langage est-il bienséant dans la bouche d'un abbé? Cette arme n'est-elle pas ridiculement maniée par un homme consacré au service des autels?

Du moins, M. Castel a-t-il, comme historien, quelque droit à l'éloge? Non. C'est un écrivain frondeur que la prévention fait souvent déraisonner. Son style est lourd, diffus, et par fois trivial : ses opinions sont outrées, ses citations inexactes, la plupart de ses jugements faux. C'est un écrivain à systèmes, qui aurait introduit de grandes innovations dans l'État et dans l'Église, s'il eut été chargé du gouvernement de l'un et de l'autre.

Souverain, M. Castel aurait, selon la pensée qu'il prète, d'un air de complaisance et de satisfaction, au chancelier de Lhospital, regardé comme dangereux pour la tranquillité publique, qu'un évêque de ses états fût promu au cardinalat. Il ne craint pas de signaler cette coutume comme *pernicieuse*, et manifeste le plus grand étonnement de ce que la plupart de nos rois ont eu l'impolitique faiblesse de solliciter eux-mêmes cette dignité pour quelques-uns de leurs sujets. De plus, il trouve on ne peut plus ridicule que la noblesse ait pour marque distinctive l'épée, qui est incommode à porter, et demande, du plus grand sérieux du monde, pourquoi on permet l'épée à d'autres qu'aux voyageurs.

Chef de l'Eglise, le philosophe abbé n'eût institué les évêques que pour dix ans, sauf renouvellement, après ce terme. Vous croyez, peut-être, que les prélats qui auraient subi à la satisfaction publique, cette épreuve de dix années, auraient été, sans difficulté aucune, continués dans l'exercice de leurs charges pastorales. Vous vous trompez; une telle indulgence, ou plutôt une telle justice, eût semblé mollesse à l'austérité du pontife réformateur. Pour que les évêques obtinssent cette récompense de leurs travaux apostoliques, il serait devenu nécessaire qu'il fût préalablement constaté par jugement de trente de leurs pareils, qu'il était impossible de trouver de meilleurs sujets à placer. Si le cas contraire se fût présenté, les évêques déposés auraient eu, *seulement* pour leur vie, la moitié des revenus de leur ancien évêché. Ce seulement pour la vie pourra paraître tout-à-fait neuf et piquant. Quoiqu'il en soit, il est aisé de conjecturer que si le bon abbé eut été assis sur la chaire de Saint-Pierre, bientôt l'univers chrétien aurait vu renaître les beaux siècles de la primitive Église, où l'épiscopat et la sainteté étaient deux choses inséparables, deux termes, en quelque sorte, synonimes.

M. Castel, amateur exclusif de l'état de paix, ne pardonne point à Louis XIV d'avoir été un prince guerrier et conquérant. Il lui reproche avec fiel et amertume, de n'avoir jamais pris les armes que pour inspirer de la terreur à ses voisins, et dans le but vain et puéril de se faire regarder comme un monarque puissant et redoutable. Ces reproches, il les renouvelle presque à chaque page, en sorte que ces répétitions sans fin, rendent la lecture de son livre ennuyeuse et fatigante.

M. Castel, il est vrai, ne peut être jugé digne de blâme pour s'être montré partisan de la paix : ses sentiments philantropiques à ce sujet, sont ceux de toute âme noble et généreuse, et on aime surtout à les voir dans un ministre du Dieu de la paix. Mais si le principe en lui-même est bon et louable, en le portant à l'extrême, en le poussant jusqu'à ses dernières conséquences, ne s'expose-t-on pas à devenir ridicule, et à tomber dans des contradictions qui apprêtent à rire? C'est ce qui est arrivé au philosophe abbé. Il oppose à l'ardeur guerrière de Louis-le-Grand, l'humeur douce et pacifique de Louis XII, et les tendres sollicitudes de ce prince pour ses sujets. Il prétend, de plus, que Louis XIII, en abandonnant les rênes de l'état à un ministre habile et d'un génie supérieur, a gouverné avec beaucoup plus de sagesse que son fils qui a eu l'orgueil de se croire assez habile pour gouverner par lui-même.

Certes, je suis le premier à rendre hommage aux vertus de ce bon roi que la voix publique reconnaissante a proclamé père du peuple; mais Louis XII, malgré la crainte qu'il avait de surcharger d'impôts ses sujets, n'a-t-il pas soutenu en Italie, pendant 14 ans, des guerres qu'avec plus de sagesse et de modération, il eût pu éviter; et tous les historiens ne lui ont-ils pas reproché, avec raison, d'avoir nonobstant les efforts de sa valeur personnelle, contribué lui-même aux désastres de ses armées, en usant de trop de parcimonie dans les dépenses de la guerre ? Il fallait, disent-ils, conserver l'état de paix ou se résigner, en entreprenant la guerre, à tous les sacrifices pécuniaires qu'elle pouvait exiger. D'ailleurs le parallèle établi entre Louis XII et Louis XIV, était tout-à-fait maladroit, de la part de l'écrivain, en ce que le premier de ces princes s'est vu enlever ses conquêtes avec autant de rapidité qu'il les avait faites, tandis que le second a conservé à la France qui en jouit encore, la plus grande partie des siennes.

Quand à Louis XIII, la comparaison ne me paraît pas pouvoir conduire au but que l'auteur se proposait. J'avoue que ce prince avait des vertus, et était, quoique brave de sa personne, naturellement pacifique. Mais tout le monde eut-il à s'applaudir du représentant qu'il s'était donné? Si le prince avait l'amour de la paix, le ministre n'était-il pas d'humeur guerroyante? 13 campagnes contre l'Allemagne et 25 contre l'Espagne, devenues nécessaires pour l'exécution des plans de Richelieu, ne sont-elles pas là pour déposer que le règne de Louis-le-Juste n'a pas été un règne pacifique? Ce n'est point, ici, un reproche que je veuille faire à la mémoire du prince et de son ministre, car je n'ignore pas les raisons puissantes qui ont déterminé la politique du cabinet français : je veux seulement inférer de ces observations que l'exemple du père ne pouvait, logiquement, être opposé à la conduite du fils.

Mais où m'entraîne le plaisir malin d'entretenir mes lecteurs des idées bizarres de l'abbé de Saint-Pierre? m'apercevant, enfin, que je me suis écarté de la ligne que je me proposais de suivre, je m'empresse de revenir aux dépenses du 17.ᵉ siècle, en bâtiments.

M. Castel est loin d'avoir exagéré ces dépenses relativement à Versailles. De tous les écrivains que j'ai eus à combattre, il est le seul qui soit resté au-dessous de la vérité. Il porte les frais de construction et d'embellissement de Versailles, à 40 millions, somme qui n'est pas la moitié de ce qu'a coûté le château avec ses dépendances. *Aliquandò bonus dormitat homerus!* comment l'abbé a-t-il pu s'oublier au point de rester si fort en arrière des autres écrivains détracteurs de Louis xiv? Vraiment j'aime mieux le ton décidé de MM. Volney, Duclos et Lemontey! Plusieurs milliards sont bien plus ronflants, et doivent produire un tout autre effet, que quelques modestes millions : aussi je regarde la somme, en comparaison fort médiocre, assignée par M. Castel, comme une plaisanterie, comme un mauvais tour qu'il a voulu jouer à ses anciens confrères, dont il avait eu beaucoup à se plaindre. Du reste le paragraphe où se trouve consignée l'erreur de l'abbé, renferme un trait de satire qui compense en mau-

vais vouloir ce qui manque en argent. Le voici :
« Si le roi avait mis à bâtir à Saint-Germain le quart
« de 40 millions qu'il dépensa, depuis, à Versailles,
« il aurait été fort loué, au lieu qu'il fut fort blâmé
« de lever sur son peuple une aussi grande somme
« pour embellir un lieu que la nature n'avait pas,
« à beaucoup près, aussi embelli que Saint-Germain.
« Ce fut, entre ses entreprises, une faute très-con-
« sidérable faite contre *le bon sens*.

Si le bon abbé eût un peu réfléchi, il aurait senti qu'il ne devait exprimer aucun étonnement d'une pareille faute. Pouvait-il, après avoir traité Louis XIV d'esprit médiocre, d'homme du commun, d'être privé de toute éducation, s'attendre à autre chose qu'à voir ce prince pécher contre le bon sens? En vérité, l'abbé de Saint-Pierre n'était pas un penseur profond; sa science logique n'était pas du premier degré, et je serais surpris qu'il fût parvenu à pénétrer dans le sanctuaire académique, si son historien en nous apprenant que les ouvrages de M. Castel obtenaient peu de succès et que l'auteur lui-même ne se croyait pas capable de bien écrire, n'eut ajouté : « Que ses vues pleines de phi-
« lantropie, et son inépuisable charité envers les
« malheureux, avaient disposé, à son égard, à une
« indulgence qu'on n'aurait pas eue pour tout autre
« écrivain. »

Le bel hôtel des Invalides offusquait M. Castel, comme depuis il a offusqué M. de Montyon. « En

« 1671, dit-il, le Roi fit commencer par Mansard
« le bâtiment des soldats invalides et estropiés. Le
« projet a plus d'éclat que de solidité; car il en
« coûte à la nation 300 francs par soldat, pour les
« nourrir et entretenir à Paris, au lieu qu'en don-
« nant 100 francs à chacun d'eux, dans leurs vil-
« lages, ils se trouveraient beaucoup plus heureux;
« et au lieu de 2,000 invalides, le Roi, avec le
« même fonds, pourrait en entretenir 6,000. Il ne
« devrait y avoir à Paris, que des Invalides pari-
« siens, et un bureau pour faire payer les soldats
« de province. »

D'abord, il est constant que la première pierre de l'hôtel des Invalides a été posée par Louis xiv, en 1675, et que les dépenses concernant cet édifice, ne commencèrent à être mentionnées qu'en l'année 1679. D'après ce double fait irrécusable, il devient difficile de croire que Mansard ait reçu ordre de commencer le bâtiment en 1671. En second lieu, le projet que M. Castel substitue à la réalité, eût-il été aussi digne de la grandeur de la France et du souverain qui la gouvernait, que ce magnifique hôtel qu'on ne cesse point d'admirer? Les étrangers qui nous ont toujours envié ce célèbre établissement, me paraissent avoir mieux pensé et mieux raisonné, à cet égard, que l'abbé de Saint-Pierre. Enfin, eût-il été juste que les Parisiens seuls eussent part à la munificence de Louis et à la reconnaissance de l'État, représenté par ce monarque?

Est-il bien constant et bien avéré qu'avec cent livres de pension, les soldats se fussent trouvés beaucoup plus heureux dans leurs villages qu'à l'Hôtel, où le gouvernement pourvoit à-la-fois à leur logement, à leur nourriture, à leur entretien, à leur chauffage; les fait traiter avec soin, quand ils sont malades, et leur accorde encore mensuellement une petite somme pour leurs menus besoins? Le bon abbé n'aurait-il pas mieux fait de s'en tenir à son bréviaire et aux autres occupations de son état, que de nous conter de pareilles balivernes?

M. Castel se montre l'ennemi des beaux-arts, ou du moins il en parle en termes qui ne permettent pas de douter de la prévention qu'ils lui inspiraient. « La peinture, la sculpture, la musique, la poésie, « la comédie, l'architecture, prouvent, dit-il, les « richesses présentes d'une nation, et non l'aug- « mentation et la durée de son bonheur. Elles prou- « vent le nombre des fainéants, leur goût pour la « fainéantise, qui suffit à entretenir et à nourrir « d'autres espèces de fainéants. Qu'est-ce présen- « tement que la nation italienne, où ces arts sont « portés à une haute perfection? Ils sont gueux, « fainéants, paresseux, vains, poltrons, occupés « de niaiseries. »

Ce paragraphe renferme plus de mauvaise humeur que de raisonnement. Si l'abbé de Saint-Pierre eût dit que les arts arrivés à leur dernière perfection, annoncent un haut degré de civilisation duquel il résulte ordinairement, pour un pays, que les sentiments religieux s'y affaiblissent, et que les mœurs publiques s'y détériorent, non par l'effet des arts considérés en eux-mêmes, mais à cause de l'abus fréquent que l'on en fait, et par suite de l'état de mollesse et de recherche avide des aisances de la vie, qu'ils créent au sein d'une nation, l'abbé de Saint-Pierre n'eût rien avancé, qui ne fut conforme au témoignage de l'histoire de tous les peuples. Là devaient se borner ses réflexions critiques. Voulant aller plus loin, il devait, du moins, le faire en termes plus convenables : le ton des halles ne convient nullement à la gravité de l'histoire.

M. Castel, auteur du projet de paix universelle, qui, selon la pensée du cardinal Dubois, était le rêve d'un honnête homme, publiait hautement sa haine contre Louis xiv. Il était tellement animé à l'égard de ce prince, qu'il se fit exclure de l'académie, en 1718, pour un discours plein de véhémence, qu'il prononça contre le feu roi. La nouvelle philippique avait blessé les auditeurs, au point que sur 24 académiciens présents, 20 se déclarèrent pour l'exclusion, et refusèrent même d'entendre la justification de l'orateur. L'amour excessif de l'abbé pour l'état de paix perpétuelle lui faisait tout sacrifier à son système : de là, ses sorties violentes contre Louis et les grands personnages associés à l'exercice de sa puissance, ou admis à la faveur de son intimité.

Le duc de la Feuillade ne put, pour cette raison, obtenir grâce à ses yeux : aussi l'abbé le gourmande-t-il vivement d'avoir fait élever, à ses frais, une statue équestre à Louis XIV, sur la place des victoires. Mais ce n'est pas là le plus fort de ses griefs contre le grand seigneur libéral et reconnaissant. Il ne saurait, surtout, lui pardonner l'inscription fastueuse de *viro immortali!* recevons les plaintes de l'abbé en courroux : après l'avoir entendu, nous serons mieux en état de juger si elles sont fondées.

« Louis, nous dira-t-il, n'était pas, pour sa per-
« sonne, plus immortel que le dernier de ses sujets;
« et à l'égard de l'immortalité du nom, il y a beau-
« coup d'autres noms immortels que le sien, et
« comme ce n'est pas le seul immortel, ce prince
« n'était point connu et distingué par le nom de
« *vir immortalis*, par le titre d'IMMORTEL. »

Je remarque d'abord, dans cette phrase, le mot immortel répété six fois, tant en français qu'en latin, d'où je conclus non-seulement que l'abbé de Saint-Pierre était un écrivain qui ne pouvait faire honneur au corps illustre auquel il appartenait, mais encore qu'il aurait dû se résigner à quitter la plume, puisque ses facultés littéraires ne lui permettaient pas d'offrir au public un style plus léger et plus plus élégant. Ensuite, je ferai observer que le bon abbé ne nous apprend rien de neuf, et surtout ne nous dit rien de spirituel, en nous racontant que Louis XIV n'était pas plus immortel qu'un autre.

Enfin, je ne craindrai pas d'avancer que le lourd raisonnement de M. Castel, n'est, en aucune manière, concluant. Il me semble que de ce que Louis n'était pas le seul immortel, un bon logicien n'aurait pas tiré cette conséquence, que le prince ne serait nullement distingué par ce glorieux surnom. J'inférerais au contraire des termes de l'inscription, que le duc de La Feuillade a eu la pensée d'élever son roi au-dessus de tous les héros de son siècle et des âges précédents. Le vague de l'expression : *viro immortali*, autorise pleinement cette présomption.

M. Castel n'était pas plus habile en arithmétique, que Voltaire son contemporain. « Depuis « 1667, jusqu'à la mort de Louis XIV, il y a eu, « nous dit-il, 29 années de guerre et 18 de paix. « 1,160 mille hommes, sans les officiers, ont péri, « et 60 millions de livres, par an, ont été dépen- « sés, ce qui porte la totalité des frais de la guerre, « sous ce règne, à 1,450 millions. »

J'accorderai, faute de moyens de vérification, les 1,160 mille victimes que M. Castel prétend avoir été immolées à la fureur des combats ; mais ce que je ne puis admettre, c'est que 60 millions multipliés par 29, donnent 1,450. Le plus mince écolier trouverait de suite que le produit de cette multiplication est de 1,740. Ainsi, le bon abbé n'a erré, dans ce simple calcul, que de 290 millions. On voit, du reste, que le chiffre de dépenses qu'il présente est beaucoup plus modéré que celui donné par Voltaire et ses disciples.

M. Castel, ennemi bien prononcé de la guerre, va chercher à nous en inspirer une juste horreur, en exagérant les maux qu'elle fait peser sur un peuple; et pour arriver plus sûrement à son but, il nous révélera un fait dont, sans lui, nous ne nous serions jamais doutés : c'est que Louis xiv par sa guerre contre l'Espagne, en 1667, a entraîné la France dans des dettes immenses, dont elle aura bien de la peine à se relever. Écoutons l'historien. « La funeste résolution du roi, de faire
« revivre les droits de la reine, sa femme, aux-
« quels il avait solennellement renoncé, et la con-
« quête de la Flandre, qui en fut la suite, entraî-
« nèrent son État riche et florissant dans des dettes
« immenses dont il ne se relèvera jamais, s'il ne
« se trouve parmi nos rois un nouveau Salomon. »

Si tel a été le funeste résultat de la guerre de 1667, et de celle contre la Hollande, qui a été le corollaire de la première, quel surcroît de maux et de dettes n'ont pas dû imposer à la France, les guerres de 1688 et de 1701, lesquelles n'ont pas été, à beaucoup près, ni aussi glorieuses, ni aussi heureuses. Cependant M. Castel, en insérant dans ses Annales politiques, le mémoire présenté, en 1716, au prince régent, par le contrôleur-général des finances, Desmarets, semble avoir pris à tâche de se donner un démenti à lui-même. Car il demeure constant, d'après les termes exprès de ce mémoire, qu'au 1.ᵉʳ septembre 1715, les dettes de l'État ne s'élevaient en billets souscrits au profit des prêteurs et des fournisseurs, qu'à la somme de 491 millions 814 mille livres; capital considérable, il est vrai, mais qui pourtant ne représentait pas 25 millions de rentes. Quels cris n'aurait donc pas jeté le bon abbé, s'il eût pu lire dans l'avenir qu'un jour la France verrait, au bout d'un demi-siècle de guerres et de révolutions, sa dette publique s'élever à 5 milliards, sans autre compensation que celle de la gloire militaire qu'elle s'est acquise en plantant son drapeau dans presque toutes les capitales de l'Europe?

M. Castel nous trace ainsi le portrait moral et physique de Louis XIV. « Il était beau, grand,
« bien fait, doux, poli. Il y avait des esprits plus
« pénétrans, plus vifs, plus étendus que le sien;
« il n'y en avait point qui eussent plus de justesse.
« Il écoutait volontiers ce qu'il comprenait facile-
« ment; mais il ne saisissait jamais entièrement
« et fortement, ce qu'il ne saisissait pas d'abord;
« telle est la courte portée d'un *esprit médiocre*.
« Comme dans la suite il voulut fortement ce
« qu'il voulut, c'est de ce côté là qu'il y eut du
« grand dans son caractère; et c'est avec cette es-
« pèce d'opiniâtreté et de constance, qu'il a sur-
« passé la plupart de ses prédécesseurs et de ses
« contemporains. »

Personne n'ignore que l'éducation de Louis avait été extrêmement négligée. Élevé au milieu du désordre et du tumulte des guerres civiles qui, pendant plusieurs années, obligèrent la cour à n'avoir point de résidence fixe, et à errer de province en province, le jeune prince ne pût être assujetti à un plan suivi d'études. Louis n'était donc point un savant, ni même un homme versé dans la connaissance des lettres et des sciences; mais conclure de là que c'était un esprit médiocre, c'est mal conclure et mal raisonner. S'il avait été dépourvu des secours d'une éducation soignée, la nature l'avait richement doté au moral. L'abbé Castel et la plupart des détracteurs de Louis peuvent le nier; mais pour résoudre cette grande question, est-il nécessaire de recourir aux opinions vacillantes et par là même toujours incertaines des hommes? A mon avis, les faits seuls doivent être consultés. Or, une âme grande, élevée; une volonté forte; un courage à toute épreuve, au sein même des adversités les plus poignantes de la vie; l'amour du beau, du grand, de la gloire; l'art d'apprécier et d'encourager tous les talens, voilà les qualités qui distinguaient éminemment Louis; et, certes, ces qualités ne sont pas l'indice d'un esprit médiocre.

Le philosophe abbé nous assure que Louis XIV sacrifiait tout au plaisir de se venger, d'où il infère que c'était une âme médiocre, un homme du commun. Puis, ces termes, tout grossiers qu'ils sont, n'exprimant pas encore assez fortement la haine, l'écrivain a imaginé de comparer Louis à Satan! Écoutons-le. « La principale passion de Louis était « d'étaler sa grande puissance. Comme la moindre « résistance le blessait profondément, il sacrifiait « tout au plaisir de se venger : c'est le goût des « âmes médiocres, de tous les enfants et de tous « les hommes du commun. Ces hommes du com- « mun, faute d'une bonne éducation, ne savent « pas et ne peuvent savoir que ce n'est pas la « puissance qui fait la grandeur et l'excellence de « l'homme. C'est imiter Satan, cette *méchante* « *bête invisible!* Belle ressemblance et digne d'un « *conquérant terrible*, que de *ressembler à Satan.* »

Le trait suivant, dont la vérité ne saurait être révoquée en doute, parce qu'il se trouve rapporté par tous les contemporains, prouvera sans réplique, que non-seulement Louis ne sacrifiait pas tout au plaisir de se venger, mais encore qu'il savait pardonner noblement. Le Ministère avait intercepté une correspondance secrète avec les ennemis de l'État. Les fils des ducs de Villeroy et de Larochefoucauld se trouvaient gravement compromis par cette correspondance. Ces jeunes étourdis, sans avoir égard à la position de leurs parents qui étaient honorés de la faveur et même de la confiance du Prince, avaient lancé contre le monarque les traits les plus acérés, s'étaient permis, à son sujet, les expressions les plus choquantes, avaient employé les termes les plus insultants. Louis fut extrêmement irrité de cette impertinente audace, et on alla jusqu'à craindre que les jeunes gentilshommes payassent fort cher l'imprudence qu'ils avaient commise. Les pères s'étant jetés aux pieds du Roi, pour détourner le coup fatal qui menaçait la tête des coupables, Louis se contenta de dire : « Que du « moins ils s'abstiennent de paraître devant moi. »

Il est assez inutile de relever tout ce qu'a d'inconvenant la grosse malice de l'abbé, d'assimiler le grand roi à un homme du commun. Si M. Castel eût eu l'esprit plus fin et plus délié, la passion ne l'aurait pas aveuglé au point de l'empêcher de sentir ce qu'il y a d'outré dans cette assimilation, et combien est ridicule surtout la comparaison qu'il établit entre le plus illustre de nos rois et Satan!!!

L'abbé philosophe terminera le cours de ses plates invectives, en insultant de la manière la plus outrageante à la crédulité de ses lecteurs. Il va leur dire sérieusement, comme s'il avait la ferme croyance d'être cru sur parole, que Louis a toujours préféré pour ministres les gens de basse naissance aux gens de grande qualité, et qu'il louerait en cela sa prudence, s'il avait choisi des hommes de génie. Puis il ajoutera : « Ce fut le plaisir d'être souvent loué « par ses ministres, qui lui fit surmonter le dégoût « que la jeunesse a d'ordinaire pour les affaires ; « et il était si accoutumé à ces flatteries journa-« lières et domestiques, qu'il n'a jamais été blessé

« des louanges excessives, ni des panégyriques les
« plus outrés. »

Il fallait que M. Castel comptât bien sur l'irréflexion et la légèreté de sa nation, pour oser écrire que MM. de Colbert et de Louvois, les marquis de Barbésieux et de Seignelay, le comte de Pontchartrain, etc., etc., étaient des hommes de basse naissance, et que les deux premiers manquaient de génie.

Quant au reproche adressé à Louis, d'avoir toujours aimé les louanges excessives, je prie le lecteur de se reporter à l'article Voltaire, où il trouvera la réfutation de cette fausse et odieuse insinuation.

Jusqu'ici les révélations extraordinaires que nous a faites l'abbé de Saint-Pierre, nous autoriseraient presque à croire qu'il ne jouissait pas constamment de toute la plénitude de sa raison, ou plutôt que le sentiment de haine qui le transportait, comme malgré lui, à l'égard des monarques guerriers, était si violent, qu'il obscurcissait dans sa personne ce flambeau lumineux que la Providence a placé dans l'esprit de l'homme, pour éclairer les ténèbres de son ignorance. Pourtant le philosophe abbé avait des moments tout-à-fait lucides : on en jugera par le court paragraphe suivant, le seul de tous ceux que j'ai cités, auquel je puisse applaudir.

« Quelques-uns blâmaient l'air sérieux de Louis XIV,
« et l'appelaient morgue. Pour moi, je crois que

« c'était un air nécessaire pour se faire plus res-
« pecter par une nation trop familière, à laquelle
« il est à propos, pour son propre bonheur, d'ins-
« pirer du respect. »

En me résumant, je dirai que le grand tort de l'abbé de Saint-Pierre, tort qui a été le principe de ses aberrations morales et politiques, a été de prendre les hommes tels qu'ils doivent être, et de ne jamais les considérer comme ils sont. Cette manière de voir, qui honore son cœur sans donner une haute idée de son esprit, l'a jeté dans des systèmes de perfectibilité, dont la réalisation ne peut se rencontrer sur la terre. Du reste, je me plais à reconnaître avec ses contemporains, dont la voix a été unanime sur ce point, mais seulement dans le sens que le monde attache ordinairement à cette expression, que l'abbé était *un homme de bien*. Ce qui m'a porté à ne lui supposer qu'un esprit de peu d'étendue, c'est la considération suivante : un homme revêtu de l'habit ecclésiastique pouvait-il, il y a un siècle surtout, exprimer publiquement, sans manquer à toutes les convenances, sans blesser toutes les idées reçues, des opinions si injurieuses à la cour de Rome, si contraires à l'esprit, comme à la croyance universelle de l'Église ?

MÉMOIRES SECRETS

DE

LOUIS XIV ET DE LOUIS XV,

PAR

DUCLOS.

Duclos, écrivain spirituel, académicien distingué, a été fort célébré par les philosophes de son temps, surtout par La Harpe et Champfort. Son livre des *Considérations sur les mœurs*, a parfait sa renommée, mis le sceau à sa réputation. Quant à ses mémoires secrets, ils n'ont paru que long-temps après sa mort. On eût rougi, ou regardé comme trop dangereux de les publier, même sous Louis xv, protecteur de l'écrivain : il fallait les orages d'une violente révolution, pour qu'ils fussent produits au grand jour !

S'il est vrai, comme on le dit communément, que l'homme se peint dans ses écrits, cet ouvrage posthume de Duclos ne peut laisser de doute sur la dureté de son caractère. Malheur à ceux qui sont l'objet de ses censures cruelles ! Ce n'est point un historien qui raconte ou discute avec le sang-froid de l'impartialité, qui critique avec le calme de la justice; c'est un tigre en fureur qui s'élance impétueusement sur sa proie, et la déchire d'une dent impitoyable. Les exemples que je citerai, expliqueront le rigorisme de cette métaphore.

Les mémoires secrets sont terminés par ces paroles de l'auteur : « Quelle que soit ma façon de « voir et de penser, je ne prive pas le lecteur de la « faculté de porter un jugement différent du mien. »

J'userai de la faculté que nous a laissée Duclos, pour rectifier la fausseté ou la malignité de quelques-uns de ses jugements. Sans ménagement aucun pour tous ceux qui lui déplaisaient, qu'elle que fût la dignité de leurs fonctions, ou l'importance de leurs emplois, il a autorisé les écrivains qui devaient venir après lui, à le traiter lui-même avec sévérité.

Je ferai donc voir que malgré l'impartialité qu'il affectait, il n'était souvent rien moins qu'impartial; que le sarcasme et l'ironie sont ses armes favorites et habituelles; que ses mémoires secrets méritent mieux le nom de libelle diffamatoire, que celui d'histoire.

Duclos, nommé par Louis xv historiographe de France, ne voulut pas, à l'exemple de Racine et de Boileau, regarder ce titre comme purement honorifique. Il pensa qu'il devait par ses œuvres historiques, acquérir un droit incontestable aux émoluments attachés à son emploi. En conséquence, il se livra au travail, ce qui nous a valu les *Mémoires secrets* des règnes de Louis xiv et de Louis xv.

On ne peut être que très-édifié de la délicatesse consciencieuse de Duclos, laquelle a paru à ses louangeurs, le mettre sous le rapport moral, bien au-dessus de l'auteur d'Athalie, et du régulateur du Parnasse français. Mais des mémoires secrets *devaient-ils* sortir de la plume d'un historiographe de France ? Cette dénomination de mémoires secrets n'avertit-elle pas le lecteur qu'il doit se mettre en garde contre les récits qu'on lui fait; récits où sous le voile mystérieux qui paraît couvrir les faits racontés, l'auteur pour ainsi dire caché dans l'ombre, peut si facilement déguiser le venin de ses réflexions, la malignité de ses allusions, et donner comme incontestables des faits qui ne sauraient soutenir l'épreuve d'une discussion historique ?

Duclos, en se déterminant pour des mémoires secrets, plutôt que pour un cours d'histoire grave et sérieux, a-t-il eu dessein de sacrifier au goût dominant de son siècle pour les anecdotes méchantes et tant soit peu scandaleuses, ou a-t-il cherché à se satisfaire lui-même, en faisant naître l'occasion de distiller sur les personnages qu'il voulait flétrir, toute la bile de son âme caustique et envieuse? Ce sont là des questions que je n'entreprendrai point de décider d'une manière directe et positive, mais dont la suite de cet article donnera peut-être la solution.

« Louvois, nous dit Duclos, était *féroce;* il avait « l'âme *atroce*, et comme citoyen, c'était un *monstre!* » Voilà trait pour trait, selon l'historiographe, la ressemblance parfaite d'un de nos personnages historiques les plus célèbres, du plus grand ministre de la guerre qu'ait jamais eu, et que peut-être aura jamais la France.

Les termes dont s'est servi l'auteur pour mieux exprimer ses sentiments haineux, ne conviennent nullement à la majesté de l'histoire.

Pour en légitimer la dure âpreté, il eût fallu prouver que les actes de rigueur ou de violence reprochés à M. de Louvois, avaient uniquement leur source dans un fond d'inhumanité; qu'aucune circonstance, aucune considération politique, aucune vue d'intérêt public, n'ont pu en adoucir l'odieux, ou même en diminuer singulièrement la culpabilité. Or c'est ce que n'a pas fait, disons mieux, c'est ce que n'a pu faire Duclos. Car, en pareille matière, Dieu seul scrutateur intègre des cœurs, est capable de porter un jugement plein d'équité.

J'avoue que les incendies du Palatinat, exécutés d'après les ordres ou les conseils du ministre, ne déposeraient pas en faveur de son caractère, si le plaisir de ravager et de détruire, ou d'exercer une basse vengeance, eût été en cette occasion le seul mobile de sa conduite; que l'ambition démesurée dont on le taxe communément, et qui l'a porté, dit-on, à entraîner son maître dans des guerres faciles à éviter, ne ferait pas l'éloge de son cœur, si une ardeur brûlante pour la gloire du prince qu'il servait, et peut-être aussi un amour excessif de celle de son pays, ne pouvaient lui servir d'excuse, ou du moins atténuer ses torts; qu'enfin les rigueurs exercées contre les Protestants, rigueurs que les historiens s'accordent à lui imputer, ne seraient pas propres à donner une haute idée de la bonté de son âme, si, en cette circonstance, il eût agi par un sentiment de haine ou de fureur, plutôt que par l'effet d'un zèle indiscret et peu éclairé.

Mais j'ajouterai, sans craindre que mon témoignage paraisse entaché soit d'adulation, soit de préjugé, que c'est aux talents et à l'habileté de M. de Louvois que la France est en partie redevable des belles et riches provinces qui la couvrent au nord et à l'est, ainsi que de l'accroissement extraordinaire de puissance qu'elle a acquis dans le cours de sa brillante administration. Duclos devait-il méconnaître des services d'une si haute importance, et n'exprimer la reconnaissance de la patrie envers celui qui les a rendus, qu'en dévouant sa mémoire et son nom à l'exécration de l'âge présent et des siècles futurs?

Duclos, voulant à toute force justifier les dures épithètes qu'il avait données à M. de Louvois, nous raconte l'anecdote suivante : « En 1688, époque à
« laquelle on construisait Trianon, Louis xiv étant
« allé, accompagné de Louvois, visiter les travaux,
« s'aperçut qu'une fenêtre n'avait pas autant d'ou-
« verture que les autres : il le dit à Louvois, qui
« n'en convint pas. Le Roi, fatigué de la dispute,
« fit mesurer les fenêtres. Il se trouva qu'il avait
« raison; et comme il était ému de la discussion,
« il traita durement Louvois devant tous les ou-
« vriers. Louvois rentra chez lui la rage dans le
« cœur, et dit à ses amis : je suis perdu, si je ne
« donne de l'occupation à cet homme qui se trans-
« porte pour des misères. Il n'y a que la guerre
« qui puisse le tirer de ses bâtiments. Eh! parbleu!
« il l'aura. » Duclos ajoute : « La guerre de 1688
« dut donc sa naissance à un dépit de l'orgueilleux
« ministre. »

Ce n'est pas ici, comme on le voit, la montagne qui enfante une souris; c'est au contraire une petite souris qui donne laborieusement le jour à une haute montagne! Que l'anecdote en elle-même soit vraie ou fausse, peu importe. Que Duclos en ait été l'inventeur ou le reproducteur, peu importe encore. La seule chose essentielle, c'est de peser les conséquence graves qui en sont résultées, selon l'historien, et d'examiner mûrement si elles ont pu avoir lieu.

Une simple réflexion suffit pour se convaincre de la fausseté de l'hypothèse; c'est de considérer que l'espace de temps, évidemment trop court, qui se serait écoulé entre la cause et l'effet, n'aurait permis ni au ministre de faire les préparatifs d'une campagne sérieuse, ni à l'armée française d'être en état de prendre l'offensive et de devancer un ennemi qui, depuis deux ans, préparait ses moyens d'attaque. D'ailleurs, aucun homme instruit n'ignore que dès l'année 1686, Guillaume, prince d'Orange, toujours attentif à exagérer l'ambition de Louis, pour mieux couvrir la sienne, avait formé cette célèbre ligue d'Ausbourg qui devait embraser l'Europe presque tout entière, en réunissant contre la France les confédérés de la dernière guerre, pour le maintien des traités de Munster et de Nimègue.

Si Louis résolut de prévenir les confédérés, c'est qu'il était irrité : 1.° de la préférence que l'empire avait donnée pour l'électorat de Cologne, à un prince de Bavière âgé de 17 ans, déjà évêque de Ratisbonne, sur le cardinal de Furstemberg, évêque de Strasbourg, prélat entièrement dévoué aux intérêts de la France, que l'on était parvenu, il est vrai, à faire élire coadjuteur, mais dont Innocent XI avait annulé l'élection; 2.° du double refus que faisait l'empire, de changer la trêve en paix perpétuelle, et de satisfaire aux réclamations du roi, relativement aux droits de la duchesse d'Orléans, sa belle-sœur, sur la succession de l'électeur Palatin, frère de la duchesse. « Il n'en fallait pas tant, « dit un historien, pour armer Louis. Irrité de la « ligue d'Ausbourg, il rompit la trêve, et attaqua « l'Allemagne. »

Aucun contemporain n'aurait donc songé à mettre sur le compte de M. de Louvois, la guerre longue et sanglante de 1688. Personne surtout ne se serait avisé de la faire surgir d'un événement aussi insignifiant que celui de Trianon. Duclos lui-même avait trop d'esprit, et connaissait trop bien l'histoire, pour croire aux conséquences sérieuses qu'il faisait si perfidement découler du dépit de M. de Louvois. Ainsi, l'anecdote est un trait violent de satire qu'il tenait en réserve pour rendre odieux ou ridicules et le souverain et le ministre; le souverain, en donnant à entendre qu'il n'avait pas eu assez de perspicacité pour pénétrer les vues de son ministre, ou assez de fermeté pour lui résister; le ministre, en faisant voir, par ce trait d'audace, jusqu'à quel point il savait maîtriser ce roi, devant la majesté duquel tout le monde tremblait.

Duclos n'ignorait pas pourtant que Louis-le-Grand n'était pas homme à se laisser ainsi dominer. « Louvois, nous dit-il, conseilla un jour à son « maître de faire incendier Trèves. Louis rejeta « avec indignation cette proposition qui lui faisait « horreur; mais Louvois ayant insisté, ajouta pour

« déterminer le roi, que croyant être entré dans
« ses vues, il avait dépêché un courrier porteur de
« l'ordre de réduire cette ville en cendres. Alors,
« poursuit Duclos, Louis, transporté de colère,
« saisit une pincette, et aurait frappé le ministre,
« si heureusement pour lui, Mme de Maintenon,
« se jetant entre deux, ne lui eût ménagé le moyen
« de se retirer sain et sauf. » Cette nouvelle anecdote racontée par Duclos lui-même, prouve que si
cet écrivain a erré, c'était sciemment, et non par
ignorance des faits; qu'il ne croyait nullement ni à
la faiblesse, ni à l'incapacité du grand roi.

Quand on voit un historiographe de France porter l'impudence jusqu'à imposer volontairement au
public, et mentir à sa propre conscience, n'est-on
pas tenté de penser comme Volney, que l'histoire
est une des sources les plus fécondes des erreurs
et des passions des hommes ? Cependant notre li-
belliste a atteint en partie le but qu'il se proposait.
L'erreur grossière qu'il a répandue au sein de la
nation, lui a survécu. Le caustique Duclos a encore
aujourd'hui de chauds partisans qui ne balancent
pas à le croire sur parole. Ce fait nous révèle qu'en
général l'esprit humain est irréfléchi, et naturellement très-disposé à croire sans examen tout ce qui
peut flatter sa malignité. Quelques gens sensés et
exempts de passion se sont pourtant préservés de
la contagion du mauvais exemple, et n'ont pas
donné dans le piège tendu à la crédulité des ama-

teurs de scandale. « On a souvent répété et l'on « répète encore, a dit un écrivain de nos jours, « que l'Europe, sous le règne de Louis xiv, fut « embrasée, parce qu'une fenêtre de Trianon était « trop large ou trop étroite; mais les choses en « étaient venues au point que désormais la guerre « était inévitable, et Louvois *n'avait pas besoin de* « *prétexte* pour la faire déclarer. »

Voilà donc la trop fameuse aventure de Trianon, qui a retenti dans toute l'Europe et au-delà des mers, réduite au néant, du moins dans sa partie essentielle. Je ne pense pas que désormais quelque écrivain essaie de la faire revivre, et encore moins ose soutenir qu'elle a été la cause de l'embrasement de 1688. Du reste, cette discussion, outre qu'elle aura vengé la vérité de l'histoire, indignement méconnue et outragée, servira encore à démontrer combien il importe de s'assurer de la sévère probité d'un historien, avant de lui accorder sa confiance. Le lecteur ordinairement se laisse prendre à l'appât trompeur du charme du style. On le séduit facilement par l'originalité piquante de tours nouveaux, par la hardiesse des expressions, par la rapidité entraînante de la narration; quelquefois aussi il se laisse imposer par la réputation ou le ton tranchant d'un auteur : il devrait bien plutôt s'attacher à reconnaître s'il y a dans l'écrivain bonne foi et amour de la vérité. De combien d'erreurs et de préjugés se garantirait le monde social, si cette règle de prudence, dictée par la sagesse, était constamment suivie!

On a dit de Duclos qu'il louait rarement, et que ses éloges étaient d'autant plus flatteurs, qu'il se montrait fort avare d'encens. Il faudrait donc lui savoir gré des louanges qu'il a décernées à Louis XIV, si elles eussent été l'expression de ses sentiments véritables, au lieu de lui servir de voile pour couvrir ses arrière-pensées. Voici du reste ce qu'il a dit de ce prince : « Son ardeur pour la gloire, son
« goût pour le *grand* et pour le *noble*, le désir de
« lui plaire, dont il faut encore lui faire honneur,
« puisque ses *qualités personnelles* l'inspiraient
« en partie, les récompenses, les distinctions qu'il
« accorda souvent au mérite, tout concourt à rendre son règne le plus brillant qu'il y ait eu depuis Auguste. Les lettres, les sciences, les arts,
« tous les talents, naissaient à sa voix, et portaient
« son nom au-delà de l'Europe. Ses bienfaits allaient chercher le mérite chez les étrangers. On
« se glorifiait alors d'être Français, ou d'être connu
« en France. »

Certes, dans le cours de cet ouvrage, je ne pourrai rien dire de plus fort et de plus décisif en faveur du grand roi. L'éloge fait par Duclos est sans réserve aucune ; le plus léger indice de blâme ne s'y montre pas. On serait tenté de croire que Louis était le héros par excellence de notre bon historiographe. Mais que le lecteur veuille bien suspendre son jugement : il ne tardera pas à voir le revers de la médaille. Ce prince, naguères si aimable, que tous les cœurs volaient au-devant de lui, et s'empressaient de prévenir ses moindres volontés ; si accompli, qu'on tenait à orgueil d'être né son sujet ; si noble et si généreux, que ses grâces et ses faveurs allaient atteindre le mérite jusque dans les contrées les plus reculées ; enfin, ce prince créateur des lettres, des sciences, des arts, de tous les talens, va bientôt ne plus être qu'un homme dur, voyant d'un œil sec les misères de ses semblables, qui de plus étaient ses compatriotes et ses sujets ; un homme vain, qui a acheté au poids de l'or le surnom de Grand, qu'on lui a donné ; un homme tellement bouffi d'orgueil, qu'il s'adorait lui-même......

Une telle métamorphose est si étonnante ; elle paraît si peu naturelle, qu'il ne faut rien moins que le texte même des mémoires secrets pour nous en convaincre. Laissons-donc parler Duclos, il nous dira : « Louis quitta Paris qu'il n'aimait point ;
« mais en *fuyant* le peuple dont la misère *n'aurait*
« *blessé que ses yeux*, il voulait que sa cour fût
« également nombreuse et brillante. Faut-il s'é-
« tonner qu'au milieu d'une foule *d'empoisonneurs*,
« il ait pu tomber dans un *délire d'amour-propre*
« *et d'adoration de lui-même. Les maladies seules*
« *pouvaient lui rappeler qu'il était homme*.......
« Le plus médiocre des princes, avec huit ou dix

« pensions répandues sur des écrivains de diffé-
« rentes nations, serait sûr de se *faire célébrer*
« *comme un grand homme*. Ces trompettes de la re-
« nommée *ne sont pas chères*. Le total de ces pen-
« sions ne montait qu'à 66,300 liv. Tous ceux qui
« en furent gratifiés, *reconnurent sans difficulté* ce
« prince pour Louis-le-Grand. »

Il est impossible de prouver mieux le *pour et le contre*, que ne l'a fait ici Duclos. Ce second tableau forme un contraste si frappant avec le premier, qu'il faut avouer que jamais personne ne s'est montré aussi habile que cet écrivain dans l'art d'amalgamer les contraires : c'est la vraiment le cas de dire que les *extrêmes se touchent*.

Quoique les traits de Duclos soient désormais impuissants contre le grand roi, je ne laisserai pourtant pas sans réfutation les trois assertions calomnieuses que renferme le paragraphe cité.

1.º Louis XIV n'était point insensible aux maux de son peuple. Tous les historiens s'accordent sur ce point, qu'en 1697 ce prince, au grand étonnement de l'Europe, s'arrêta au milieu de ses triomphes, pour donner la paix à la France, et cela par la considération seule de la détresse à laquelle avaient réduits ses sujets, et les malheurs inséparables de la guerre la plus heureuse, et les impôts extraordinaires qu'avait nécessités le prolongement de la lutte.

« La paix de Riswick, comparée à celle de Nimègue,
« où Louis avait imposé la loi, excita, dit un écri-

« vain moderne, les murmures de la France énor-
« gueillie par tant de victoires : elle s'indignait de
« voir tout le fruit de ses triomphes sacrifié aux
« vaincus. Quelques-uns exaltèrent la modération
« du monarque; d'autres imaginèrent faussement
« que sa politique se frayait par là un chemin à la
« succession d'Espagne. Mais il sacrifia aux *besoins*
« *réels* de ses sujets et de son état. »

M. de Montyon, quoique mal disposé pour Louis xiv, rapporte une anecdote qui prouve que ce prince n'avait point cette dureté de cœur que lui prête si gratuitement Duclos. Il s'agissait de donner un successeur au grand Colbert. Louis avait trois candidats en vue. Il crut devoir, avant de fixer son choix, consulter le chancelier, M. Le Tellier. Celui-ci, quand il eut à s'expliquer sur le compte de M. Pelletier, son parent et son ami, un des trois candidats, reconnut qu'il était doué de vertus et de talens propres à faire pencher la balance en sa faveur ; avoua que la nomination de son parent lui ferait grand plaisir, mais en même temps déclara, plutôt par ruse que par conviction, ainsi que l'insinue M. de Montyon, qu'il manquait à M. Pelletier une qualité bien essentielle pour remplir avec succès un emploi si important. Quelle est donc, dit Louis, cette qualité essentielle dont vous le croyez dépourvu? C'est, répondit M. Le Tellier, qu'il n'a pas assez de dureté et d'insensibilité pour être un bon contrôleur général des finances. Mais je ne veux pas, reprit vivement le roi, d'une personne qui soit dure et insensible. Le jour même, M. Pelletier fut nommé. Serait-ce là, je le demande, la manière d'agir d'un prince dont la misère du peuple ne blesserait que les yeux, sans atteindre son cœur ?

2.° Duclos appuie-t-il sur quelque fondement solide le reproche qu'il fait à Louis xiv, de n'avoir pu être ramené que par les maladies au sentiment de sa condition mortelle. Loin de donner à ce sujet la preuve la plus légère, l'historien semble s'attacher à réfuter lui-même son assertion atroce, car il dit presque immédiatement : « Si Louis faisait « sentir sa majesté aux grands de sa cour, il la « déposait dans sa domesticité intérieure. Nul « maître ne fut plus aisé à servir : il laissait vo- « lontiers prendre à ses valets une espèce de fa- « miliarité. » De bonne foi, y a-t-il moyen de reconnaître, à de pareils traits, un prince qui se croit un dieu, et à qui les maladies seules peuvent rappeler qu'il est homme ?

3.° Le reproche relatif aux libéralités de Louis envers les gens de lettres et les savants, n'est-il pas aussi injuste que les deux premiers ? Quoi ! après avoir loué ce prince d'être allé chercher le mérite jusque dans des contrées lointaines, Duclos donne un motif odieux à son action, en insinuant qu'il avait uniquement en vue de se créer des prôneurs qui pussent lui acquérir le surnom de Grand ! Puis ajoutant la raillerie à l'insulte, le censeur sans pitié fait observer que ces trompettes de la renommée ne sont pas chères; 66 mille livres de ce temps, représentant 400 mille francs du nôtre, n'étaient donc rien aux yeux de Duclos! C'est le propre des académiciens, à ce qu'il paraît, de se montrer difficiles en fait de largesses, car M. de Montyon qui a porté celles de Louis xiv à plus de cent mille livres, trouvait aussi que cette somme était peu de chose, il y a 150 ans.

Duclos, à l'occasion des pensions et gratifications accordées par Louis xiv, nous apprend que Léo Allatius, bibliothécaire du Vatican, refusa *noblement* la pension de 1,500 livres, pour *laquelle il était nommé*, parce que la cour de Rome était alors brouillée avec celle de France.

Si j'étais un critique pointilleux, et que j'eusse à juger Duclos comme grammairien, je trouverais peut-être quelque chose à reprendre dans cette locution : la pension pour laquelle il fut nommé; une pareille expression ne me paraît pas conforme au langage usuel. Mais passons là-dessus : c'est une vétille qui mérite peu d'attention, quand on a à peser des griefs d'une nature bien autrement grave.

L'anecdote du bibliothécaire est-elle constante? Je veux bien la tenir pour telle, et raisonner dans cette hypothèse. Duclos a vu de la noblesse dans le procédé de Léo Allatius : moi je n'y découvre qu'un sentiment des convenances, que l'accomplissement d'un devoir. Ce savant ne pouvait décemment accepter une pension d'un prince avec lequel son gouvernement était brouillé. En agissant autrement, il eût couru le risque de blesser son souverain, et peut-être de compromettre la sûreté de son emploi. Si Léo Allatius se fut trouvé dans une position plus libre, je ne donnerais point d'éloge à son refus, parce qu'il annoncerait plus d'orgueil que de raison. Un particulier doit toujours se tenir honoré des marques d'estime d'un grand monarque ; et refuser ses faveurs, quand il vient les offrir, c'est manquer au respect que l'on doit aux têtes couronnées, c'est répondre à un bienfait par une insulte.

Ne nous lassons point d'assister aux leçons de Duclos. A son école, on apprend des choses qu'on découvrirait difficilement ailleurs. « Tout ce qui « pouvait, nous dit-il, rappeler à Louis XIV un « temps de faiblesse dans le gouvernement, révol- « tait son âme : c'est ce qui lui rendit toujours « désagréable le séjour de la capitale. Cette répu- « gnance pour Paris *a coûté des milliards* au « royaume, pour les bâtiments du superbe et triste « Versailles, qu'on nommait alors un favori sans « mérite, assemblage de richesses et de *chefs-d'œu-* « *vres de bon et de mauvais goût.* »

Je ferai d'abord observer que chef-d'œuvre et mauvais goût sont deux termes qui paraissent s'exclure mutuellement, deux choses qui semblent impliquer contradiction, deux idées qui se lient mal, où plutôt qui ne se lient pas du tout. Mais Duclos, tout bon logicien qu'il était, n'y regardait pas de si près, quand il s'agissait de lancer un trait méchant, pour étancher sa soif haineuse. Quant aux milliards qu'il impose sur cette pauvre France, pour l'établissement de l'insipide Versailles, je veux bien croire qu'il n'y en avait que deux dans sa pensée : on voit que je ne cherche pas à le faire paraître plus coupable qu'il ne l'a été. Eh bien! dans ce cas-là même, il a exagéré des sept huitièmes. L'erreur est grave, je l'avoue, de la part d'un historiographe de France, de qui on a plus de droit d'attendre la vérité que de tout autre écrivain. Mais après tout, ce n'est pas cette erreur, toute grossière qu'elle est, qui me choque le plus dans Duclos. L'intention de dénigrer, que je lui suppose, me paraît chose beaucoup plus grave.

En effet, l'assertion fausse que je viens de signaler, ne peut être que le produit de l'ignorance ou de la mauvaise foi. L'ignorance, on ne saurait l'admettre dans un écrivain savant, qui s'est vanté d'avoir mis à contribution les bibliothèques, les archives, tous les dépôts publics, pour arriver plus sûrement à la découverte de la vérité. Il existait de son temps un document de haute importance et d'une grande publicité. C'étaient *les comptes rendus de l'administration des finances*, par M. Mallet, premier commis de ce ministère, sous M. Desmarest. Les calculs et les résultats de ce livre sont officiels, puisque l'ouvrage a été fait par l'ordre et sous les yeux du contrôleur général des finances. Eh bien! les *comptes rendus* ne portent qu'à 155 millions 852 mille livres les dépenses faites par Louis xiv en bâtiments, depuis le commencement des travaux jusqu'à 1688, espace de temps pendant lequel a eu lieu la presque totalité des dépenses qu'a entraînées la construction de Versailles.

Ce résultat est conforme à celui qu'a publié M. Guillaumot, en 1800. S'il y a entre les deux évaluations une différence de deux millions et demi, c'est que la période de M. Mallet embrasse un espace de vingt-huit ans, tandis que celle de M. Guillaumot ne renferme que vingt-sept années. Le lecteur se rappelle sans doute que j'ai prouvé dans ma préface que les bâtiments n'avaient pas d'autres fonds disponibles, que ceux que le roi leur assignait annuellement sur le trésor public. Les comptes rendus dont il est question sont donc le document le plus authentique que l'on puisse posséder, pour fixer d'une manière certaine les dépenses du grand siècle en bâtiments.

Je me résume. Duclos n'a pu ignorer l'ouvrage de M. Mallet, publié de son temps. S'il l'a passé sous silence, et n'en a fait aucun usage dans l'intérêt de la vérité, c'est qu'il a voulu tromper ses contemporains et la postérité; c'est qu'il a été de mauvaise foi.

Que conclure maintenant de toutes ces observations critiques sur les mémoires secrets? C'est que leur auteur, avec beaucoup d'esprit et tous les moyens possibles de s'éclairer, a fermé volontairement les yeux à la lumière, entraîné par sa passion dominante pour la détraction ; que la vérité ne se rencontre nulle part aussi rarement que dans son livre, quand il s'agit des personnes, et surtout de celles qu'il voulait perdre dans l'opinion publique; qu'enfin ce n'est pas un ouvrage qu'il convienne de lire lorsque, dans la lecture, on ne se propose d'autre but que de s'instruire véritablement.

Duclos a jugé les autres avec une excessive rigueur, qui souvent a été une injustice révoltante. *Le voilà lui-même jugé*, sévèrement il est vrai, mais avec justice, et d'après le cri de ma conviction.

VOLTAIRE.

(Siècle de Louis XIV.)

Le grand pontife de la secte philosophique a dévié en plusieurs points, à l'égard de Louis XIV, de la route qu'il avait tracée à ses disciples. Cette conduite de Voltaire paraîtrait bien extraordinaire, et serait fort difficile à expliquer, si l'on ne savait que son âme naturellement grande et élevée, se portait avec une ardeur irrésistible vers tout ce qui annonçait de la gloire et de la puissance; qu'ainsi ébloui de la magnificence du grand règne, il ne put se refuser au désir comme au besoin de faire entendre les accents acclamateurs de son admiration, et qu'il aima mieux encourir le reproche d'inconséquence, en ne donnant pas l'exemple aux propagateurs zélés de sa doctrine, que de manquer l'occasion d'exprimer les ravissements de son âme, et d'acquérir lui-même un titre à l'immortalité, en célébrant les hauts faits du plus glorieux monarque qui ait étonné le monde, dans les âges modernes!

Cependant Voltaire n'avait vu que le crépuscule de ce règne mémorable, crépuscule bien pâle et bien sombre, si on le compare à l'aurore brillante de 1664, et surtout si on le rapproche du plein soleil éblouissant de 1680, époque à laquelle Louis reçut de l'Europe entière le surnom de Grand. Malgré cette circonstance, Voltaire rendra pleinement justice à Louis XIV ; il se montrera constamment en opposition avec ses adeptes, dans tout ce qui sera étranger à la religion et à ses ministres ; mais toutes les fois qu'il s'agira de l'antique croyance de nos pères, ou du sacerdoce catholique, le patriarche des incrédules ne manquera jamais d'unir sa voix prépondérante à celle de ses fidèles disciples. La fin de cet article fournira la preuve convaincante du fait que j'énonce.

Le grand orateur romain a dit : *Sublato deorum timore, tollitur omnis societas;* sans la crainte des dieux, il n'y a pas de société possible. Les législateurs célèbres de tous les âges, ont eu grand soin d'asseoir l'édifice de leurs institutions sur la crainte de la divinité, sur le respect pour les choses saintes, qu'ils regardaient, avec raison, comme la base fondamentale et essentielle de tout état social. De cette maxime, dont la vérité est démontrée par la raison, ainsi que par l'expérience, de ce fait constaté par le témoignage des siècles, il suit nécessairement que tout homme qui, entreprenant d'étouffer dans les cœurs la foi religieuse du pays qui l'a vu naître, s'applique constamment, pour arriver à cette fin détestable, à combattre ou à tourner en ridicule les dogmes et les pratiques de la croyance générale, peut et doit être regardé comme une peste publique, comme l'ennemi du genre humain.

Ainsi la raison seule nous autorise à voir dans Voltaire un de ces génies malfaisants, nés pour le malheur des peuples, un de ces fléaux destructeurs, dont Dieu irrité des crimes des hommes, se trouve quelquefois, malgré sa bonté, contraint par les lois immuables de sa justice, d'affliger la terre!

En effet, les désastres causés par le cynisme de l'impiété, pour n'être pas sanglants comme ceux qu'enfante la fureur des combats, pour n'être pas aussi sensibles que les autres calamités publiques, n'en sont pas moins terribles dans leurs effets présents, et ont pour l'avenir des conséquences bien autrement funestes, et qu'on ne saurait trop redouter. La plupart des maux qui pèsent sur l'espèce humaine, sont temporaires et passagers, tandis que ceux qui résultent des écrits impies, des ouvrages licencieux, non-seulement tuent les générations présentes, mais encore sont destinés à porter, en tous lieux, le ravage et la mort, pendant la durée indéfinie des âges futurs!

Cependant Voltaire, dans un siècle qui se dit par excellence le siècle des lumières, mais qui serait, à plus juste titre, appelé l'âge des erreurs morales, parce qu'il se distingue éminemment par son indifférence en matière religieuse, et que cette indifférence, fille de l'ignorance et des passions, doit être regardée comme la source la plus féconde des aberrations de l'esprit et du cœur de l'homme; Voltaire a été, pour la seconde fois, jugé digne des honneurs de l'apothéose ! Cette apothéose est la satire la plus sanglante des mœurs et des croyances actuelles. Elle est le signe le plus incontestable de la décadence de la foi religieuse; car dans les siècles plus justes et plus consciencieux du polythéisme, Voltaire aurait été mille fois condamné à boire la cigüe, si son âme audacieusement impie, à peine dégagée des liens qui l'attachaient à sa dépouille mortelle, eût pu, mille fois, revenir rendre la vie à ses restes inanimés ! En pouvons-nous douter, lorsque nous savons par le témoignage irrécusable de l'histoire, que Socrate, le plus vertueux comme le plus éclairé des païens de son temps, a été jugé digne de mort, uniquement parce que dédaignant la foi fabuleuse des âges anciens, il avait enseigné ou du moins fait entrevoir à ses disciples l'unité de Dieu, contraire à l'enseignement public, à la croyance générale du paganisme ?

Un des plus grands orateurs de la chaire chrétienne a dit, de nos jours, à l'occasion de Voltaire, que l'impie est à-la-fois déicide, homicide et suicide; déicide, en ce qu'il étouffe dans les cœurs la foi du grand Être vengeur du crime et rémunérateur de la vertu ; homicide, en ce qu'il tue les âmes par le poison de ses doctrines anti-religieuses ; enfin suicide, en ce qu'il attire sur sa tête toutes les malédictions célestes, et provoque, autant qu'il est en lui, des châtiments et sans mesure et sans fin.

Or, qui pourra jamais mériter mieux ces qualifications infâmantes que Voltaire, dont l'orgueil satanique était blessé de cette pensée, que douze hommes, vils selon le siècle, avaient converti le monde ; et qui, malgré les promesses de durée éternelle faites à l'Église par son divin fondateur, osa, dans les frénétiques accès de sa haine délirante, concevoir l'affreux et insensé projet de détruire à lui seul le christianisme, en dégradant les âmes par les monstrueux enseignements du philosophisme !!!

Il y a dans Voltaire deux personnages qu'il faut éviter soigneusement de confondre : le littérateur habile, et l'écrivain corrupteur de la morale publique. A ce dernier titre, il ne peut qu'exciter le mépris et soulever l'indignation des âmes honnêtes. Mais si l'on vient à le considérer uniquement sous le premier aspect, il n'est point d'éloge auquel il n'ait droit. L'étendue de ses connaissances, la finesse de son esprit, son inimitable talent, le charme entraînant de son style, en ont fait, en littérature, la plus grande illustration de son siècle. Je l'ai dit, et j'aime à le répéter, parce que c'est une remarque essentielle, Voltaire est un écrivain dont le suffrage a du poids, lorsque son jugement n'est pas obscurci par les ténèbres d'une passion. Aussi le citerai-je souvent, soit pour confirmer ce que j'aurai avancé, soit pour réfuter les opinions des historiens que je combats.

L'auteur de la Henriade a partagé l'erreur commune de son temps, relativement aux dépenses de Versailles, mais il semblerait injuste de le lui imputer à mal. Il ne paraît pas avoir eu, en cette occasion, le dessein de dénigrer. Dans l'article 28.ᵉ de ses Fragments sur l'histoire, il porte les frais de construction de Versailles seulement, à plus de 500 millions. « C'est une erreur grave, dit M. Pei-
« gnot, mais pas un mot de reproche ne l'accom-
« pagne; et comme il écrivait cela vers 1769, il est
« présumable qu'il avait puisé cette exagération
« dans les accusations de prodigalité que l'on ré-
« pandait depuis quelque temps contre Louis xiv. »

« Le roi, dit Voltaire, laissa à sa mort 2 mil-
« liards 600 millions de dettes, à 28 livres le marc,
« ce qui fait environ 4 milliards 500 millions de
« notre monnaie courante, en 1760. Il dépensa,
« dans son règne, 18 milliards; ce qui revient, an-
« née commune, à 330 millions d'aujourd'hui. »

J'ai réfuté complètement la première erreur dans mon article sur Lemontey, qui évidemment l'avait empruntée à Voltaire. La seconde assertion n'est pas plus vraie que la première. Ici, l'astre étincelant du 18.ᵉ siècle semble perdre quelque chose de sa vive lumière! Qui le croirait? Voltaire si savant en toute chose, va être atteint et convaincu d'ignorance en arithmétique : je m'empresse de le prouver, parce qu'il y a vraiment urgence, tant me paraissent devoir être grandes la surprise et l'impatience de mes lecteurs!

Ou Voltaire a voulu parler du cours entier du règne de Louis XIV, ce qui comprend un espace de 72 ans; ou, ce qui me semble plus vraisemblable, il a entendu, par son règne, les 55 années qui se sont écoulées depuis 1661, époque où le roi prit lui-même les rênes du gouvernement, jusqu'à 1715, année de sa mort. Dans l'un et l'autre cas, les calculs de l'académicien financier ne peuvent soutenir l'épreuve du plus léger examen.

Premier cas. 18 milliards divisés par 72, donnent 250 millions ; mais d'après la manière de supputer de Voltaire, 250 millions de 1715, représentent 432 millions de 1760, Or l'auteur n'a porté la dépense annuelle qu'à 330 millions, valeur de l'époque où il écrivait. Il y aurait donc eu de sa part erreur de 102 millions, en moins.

Second cas. 18 milliards divisés par 55, donnent, il est vrai, 327 millions, ce qui approche du chiffre indiqué par Voltaire, mais d'après la proportion de valeur relative, adoptée par l'écrivain, 327 millions de 1715, représentent plus de 563 millions, valeur de 1760. L'erreur serait donc ici plus grave encore, puisque la différence, en moins, serait de 233 millions.

Il ne suffit pas d'avoir fait voir que les conséquences de l'hypothèse des 18 milliards, ont été mal déduites. Il faut encore prouver que l'hypothèse elle-même est fausse, ou du moins, n'a aucun caractère de vraisemblance.

De 1661 à 1688, les recettes ordinaires et extraordinaires se sont élevées, comme il a été dit et prouvé, à 3 milliards 318 millions, ce qui donne pour chacune des 27 années, 123 millions à dépenser,

	milliards.	millions.
ci.................................	3	318

Supposons que dans le cours des 27 années suivantes, les dépenses ordinaires, se soient, en raison des besoins impérieux de l'époque, élevées, année commune, à 150 millions, au lieu de 123, le total donnera 4 milliards 50 millions, ci...................... 4 050

Ajoutons à cela les 2 milliards 600 millions de dépenses extraordinaires, qui, selon Voltaire, ont formé dette de l'État, à la mort de Louis XIV, ci............ 2 600

	milliards.	millions.
Le total ne sera que de...........	9	968

Cette somme de près de 10 milliards, devra être diminuée de 2 milliards, si, comme nous y sommes autorisés par les comptes rendus du trésor, nous réduisons à 600 millions, les 2 milliards 600 millions de dettes que Voltaire prétend avoir été laissées par Louis xiv, en 1715. Il est donc manifeste que notre philosophe a exagéré, de plus de moitié, les dépenses du règne du grand roi. Fiez-vous maintenant aux savans qui se font, à la fois, académiciens, financiers et historiens !

« Colbert, continue Voltaire, emprunta 800 « millions, valeur de notre temps, dans la guerre « de 1672. » Je ne sais sur quel document l'historien a pu appuyer ce fait. Les détails que je viens de donner, nous permettent de ne pas ajouter foi pleine et entière à ses calculs financiers, car on a vu que Voltaire s'embrouillait facilement avec les chiffres. Tout ce que je suis en mesure de certifier, c'est que les comptes rendus du trésor, rédigés par M. Mallet, sous les yeux et par les ordres du contrôleur général des finances, de 1715, disent textuellement, que de 1661 à 1788, les recettes extraordinaires du trésor royal (et un emprunt est une recette extraordinaire), n'ont pas dépassé 369 millions. Or la guerre de 1672 se trouvait renfermée dans cet espace de temps.

« Si Louis xiv, dit encore l'écrivain distingué « que je me permets de réfuter, eût employé à « embellir Paris, à finir le Louvre, les sommes « immenses que coûtèrent les aqueducs et les tra- « vaux de Maintenon, pour conduire des eaux à « Versailles, travaux interrompus et devenus inu- « tiles; s'il eût dépensé à Paris la cinquième partie « de ce qu'il en a coûté pour forcer la nature à

« Versailles, Paris serait dans toute son étendue
« aussi beau qu'il l'est du côté des Tuileries et du
« Pont-Royal, et serait devenu la ville la plus ma-
« gnifique de l'univers. »

Je demanderai d'abord pourquoi Louis xiv aurait accumulé toutes ses faveurs sur Paris seul. Un roi, plus que tout autre, est tenu de se conformer aux lois de la justice distributive. Tous ses sujets doivent être égaux à ses yeux, sous le double rapport de la bienveillance et de la protection, et répandre exclusivement ses faveurs et ses bienfaits sur un point de son empire, serait, de sa part, une criante injustice, une prévarication manifeste.

On m'objectera sans doute que si ce moyen de justification est propre à laver Louis xiv du reproche qui lui est adressé, relativement à Paris, il peut servir à l'accuser de partialité en faveur de Versailles, puisqu'il a précisément fait pour cette ville ce qu'on trouve mauvais qu'il n'ait pas fait pour la capitale. A cela je répondrai que, dans le principe, Louis xiv avait eu seulement le dessein de réparer et d'embellir le petit château construit par Louis xiii, son père; que, sauf quelques augmentations devenues nécessaires pour le logement d'une cour plus nombreuse, les travaux exécutés depuis 1661 jusqu'à 1673, n'avaient pas eu d'autre but. Si, dans la suite, le prince est allé bien au-delà de ses premières vues, c'est moins à lui qu'il faut s'en prendre qu'à ses conseillers et à ses architectes. Mansard, qui sans doute avait un double intérêt et d'honneur et de profit à ce que son maître construisit beaucoup, possédait éminemment le funeste talent de l'entraîner dans des dépenses, dont Louis ne pouvait prévoir d'abord ni la durée, ni la quotité. C'est un reproche que plusieurs historiens font à la mémoire du célèbre architecte, et le fait se trouve confirmé par la longue durée et les détails d'exécution des travaux de Versailles. Les deux ailes du château et la grande chapelle n'étaient point entrées dans le plan primitif des constructions.

Le reproche fait à Louis XIV par Voltaire tombe donc de lui-même; il est d'autant moins fondé, que ce prince, comme je le démontrerai tout-à-l'heure, a beaucoup fait pour l'embellissement et la sûreté de sa capitale. Paris a eu une riche part dans ses largesses, et lui doit une grande partie de sa magnificence actuelle.

En second lieu, je ferai observer que les dépenses des aqueducs de Maintenon, destinés à transporter à Versailles les eaux de la rivière d'Eure, et celles du superbe château de cette ville, toutes considérables qu'elles ont été, ne peuvent pas, à proprement parler, être appelées immenses. La suite de cet ouvrage donnera un démenti formel aux exagérations de l'historien.

Il est vrai que les travaux de la rivière d'Eure ayant été interrompus, tout ce que l'on avait déjà exécuté devint inutile, et qu'ainsi la dépense faite fut en pure perte. J'avoue que cette gigantesque entreprise a été témérairement conçue, ou maladroitement exécutée, puisque l'effet n'a nullement répondu aux grands sacrifices que l'on avait faits et aux brillantes espérances dont on s'était nourri. Mais le prince naturellement dépourvu par lui-même des connaissances pratiques nécessaires pour juger, sans erreur, des moyens propres à faire réussir une si vaste opération, peut-il être responsable du non succès ? Je ne le pense pas ; parce qu'une fois que, par suite des conseils des gens de l'art, conseils souvent présentés avec plus d'astuce que de vérité, il se trouve lancé dans une entreprise de cette importance, il peut difficilement démêler le moment où il lui convient de s'arrêter, quand il commence à entrevoir qu'on aura beaucoup de peine à atteindre le but qu'on se proposait.

Quant au vœu émis par Voltaire, relativement au cinquième des dépenses de Versailles, qu'il aurait cru être plus utilement consacré aux embellissements de Paris, ce vœu a été rempli et bien au-delà par Louis XIV, non dans l'hypothèse fausse de Voltaire, où Versailles à lui seul aurait coûté plus de 500 millions, mais dans l'hypothèse véritable où 100 millions du temps tout au plus auraient été absorbés par les constructions et embellissements de ce château et de ses nombreuses dépendances. Le grand roi a dépensé dans la capitale 30 à 40 millions, valeur du 17.ᵉ siècle, représentant 180 à

240 millions de nos jours. Le Louvre et sa magnifique colonnade qui, d'après l'expression même de Voltaire, n'a rien de comparable au monde, les Tuileries, l'Hôtel des Invalides, l'Observatoire, le Jardin-des-Plantes, le Palais-Royal, le Val-de-Grâce, et beaucoup d'autres monuments, ont été construits, réparés ou embellis, et cependant Paris n'est pas devenu magnifique dans tous ses quartiers, selon le désir du philosophe : un milliard aurait à peine suffi pour obtenir un tel résultat. Voltaire le savait bien, mais il a saisi avec d'autant plus de plaisir et d'empressement cette occasion de lancer un trait méchant, qu'il avait finement prévu que son vœu, quoique non réalisable, lui capterait les suffrages et la reconnaissance de la multitude qui ne réfléchit pas, en même temps qu'il lui donnerait, aux yeux des Parisiens, un air de tendre affection pour la ville qui l'avait vu naître.

D'après les paragraphes ci-dessus, il est facile de remarquer que, selon l'observation que j'en ai faite, observation dont la justesse va se trouver par là confirmée, Voltaire, qui se sépare violemment de ses adeptes quand il est question de se prononcer sur les talents et les qualités personnelles de Louis XIV, ou sur les actes de son règne qui annoncent de la grandeur et de la puissance, s'empresse de se réunir à eux quand il s'agit d'exagérer odieusement les dépenses de l'état sous ce même règne. La seule différence qu'il y a entre le maître et les disciples, c'est que le maître, plus adroit et plus politique, raconte d'ordinaire, purement et simplement, sans employer la forme du blâme; tandis que chez les disciples, les exagérations sont toujours assaisonnées de reproches virulents qui trahissent, contre leur intention, la passion qui les animait, et le zèle ardent qui les enflammait pour le succès de la grande cause par eux embrassée!

Ici, je vais suspendre l'examen critique des assertions de Voltaire, pour ne reprendre cet examen qu'à la fin de l'article que je lui ai consacré; et cela, à l'occasion des insultes grossières prodiguées par le philosophe à la religion et à ses ministres. L'intervalle sera rempli par des citations qui prouveront ce que j'ai avancé, savoir : que ce grand écrivain, quand il se laisse guider uniquement par les lumières pures de la raison, jouit de toute la force et de toute la plénitude d'un jugement sain et éclairé; mais que sa logique ne tarde pas à l'abandonner, quand il traite des matières où se trouvent intéressés la religion et le sacerdoce.

Lemontey nous a représenté Mme de Maintenon, comme ayant été l'objet de la haine publique de son siècle. Ou Voltaire s'est grandement trompé, ou les hommes du 17.e siècle étaient bien méchants et bien injustes! Quoiqu'il en soit, je vais laisser le grand maître répondre lui-même à l'insolent propos de son mordant et calomnieux disciple.

« Mme de Maintenon, dit Voltaire, convertit son

« élévation en moyen de retraite. Renfermée dans
« son appartement, qui était de plain-pied à celui
« du roi, elle se bornait à une société de deux ou
« trois dames retirées comme elle : encore les
« voyait-elle rarement. Le roi venait tous les jours
« chez elle, après son dîner, avant et après le sou-
« per; et y demeurait jusqu'à minuit. Il y travail-
« lait avec ses ministres, pendant que Mme de
« Maintenon s'occupait à la lecture ou à quelque
« ouvrage des mains; ne s'empressant jamais de
« parler d'affaires d'état; paraissant souvent les
« ignorer; rejetant bien loin ce qui avait la plus
« légère apparence d'intrigue et de cabale; beau-
« coup plus empressée de complaire à celui qui
« gouvernait que de gouverner elle-même, et mé-
« nageant son crédit en ne l'employant qu'avec une
« circonspection extrême. Elle ne profita point de
« sa place, pour faire tomber les dignités et les
« grands emplois dans sa famille. Elle n'avait elle-
« même que la terre de Maintenon, qu'elle avait
« achetée des bienfaits du roi. Elle voulut que le
« public lui pardonnât son élévation, en faveur de
« son désintéressement. Louis XIV, en l'épousant,
« ne se donna donc qu'une compagne agréable et
« soumise. La dévotion qu'elle avait inspirée au
« roi, et qui avait servi à son mariage, devint
« peu à peu un sentiment vrai et profond que l'âge
« et *l'ennui* fortifièrent. »

Le sentiment de haine à l'égard d'une pareille

femme, prêté au 17.ᵉ siècle par Lemontey, serait propre à nous inspirer de l'horreur pour ce siècle si vanté, si l'on pouvait croire un instant qu'il eût été véritable. Que cet exemple frappant serve du moins à donner la mesure de la haine du philosophisme pour tout ce qui se rattachait au grand roi! Voltaire venge noblement l'illustre dame calomniée : pourtant il y a dans le paragraphe que je viens de rapporter, une pensée qui me semble avoir besoin d'éclaircissement.

Je ne conçois pas trop que l'*ennui* puisse fortifier le sentiment religieux. Si par *ennui*, Voltaire a entendu le dégoût du monde et le désabusement de ses folles joies; je comprends facilement que l'*ennui* vienne ajouter à la force et à la constance de la résolution déjà prise, de se donner exclusivement à Dieu; mais, *timeo danaos et dona ferentes!* je redoute les philosophes, lors même qu'ils se présentent sous l'apparence rassurante d'une timide brebis! Je soupçonne donc que le malin et rusé renard de *Ferney*, en se servant du mot *ennui*, a eu une arrière pensée. N'aurait-il pas voulu par hasard, nous insinuer adroitement que la dévotion de M.ᵐᵉ de Maintenon était moins chez elle l'effet du devoir et de la conviction, que de la nécessité où elle se trouvait de délasser son esprit naturellement fatigué des assujettissements d'une cour qui, comme tout le monde le sait, n'était rien moins que gaie et amusante; qu'ainsi cette dame n'était devenue si dévote, que par forme de récréation, et pour couler plus agréablement ses moments de loisir. Je ne déciderai rien là dessus, c'est une question dont j'abandonne entièrement la solution à la sagacité du lecteur.

On se rappelle sans doute que M. de Montyon nous a assuré que si Louis XIV avait été décoré du titre extraordinaire d'homme prodigieux, c'était principalement à M. de Colbert qu'il en avait été redevable. Voltaire, comme s'il eut prévu cette fausse insinuation, l'a réfutée d'avance. « Plusieurs « écrivains, dit-il, ont attribué uniquement à Col- « bert cette protection donnée aux arts, et cette « magnificence de Louis XIV; mais il n'eut d'autre « mérite que de seconder la magnanimité et le goût « de son maître. Ce ministre qui avait un très- « grand génie pour les finances, le commerce, la « navigation, la police générale, n'avait pas dans « l'esprit ce goût et cette élévation du roi; il s'y « prêtait avec zèle, et était bien loin d'inspirer « à son maître ce que la nature avait donné à ce « prince. »

Duclos, on le sait, a attribué uniquement les incendies du Palatinat à la barbare férocité de M. de Louvois. Le témoignage de Voltaire à ce sujet, va confirmer celui de Dangeau, et faire voir que j'ai moi-même envisagé la question sous son point de vue véritable, que je l'ai traitée sans aigreur, comme sans adulation. « Le roi avait résolu de faire un

« désert du Palatinat, dès que les villes de *Man-*
« *heim, Philisbourg, Spire, Worms* et *Oppenheim*
« seraient prises. Il avait en vue d'empêcher les
« ennemis d'y subsister, plus que de se venger de
« l'électeur Palatin. Il vint à l'armée un ordre de
« Louis, signé de Louvois, de tout réduire en
« cendres. Les généraux français firent signifier aux
« habitants qu'il fallait quitter leur demeure, etc. »

M. de Montyon a employé toutes les ressources de son esprit et fait jouer tous les ressorts de son imagination, pour tâcher de nous convaincre que, si Louis xiv a été grand, il ne l'a été que par ses ministres. Voltaire pensait bien différemment. Le paragraphe de son siècle de Louis xiv, que je vais rapporter textuellement, ne laissera sur la question aucun doute. « On voit par ce seul coup d'œil
« quels changements Louis fit dans l'état, change-
« ments utiles, puisqu'ils subsistent. Ses ministres
« le secondèrent à l'envi. On leur doit sans doute
« tout le détail, toute l'exécution; mais on doit au
« prince l'arrangement général. Il est certain que
« les magistrats n'eussent pas réformé les lois, que
« l'ordre n'eût pas été remis dans les finances, la
« discipline introduite dans les armées, la police
« générale dans le royaume ; qu'on n'eût point eu
« de flottes, que les arts n'eussent point été encou-
« ragés, et tout cela de concert et en même temps,
« avec persévérance et sous différents ministères,
« s'il ne se fût trouvé un maître qui eût en général,

« toutes ces grandes vues, avec une volonté ferme
« de les remplir. »

Duclos, dans le récit de l'aventure de Trianon, nous a insinué que Louis xiv était, sans s'en douter le moins du monde, subjugué par ses ministres qui, pourtant avaient l'adresse de lui laisser croire qu'il était le maître. Voltaire va réduire au néant cette fausse insinuation. « Le roi, dit-il, écrivit en ces
« termes à l'archevêque de Rheims, oncle du mar-
« quis de Barbesieux, alors ministre de la guerre :
« Je sais ce que je dois à la mémoire de M. de
« Louvois ; mais si votre neveu ne change de con-
« duite, je serai forcé de prendre un parti. Il néglige
« les affaires pour ses plaisirs ; il fait attendre trop
« long-temps les officiers dans son antichambre ; il
« leur parle avec hauteur, et quelquefois avec du-
« reté. » On doit conclure de cette lettre, ajoute Voltaire, qui avait vu l'original, que Louis xiv n'était pas gouverné par ses ministres, comme on l'a cru, mais qu'il savait les gouverner lui-même.

Lemontey, très-délicat sur l'article des mœurs, nous dit dans son Essai sur l'établissement monarchique de Louis xiv, que rien ne blessait plus la morale que le mariage clandestin de ce monarque. Ce mariage était, à ses yeux, un véritable concubinage, autorisé à la vérité par des prêtres trop complaisants, mais qui n'était pas moins un scandale public. Lemontey n'aurait pas vu le moindre inconvénient à ce que le grand roi, pour lever ce scandale affligeant, eût épousé publiquement Mme de Maintenon. Voltaire a beaucoup mieux apprécié ce fait et la position de Louis xiv. Après nous avoir raconté que le mariage fut célébré, en janvier 1686, par l'archevêque de Paris, M. Harlai de Chanvalon, en présence de Montchevreuil, de Bontems, premier valet de chambre, du père La Chaise, confesseur du Roi (et de Louvois, selon d'autres historiens), il ajoute : « Ce prince, comblé de gloire, « voulait mêler aux fatigues du gouvernement les « douceurs innocentes d'une vie privée. Ce mariage « ne l'engageait à rien d'indigne de son rang. On « respectait en Mme de Maintenon le choix du roi, « sans la traiter en reine. »

Duclos et Lemontey nous ont peint Louis xiv, comme un homme ne trouvant jamais trop épaisse la fumée de l'encens qu'on lui offrait, comme un prince tellement plein de son mérite et de sa grandeur, qu'il aspirait aux honneurs de l'adoration, se croyant un Dieu. Voltaire répondra encore pour moi : « Louis xiv aimait les louanges, et il est à « souhaiter qu'un roi les aime, pour qu'il s'efforce « de les mériter. Mais Louis ne les recevait pas, « quand elles étaient trop fortes. L'Académie qui « lui rendait toujours compte des sujets qu'elle « proposait pour ses prix, lui ayant fait voir celui-« ci : Quelle est de toutes les vertus du roi, celle « qui mérite la préférence ? Le roi rougit, et ne « voulut pas qu'un tel sujet fût traité.

« On a accusé ce prince, continue Voltaire,
« d'un orgueil insupportable, parce que la base
« de sa statue, à la place des Victoires, est en-
« tourée d'esclaves enchaînés ; mais ce n'est point
« lui qui fit ériger cette statue, ni celle qu'on voit
« à la place Vendôme. La première est le monu-
« ment de la grandeur d'âme, et de la reconnais-
« sance du maréchal de la Feuillade pour son sou-
« verain ; la seconde a été votée par la ville de
« Paris. On a tort d'imputer à Louis XIV le faste
« de la statue de la place des Victoires. Les quatre
« esclaves qu'on y voit, figurent des vices domptés,
« aussi bien que des nations vaincues, le duel aboli,
« l'hérésie domptée ; les inscriptions le témoignent
« assez. Elles célèbrent aussi la jonction des mers,
« la paix de Nimègue ; elles parlent de bienfaits,
« plus que d'exploits guerriers. »

Outre les écrivains du premier ordre, que j'ai signalés comme détracteurs de la gloire de Louis XIV, beaucoup d'autres moins renommés, sans être moins passionnés, ont aussi tenté de déchirer le grand roi. Mais Voltaire, dans sa belle histoire du règne de ce prince, laquelle, traversant les âges, arrivera jusqu'à nos derniers neveux, oppose à tous les efforts de leur fureur impuissante, le bouclier impénétrable de la vérité, soutenu de la force du génie ! Lorsqu'il fera entendre les éclats retentissants de sa voix puissante, cette nuée de vautours politiques, effrayée, prendra la fuite, pour aller s'ensevelir dans le creux de ses rochers déserts, dans les antres secrets de ses montagnes inaccessibles! Louis enfin dégagé des serres cruelles de ces oiseaux de proie, va, sous l'égide brillante de son éloquent défenseur, apparaître à nos yeux éblouis, tout rayonnant de la gloire la plus pure, le front ceint des lauriers de l'immortalité! *Audite gentes!* Peuples, prêtez une oreille attentive aux graves récits du célèbre historien de ce siècle qui fut si fécond en merveilles : vous allez être fixés à jamais sur le compte du grand roi!

« Tout roi qui aime la gloire, aime le bien pu-
« blic. Louis travailla constamment à rendre sa
« nation florissante. Il me semble qu'on ne peut
« voir sans reconnaissance et tous ses travaux et
« tous ses efforts pour arriver à ce noble but.

« Louis ne sépara point sa propre gloire de l'a-
« vantage de la France, et il ne regarda pas le
« royaume du même œil dont un seigneur regarde
« sa terre, de laquelle il tire tout ce qu'il peut,
« pour ne vivre que dans les plaisirs. Il fit plus
« de bien à sa nation, que *vingt* de ses prédéces-
« seurs ensemble !!!

« Tout le bien qu'a fait Louis subsiste, et le
« mal qu'il était difficile de ne pas faire a été ré-
« paré. La postérité qui juge les rois, et dont ceux-
« ci doivent avoir toujours le jugement devant les
« yeux, avouera, en pesant les vertus et les fai-
« blesses de ce monarque, que s'il a été trop loué
« pendant sa vie, il mérita de l'être à jamais, et

« qu'il fut digne de la statue qu'on lui a érigée à
« Montpellier, avec une inscription latine, dont le
« sens est : *à Louis-le-Grand après sa mort.* Dom
« Ustariz, homme d'état, qui a écrit sur les finan-
« ces et le commerce d'Espagne, appelle Louis XIV
« *un homme prodigieux !*

« Les grandes qualités et les belles actions de
« Louis, mises dans la balance, l'ont emporté sur
« ses fautes. Le temps, qui mûrit les opinions des
« hommes, a mis le sceau à sa réputation ; et mal-
« gré tout ce qu'on a écrit contre lui, on ne pro-
« noncera point son nom sans respect, et sans
« concevoir, à ce nom, l'idée d'un siècle mémo-
« rable.

« Si l'on considère ce prince dans sa vie privée,
« on le voit, à la vérité, trop plein de sa grandeur,
« mais affable ; ne donnant point à sa mère de part
« au gouvernement, mais remplissant avec elle tous
« les devoirs d'un fils, et observant avec son épouse
« tous les dehors de la bienséance ; bon père, bon
« maître, toujours décent en public, laborieux dans
« le cabinet, exact dans les affaires, pensant juste,
« parlant bien, et aimable avec dignité. »

J'ai une toute petite observation à faire sur ce
dernier paragraphe, au sujet d'un seul mot. Les
bornes de mon esprit, trop étroites sans doute, ne
me permettent pas de voir clairement que le *trop
plein* de grandeur personnelle puisse être concilia-
ble avec l'affabilité. Je reconnaîtrais bien plus faci-

lement dans cette douce vertu sociale, la compagne de la modestie, que celle de la vanité portée à l'excès. Quoiqu'il en soit, pour ne pas entrer dans des développements qui me conduiraient trop loin, je me bornerai à faire juger du mérite du reproche fait à Louis-le-Grand, par la citation de deux anecdotes que Voltaire lui-même semble avoir pris plaisir à nous raconter.

« Le duc de Vendôme avait auprès de lui Villiers,
« un de ces hommes de plaisir qui se font un mé-
« rite d'une liberté cynique. Il le logeait à Ver-
« sailles, dans son appartement. On l'appelait com-
« munément Villiers-Vendôme. Cet homme con-
« damnait hautement tous les goûts de Louis xiv,
« en peinture, en architecture, en jardins. Le roi
« plantait-il un bosquet, meublait-il un apparte-
« ment, construisait-il une fontaine, Villiers trou-
« vait tout mal entendu, et s'exprimait en termes
« peu mesurés. Il est étrange, disait le roi, que
« Villiers ait choisi *ma maison* pour venir s'y mo-
« quer de tout ce que je fais. L'ayant rencontré
« un jour dans les jardins : Hé bien, lui dit-il,
« cela n'a donc pas le bonheur de vous plaire?
« Non, répondit Villiers. Cependant, reprit le roi,
« il y a bien des gens qui n'en sont pas si mécon-
« tents. Cela peut être, répartit Villiers, chacun a
« son avis. Le roi, en riant, répondit : Je vois bien
« qu'on ne peut pas plaire à tout le monde. »

Ma maison, au lieu de mon palais, est un terme

bien modeste et bien extraordinaire dans la bouche d'un roi trop plein de sa grandeur!

« Si Corneille avait dit dans la chambre du car-
« dinal de Richelieu à quelqu'un des courtisans :
« Dites à M. le cardinal que je me connais mieux
« en vers que lui : jamais ce ministre ne lui eût
« pardonné; c'est pourtant ce que Despréaux dit
« tout haut du roi, dans une dispute qui s'éleva
« sur quelques vers que le roi trouvait bons, et
« que Despréaux condamnait. Il a raison, dit le
« roi, il s'y connaît mieux que moi. »

Je demanderai maintenant si, dans le premier cas, un grand roi, toujours environné des hommages du respect le plus profond; un prince né, nourri, élevé, grandi, au sein des formes les plus séduisantes de l'adulation, et qui, par cela même, serait un peu excusable d'avoir été trop plein de sa grandeur, n'eût pas dû naturellement se trouver offensé de l'insolence extraordinaire du favori du duc de Vendôme; et si, dans le second cas, l'amour-propre facilement irritable d'un monarque trop rempli de lui-même, n'eût pas été sensiblement blessé du libre propos tenu en sa présence, et devant les courtisans, par Boileau honoré de sa confiance, comblé de ses bienfaits?

Lemontey a dit : « On sait que Louis xiv s'était
« revêtu d'une multitude de reliques, et l'on gé-
« mit de voir la superstition abaisser ce grand mo-
« narque aux pratiques de Louis xi. » Cet écrivain

qui, ayant peu de pensées à lui, s'est fait presque constamment l'écho des opinions d'autrui, avait emprunté cette tirade, aussi dénuée de justice que de vérité, à Voltaire, qu'il avait pris pour modèle, mais dont il était loin de posséder le talent. Voyez quelle concordance admirable entre les sentiments et les expressions du maître et du disciple! Voltaire avait dit : « On a reproché à Louis d'avoir porté sur
« lui des reliques les dernières années de sa vie.
« Ses sentiments étaient grands, mais son confesseur
« qui ne l'était pas, l'avait assujetti à ces pratiques
« *peu convenables et aujourd'hui désusitées*, pour
« l'assujettir plus pleinement à ses insinuations.
« Et d'ailleurs, ces reliques qu'il avait *la faiblesse*
« de porter, lui avaient été données par Mme de
« Maintenon. »

Quel délit! quel fanatisme, de la part d'un confesseur, que d'engager son pénitent à porter sur lui un fragment précieux du bois sacré sur lequel s'est accompli l'ineffable mystère de la rédemption des hommes....! Mais d'où peuvent provenir ces élans de fureur du philosophisme contre le sacerdoce catholique, sinon de sa haine infernale contre le christianisme, qui condamne toutes ses maximes, qui foudroie toutes ses erreurs ? Abordons franchement la question, et que cette fausse philosophie, dont la prétention déicide est d'éclairer le monde, en lui apprenant à se passer de Dieu, vaincue et terrassée, soit enfin forcée de rougir du crime de sa rébellion, et de l'humiliation de sa défaite !

Y a-t-il de la faiblesse, et conséquemment de la honte à porter sur soi des reliques, fut-on le plus beau et le plus brillant génie de la terre, le prince le plus puissant, le premier monarque de l'univers ?

Je demanderai d'abord aux prétendus philosophes que je combats, dignes héritiers de la haine des iconoclastes du Bas-Empire contre les reliques et les images des saints, s'ils regardent comme une faiblesse, comme un préjugé digne de leur réprobation, cette vénération naturelle des hommes pour les images de leurs ancêtres; ce soin religieux qu'ils ont de les réunir et de les exposer dans la pièce la plus apparente et la mieux ornée de leurs habitations. Je leur demanderai ensuite si eux-mêmes ne témoigneraient pas le plus profond respect pour les ossements d'un père vénérable, d'une mère tendrement aimée; le plus vif intérêt, mêlé d'amour, pour ceux d'une épouse adorée que l'impitoyable mort leur aurait prématurément enlevée; s'ils ne tiendraient pas à honneur devant les hommes, de témoigner une reconnaissance de pieux souvenir aux anciens objets de leurs tendres affections, en portant sur eux enchâssées dans l'or, l'argent, ou une pierre précieuse, quelques tresses de la chevelure des auteurs de leurs jours, et de la compagne chérie qu'ils avaient associée à leurs peines, comme à leurs plaisirs; si, enfin, ils ne s'estimeraient pas heureux de posséder et de conserver soigneusement chez eux, des cheveux de Voltaire et de Rousseau, la canne du grand Frédéric, une plume du citoyen de Genève ou du philosophe de Ferney, une dent de la belle Laure, le chapeau de Napoléon, etc., etc.

Leur réponse, je n'en doute pas, serait affirmative. Alors je les presserais de me dire, pourquoi à l'égard des saints qui peuvent avoir été de grands hommes, même selon le monde, ou les parents et les amis de nos familles, et qui, dans tous les cas, sont nos frères et nos précurseurs dans le séjour de la gloire, on ne ferait pas par l'effet d'un sentiment religieux, ce qu'on fait tous les jours avec l'approbation publique, à l'égard de ses proches, par un sentiment d'affection naturelle, et à l'égard des personnnages célèbres, par le désir comme par le besoin de s'associer aux vœux de la vénération publique?

Puis sans attendre la réponse du philosophisme, qui ne pourrait être qu'une niaiserie, ou une absurdité, j'insisterais en proposant l'exemple de saint Louis. Ce grand roi, dirai-je, ne passa jamais pour un homme faible et superstitieux, et pourtant il tenait à honneur de porter sur lui des reliques. Cette sainte chapelle que le temps nous a conservée, et qui était destinée à recueillir la couronne d'épines et autres objets précieux de la passion du Sauveur, sera un monument éternel et de la piété de Louis IX, et de sa vénération pour les reliques. De là je conclurai que le plus illustre de ses descendants a pu, sans mériter l'indigne reproche de faiblesse superstitieuse, suivre l'exemple du plus saint de ses aïeux, en portant sur sa personne une portion de la vraie croix.

Enfin, pour dernier trait, le patriarche de l'incrédulité va laisser échapper tout le fiel de la haine violente qu'il portait à la foi de ses pères, en affectant et le plus audacieux et le plus ingrat mépris pour l'auguste patronne de la ville qui l'avait vu naître, « Y « a-t-il rien de plus ridicule, s'écriera-t-il, que de « voir le grand Condé baiser la châsse de sainte « Geneviève, dans une procession, et prouver par « cette *facétie*, que les héros sacrifient souvent *à* « *la canaille?* »

Ainsi, aux yeux du philosophisme délirant, c'est se dépouiller en quelque sorte du titre de héros, que de se montrer respectueux envers les saints ; c'est se mettre au niveau de la plus vile populace, que de se livrer à des pratiques autorisées par le consentement unanime de toutes les églises du monde catholique, et conformes aux usages de tous les siècles ; c'est enfin sacrifier *facétieusement à la canaille*, que de donner au peuple rassemblé pour une grande cérémonie religieuse, l'exemple de son respect profond pour les choses saintes!

Ce trait méchant, et aussi odieux qu'impie, est d'autant plus déplacé, qu'une tradition respectable nous représente la vierge de Nanterre, si révérée des siècles précédents et encore respectée de nos jours, comme ayant sauvé Paris, en éloignant de ses murs menacés, le fougueux et barbare roi des Huns! Certes, Voltaire n'ignorait pas cette tradition : circonstance qui ajoute à l'audace avec laquelle il s'est permis d'insulter à la foi publique!

O tempora! o mores! o perversitas cordis humani!
O temps! ô mœurs! ô perversité du cœur humain!

MIRABEAU.

(19.ᵉ Lettre à ses commettants.)

Le trop fameux démagogue de 89 a réalisé dans ses actes les brillantes utopies des philosophes du 18.ᵉ siècle. Grâces à leurs efforts réunis, nous avons vu la fin de ce siècle tristement couronnée par des meurtres, par la dissolution du corps social, par l'assassinat d'un roi! C'est ainsi que la France a recueilli les dignes fruits des leçons savantes de ces nouveaux précepteurs du genre humain! Mirabeau, qui a eu la haute prétention de se faire le régénérateur d'un grand peuple, était-il du moins un législateur digne du respect des hommes? Voulant commander aux autres, avait-il la force de commander lui-même à ses passions? Non. C'était un homme enclin aux vices les plus bas. Nul ne fut plus vil et plus méprisable dans sa vie privée; nul ne sut moins que lui respecter les liens les plus sacrés! Sa mort fut digne de sa vie, car, selon la

remarque de ses historiens, « aucune idée reli-
« gieuse ne vint se mêler aux derniers moments
« de cet homme, qui professait le matérialisme le
« plus décidé. »

Mais, dira quelqu'un, oubliez-vous que c'était un foudre d'éloquence, un des hommes les plus extraordinaires de notre révolution? Eh!... quel mérite peuvent avoir les plus grands talents, quand celui qui les possède, ne les emploie qu'à compromettre la tranquillité de l'État et la sûreté du prince? Quel prix est-il permis d'attacher aux nobles facultés qu'un orateur a reçues de la nature, lorsqu'il en obscurcit l'éclat par les infamies d'une vie scandaleuse et criminelle? Le législateur révolutionnaire qui, pour me servir des expressions d'un écrivain moderne, n'égarait pas moins ses concitoyens par ses fausses assertions que par sa fastueuse éloquence, a révélé au public, dans sa 19.ᵉ lettre à ses commettants : « Que le maréchal
« de Belle-Isle, en examinant les bordereaux de
« dépense des bâtiments, sous Louis XIV, s'était
« *arrêté d'effroi* après avoir compté jusqu'à 1200
« millions de frais pour Versailles seulement, et
« qu'il n'avait osé sonder jusqu'au fond cet abîme.

« Cette accusation est d'autant plus spécieuse,
« dit M. Peignot dans ses documents authentiques
« sur la ville, le château, le parc et les jardins de
« Versailles, que l'on ignorait alors l'existence des
« comptes originaux des bâtiments. Il est bien pré-

« sumable que les gens éclairés et dégagés de toute
« passion, ont apprécié à leur juste valeur des
« exagérations aussi ridicules; mais le vulgaire, qui
« saisit avidement et sans examen tout ce qu'on
« lui débite, et qui y ajoute d'autant plus foi que
« cela est ou plus méchant, ou plus absurde, n'a
« pas fait le moindre doute que Louis xiv eût dé-
« voré des milliards à l'effet de satisfaire sa passion
« pour les bâtiments. »

A ces réflexions fort sages, il est permis d'ajouter la considération suivante : quelle créance peut mériter un homme qui, après avoir troublé la société et ébranlé le trône par ses principes désorganisateurs; après avoir allumé, de ses propres mains, un grand et vaste incendie au sein du pays qui l'avait vu naître; après avoir enlevé au monarque ses prérogatives les plus essentielles, eut l'audace infamante de recevoir, *chaque semaine*, des mains de ce même prince, qui tremblait autant pour l'avenir de ses sujets que pour la sûreté de sa couronne, 40 mille livres, prix de l'engagement que prenait le célèbre orateur, d'éteindre par de nouveaux écrits et par de nouvelles harangues, la fièvre révolutionnaire dont il avait lui-même embrasé toute la France?

Le scandaleux amant de Sophie a donc menti impudemment, en avançant qu'un château dont les dépenses n'ont absorbé que de 90 à 100 millions, encore en y réunissant divers accessoires qui n'en faisaient pas partie intégrante, a coûté à la France bien au-delà de 1200 millions. En vain s'est-il couvert du manteau du maréchal de Belle-Isle, pour pallier l'odieux de son assertion. Le but qu'il se proposait est trop évident, pour qu'il soit possible de se méprendre sur la perfidie de ses intentions!

VOLNEY.

(Cours d'histoire à l'école Normale de Paris, en l'an III.)

Dans toute profession élevée, et surtout dans celle des arts libéraux, où l'imagination a besoin d'être exaltée, où sans l'élan du génie, toute création est imparfaite, le premier soin d'un maître habile est d'encourager les jeunes talents qu'il est chargé de former. En conséquence, il se donne garde de leur révéler, dès le début, les dangers ou les inconvénients de l'état qu'ils viennent d'embrasser ; il se plait au contraire à dérober la vue des épines qui peuvent embarasser la carrière, pour ne laisser voir que les roses dont elle est parsemée ; en un mot, au lieu d'exagérer les peines et les difficultés, il étale complaisamment, aux yeux de ses élèves et la gloire des succès qui les attendent, et la riante perspective des dons de la fortune, qui doivent en être le prix et le couronnement.

Telle est la voie tracée par le bon sens ; ainsi

ont toujours procédé nos aïeux; ainsi continueront de procéder les gens sages, en dépit des lumières nouvelles, dont le siècle est plutôt ébloui qu'éclairé. Mais telle n'a pas été la marche suivie par le grand réformateur du genre humain, Volney. Nommé professeur d'histoire à l'école normale de Paris, il a cru devoir, dès la première leçon, prévenir ses disciples, que *l'histoire est une des sources les plus fécondes des erreurs et des préjugés des hommes*, et n'a eu rien tant à cœur, dans tout le cours de ses enseignements, que de leur inculquer cette grande vérité découverte par le philosophisme, et que n'avaient pas même soupçonnée nos pères.

Cette haute pensée du professeur aura l'avantage de nous préparer aux choses plus étonnantes encore, qu'il doit ajouter pour achever de nous instruire. Après avoir déploré le fanatisme religieux de la France ancienne qui a employé 10 milliards à entasser de *petits monceaux de pierres sans utilité*, il gourmandera le gouvernement de nos rois, pour s'être porté à cette superstitieuse faiblesse des peuples. « Telle est, s'écriera-t-il avec l'accent de la co-
« lère, telle est la sagesse des nations et des princes
« qui les gouvernent ! » Mais, dira peut-être quelqu'un étonné de cet absurde langage, que signifient ces petits monceaux de pierres sans utilité, dont nous parle le fameux professeur de l'an III?

Lecteur, vous apprendrez non sans indignation, sans doute, qu'il est ici question des temples que la piété de vos pères avait, depuis plusieurs siècles, élevés à la gloire du Seigneur, sur toute la surface de la France ! La secte impie qui avait juré la ruine du trône et de l'autel, était encore, en l'an III, dans l'ivresse du double triomphe qu'elle venait d'obtenir, ce qui explique suffisamment et l'audace et l'impunité d'un de ses plus fougueux prédicateurs.

Notre docteur révolutionnaire et anti-chrétien avait le cœur tellement navré de tristesse et d'amertume, en considérant la somme prodigieuse, inutilement dépensée en églises, qu'il se hâte d'exhaler en soupirs douloureux, les sentiments pénibles qui l'oppressent. De là les détails dans lesquels il va entrer, apparemment pour nous engager à gémir avec lui sur l'inconcevable aveuglement des siècles qui ont eu le malheur de n'être point éclairés des lumières des doctrines philosophiques ! Voyez, nous dira-t-il : « L'église *dite* Sainte-Ge-
« neviève a coûté plus de 30 millions ! Saint-Sul-
« pice et vingt autres ont coûté depuis 5 jusqu'à
« 10 millions ! Il n'est pas de ville de 10,000
« âmes, en France, qui n'ait pour un million en
« constructions d'églises ; pas de paroisse qui n'en
« ait pour 60 à 80 mille francs ! »

Si Volney a exagéré pour toutes les églises de France comme il a fait pour Sainte-Geneviève, les 10 milliards qu'il suppose avoir été absorbés par les frais de construction des temples appartenant au culte catholique, se trouveront réduits à bien moins de 5 milliards; car, d'après les documents que nous a laissés M. Guillaumot, architecte du roi, pour le moins aussi bien instruit que le professeur d'histoire, mais beaucoup plus ami de la vérité, parce qu'il était plus consciencieux, il demeure constant que Sainte-Geneviève, depuis les premiers travaux, en 1755, jusqu'à 1801, n'a pas coûté plus de 14 millions. Volney probablement ne l'ignorait pas; mais il est de l'essence du philosophisme de mentir, afin de pouvoir calomnier !

Le professeur normal va s'élever à de plus hautes considérations. Des petits monceaux de pierres sans utilité, il passera immédiatement à l'Histoire-Sainte et à celle de l'Eglise, et y découvrira ce que, jusqu'à lui, personne n'y avait aperçu. Jeunes gens, sans expérience, qui assistez à ses perfides leçons, si vous prêtez une oreille attentive aux paroles de votre maître, que ce ne soit qu'afin de vous convaincre par vous-mêmes, jusqu'où peut aller la fureur de ces hommes qui ont usurpé et déshonoré le beau nom de philosophes, contre la foi de vos pères, contre ses maximes et ses dogmes ! Vous allez entendre votre professeur vous dire, dans le dessein de vous pervertir : « Chez les juifs, l'assas-
« sinat des tyrans fut inspiré et protégé par l'Es-
« prit-Saint !! Chez les chrétiens, il a été enseigné
« et recommandé par saint Thomas-d'Aquin, et par
« les jésuites qui l'ont pratiqué sur des princes qui
« n'étaient pas tyrans ! »

L'Esprit-Saint est essentiellement un esprit de douceur et de charité. Prétendre qu'il a inspiré et protégé l'assassinat, c'est blasphémer! Quelque respectable que soit l'autorité de l'ange de l'école, elle n'est point, après tout, l'autorité de l'Église. Quand même donc, ce qu'il est difficile d'accorder, saint Thomas-d'Aquin aurait recommandé l'assassinat des tyrans, il n'y aurait rien à en conclure contre la morale de l'Église universelle.

Pour ce qui regarde les jésuites, prédicateurs du meurtre des tyrans, et assassins eux-mêmes des princes qui ne l'étaient pas, s'il ne convient nullement de soulever de nouveau les passions humaines, en entreprenant la réfutation sérieuse d'une telle absurdité, du moins il est de l'impartialité sévère de tout historien consciencieux de faire remarquer : 1.° que tout a été mis en œuvre pour noircir les jésuites dans l'esprit d'Henri IV; 2.° que pour mieux réussir dans leur dessein, les nombreux ennemis de cet ordre religieux, déjà devenu célèbre, ont représenté au *bon roi*, qu'anéantir les jésuites, c'était défendre ses propres jours; 3.° que ce prince, si plein d'honneur et de loyauté, nonobstant tous les avis qu'il recevait et dont il était fatigué, ainsi qu'il le disait lui-même, s'obstina à appeler les jésuites *ses bons et ses meilleurs amis;* 4.° que le Parlement s'opposa en vain à leur rétablissement, et que Henri eut besoin d'user de toute la plénitude de l'autorité royale, pour l'obliger à enregistrer leurs lettres de rappel ; 5.° que les Jésuites furent protégés et honorés sous le long règne de Louis xiv, qui pourtant n'aurait pas été prince à souffrir dans ses états, et encore moins à sa cour, des hommes qui auraient donné la moindre suspicion des exécrables maximes qu'on leur prêtait ; 6.° enfin, que Louis xv lui-même, sous le règne duquel ils furent expulsés, les protégeait, et aurait désiré de s'abstenir des mesures rigoureuses que lui imposait violemment la secte philosophique, dont les belles sentences devaient plus tard, par leurs résultats, conduire à l'échafaud son vertueux petit-fils ! Voilà, certes, des témoignages contre lesquels personne ne peut s'inscrire en faux, sans se faire accuser de scepticisme, d'ignorance ou de folie !

Volney est encore loin de nous avoir appris tout ce que nous devons savoir. Poursuivant le cours de ses doctes leçons, il nous révélera : « Que ce sont
« les palais du Louvre, de Versailles, et la multi-
« tude de temples dont est surchargée la France,
« qui ont aggravé nos impôts et jeté le désordre
« dans nos finances. Si Louis xiv, ajouta-t-il, eut
« employé en chemins et canaux les 4 milliards
« 600 millions qu'a coûté son château, déjà en
« dégât, la France n'eût vu ni la banqueroute de
« Law, ni ses conséquences reproduites parmi
« nous. »

Il faut avouer que si le professeur était plein de

zèle pour la propagation des doctrines qui, selon lui, devaient renouveler la face de la terre, et faire fleurir au sein de notre patrie les beaux siècles de l'âge d'or, déjà si loin de nous, qu'ils ne nous apparaissent plus que comme un songe, il n'était pas habile dans le choix des moyens pour arriver à son but. Le mensonge et l'absurdité peuvent obtenir quelques succès éphémères et partiels; mais il est deux écueils contre lesquels ils doivent tôt ou tard venir se briser, savoir : le bon sens des nations, et surtout cette noble faculté de la mémoire, qui ne permet pas aux hommes d'oublier à volonté ce que leur ont transmis leurs pères, et ce qu'attestent les monuments historiques subsistant encore sous leurs yeux. Or, ces belles routes dont nous jouissons, et qui traversent en tout sens notre territoire, sont un bienfait de Louis XIV. Ce superbe et magnifique canal du Languedoc, modèle peut-être inimitable des canaux présents et à venir, qui fait communiquer l'Océan à la Méditerrannée, et aux frais duquel le trésor royal a participé pour 7 millions 500 mille livres du temps, représentant 45 millions de nos jours, est une des entreprises les plus étonnantes du grand règne! Comment, en présence de faits si notoires, si avérés, un professeur d'histoire peut-il avoir la sotte effronterie de nous insinuer que Louis-le-Grand a négligé les canaux et les routes, pour s'occuper uniquement et de ses palais et des petits monceaux de pierres sans utilité?

En second lieu quelle audace impudente de la part de ce même professeur, d'avancer que le château de Versailles a couté 4 milliards 600 millions, quand les comptes rendus du trésor, document officiel que tous les gens instruits connaissent, que tout le monde peut consulter, puisqu'il n'est pas à Paris de bibliothèque publique où il ne se trouve, attestent qu'en 1695, époque à laquelle le château de Versailles était entièrement construit, la dépense totale des bâtiments ne s'élevait pas au-delà de 164 millions; dans laquelle somme le château de Versailles entrait tout au plus pour moitié, ainsi qu'il a été dit précédemment.

Le professeur de l'école normale avait sans doute entre les mains quelqu'autre document dont l'authenticité devait faire pâlir celle des comptes rendus. Du tout. Il se contente de nous parler d'un manuscrit, superbement relié, qui se trouvait dit-il, dans le cabinet du comte d'Angiviller, directeur général des bâtiments, sous le règne de Louis XVI, et dont le résumé au dernier feuillet, était, pour le château seulement, de 1400 millions de livres tournois, à 16 livres le marc. Ce calcul, d'après la manière de compter de l'écrivain, et la valeur actuelle du marc d'argent, élevait les frais de Versailles à 4 milliards 600 millions; et il en résulterait que la totalité de la dépense des bâtiments sous Louis XIV, a couté à la France, au-delà de 9 milliards 200 millions, somme qui n'est pas entrée dans le trésor royal, en recettes ordinaires, pendant tout le cours du règne du monarque!

Qui a vu ce manuscrit? Personne n'est cité par l'écrivain, qui en parle comme d'un *on dit*, et ne se donne nullement comme témoin oculaire. Pourtant, Volney n'a pas balancé à établir ses calculs sur ce manuscrit mystérieux, dont l'existence même n'aurait rien prouvé, puisque le résultat prétendu qu'il contenait, aurait été formellement démenti par celui qu'offrent les documents authentiques que l'on possède. Ce trait indique le degré de confiance que méritent la bonne foi et la véracité de l'historien!

DULAURE.

(Histoire physique, civile et morale des environs de Paris.)

La meilleure manière de faire connaître un historien, et de mettre le lecteur à portée de découvrir ses pensées les plus intimes, c'est de produire quelques passages marquants et significatifs de son livre. A l'aide de ces citations, on peut aisément démêler l'esprit qui animait l'écrivain, et le plus ou le moins d'impartialité qui a présidé à ses jugements. Il n'est pas alors difficile de s'assurer si la vérité a été prise pour guide, ou s'il y a eu entraînement soit de haine, soit de prévention. Dans le premier cas, la narration est simple, naïve, empreinte du cachet de la conviction : dans le second, la partialité de l'auteur se trahit par l'exagération jointe à l'acrimonie des expressions. De tels signes n'ayant rien d'équivoque, doivent être estimés propres à faire asseoir un jugement plein de justesse et de vérité : Dulaure ne tardera donc pas à être reconnu pour un historien faux et passionné.

Voici la manière dont il s'exprime sur le compte de Louis xiv, à l'occasion des travaux de la rivière d'Eure : « Cet article des eaux de Versailles rap-
« pelle de pénibles souvenirs. ON NE PEUT LIRE SANS
« EFFROI, dans les écrits des contemporains, des
« passages relatifs aux travaux immenses qu'il fallut
« exécuter, pour amener les eaux sur cette butte
« aride, environnée jusque-là de marais insalubres.
« Entraîné par de fausses idées de grandeur et de
« gloire, Louis xiv avait déjà poussé la prodigalité
« jusqu'à *la démence :* ici le même entraînement
« le conduisit à des actes de *cruauté*. Cette entre-
« prise infructueuse et impossible à exécuter, coûta
« la vie à *dix mille hommes*, et plus de *cinquante*
« *millions* à la France. »

Il est certain que quelques régiments ont été employés aux travaux de la rivière d'Eure. Trois camps assis sur les bords du canal, et portant le nom de *Feuquières*, de *Crussol*, et de *premier régiment de Languedoc*, ainsi que le constate un plan du temps, ne laissent pas à cet égard le moindre doute. Du reste, rien n'indique que Louis xiv ait conçu l'idée première de cette mesure de l'emploi des troupes. Il est bien plus vraisemblable que cette idée a été conçue et exécutée par M. de Louvois, ministre de la guerre, qui avait la direction suprême des grands travaux de Maintenon, en sa qualité de surintendant général des bâtiments.

Il paraît encore constant que des maladies résultant des fatigues, et peut-être des exhalaisons malsaines des terrains remués, ont fait parmi les troupes un certain nombre de victimes. Mais prendre de là occasion de taxer Louis xiv de cruauté, n'est-ce pas une accusation aussi ridicule, qu'elle l'aurait été, si l'on se fut avisé de l'appliquer à *Napoléon*, pour n'avoir ramené que 30 à 40 mille hommes de son expédition de Russie, quoiqu'il fût entré en Pologne, à la tête de plus de 300 mille combattans ? On conçoit facilement qu'en pareilles circonstances, des princes puissent être accusés de légèreté et d'imprévoyance; mais leur reprocher de la cruauté, parce qu'ils n'ont su commander aux éléments ou aux maladies, c'est le comble de la fureur et de la folie !

Les 10 mille hommes que Dulaure ensevelit dans la tombe, à l'occasion des travaux de Maintenon, peuvent être regardés comme une fiction. Le récit de l'historien à l'égard des hommes, est d'autant plus suspect, qu'il exagère étrangement la dépense, laquelle il porte à plus de 50 millions. D'après les Etats au vrai des batiments, dit M. Guillaumot, les frais du canal et des aqueducs, ne se sont élevés qu'à 8 millions 642 mille 995 livres 1 s.

Du reste l'ouvrage de Dulaure renferme des détails curieux sur les travaux de Maintenon. Si ces détails sont exacts, et tout porte à le croire, il n'est point étonnant que la gigantesque entreprise du canal qui devait amener à Versailles les eaux de la rivière d'Eure, soit demeurée sans résultat. On aperçoit clairement dans le récit de l'auteur, la cause du non succès, dans l'impossibilité à laquelle, malgré toutes les précautions prises, on s'est trouvé réduit, d'empêcher les eaux du canal de se répandre dans les plaines.

« On avait, dit Dulaure, creusé un canal qui,
« dans ses sinuosités, parcourait un espace de
« 22,470 toises, depuis le bourg de Pontgoin,
« jusqu'à l'aqueduc de Maintenon. La largeur du
« canal, y compris les trottoirs et les talus, était
« de 105 pieds, et l'eau aurait coulé dans un lit
« de 15 pieds de largeur, et d'environ 10 pieds
« de profondeur. Cependant l'eau n'aurait pas coulé
« sur la terre dans toute la longueur du canal.
« Dans les grandes vallées où l'on n'avait pu élever
« les terres au niveau, on avait pratiqué des puits
« dans lesquels l'eau tombait pour suivre des ca-
« naux horizontaux, remonter ensuite peu à peu
« à la hauteur d'où elle était descendue, et repren-
« dre son cours ordinaire.

« Indépendamment de ces puits et des conduits
« en fonte que cette entreprise nécessitait, il fut
« pratiqué, depuis Pontgoin jusqu'à Maintenon,
« près de trente ponts ou arches; mais c'est sur-
« tout dans la vallée où est située cette dernière
« ville, et où coulent les eaux de l'Eure, que fu-
« rent exécutés les plus grands travaux pour faire
« passer ces mêmes eaux à une hauteur prodigieuse

« au-dessus de leur niveau. L'aqueduc, par le
« moyen duquel deux collines très-élevées devaient
« communiquer ensemble, aurait pu être comparé
« à ce que nous connaissons de plus étonnant dans
« ce genre.

« Doyen, ajoute Dulaure, dit dans l'Histoire de
« Chartres, qu'on lui avait assuré que, du mo-
« ment où l'on ouvrit les écluses à Pontgoin, l'eau
« fut plus de quinze jours à arriver à Maintenon.
« Comme il était nécessaire de conserver une pente
« uniforme dans tout le cours du canal, on se vit
« obligé, dans les parties basses, d'élever les terres
« jusqu'au niveau : dans certains endroits de plus
« de trente pieds, et sur une longueur de plus de
« mille toises. Il est aisé de concevoir que ces terres
« *jectisses*, élevées à cette hauteur, ne devaient pas
« opposer une grande résistance à l'eau qui se ré-
« pandait facilement dans les plaines. »

Dulaure nous assure que le palais de Versailles
fut terminé en 1672. « C'est vers ce temps, dit-il,
« que le roi y établit sa cour d'une manière fixe :
« c'est là qu'il passa les vingt-sept ou vingt-huit
« dernières années de sa vie. »

Le paragraphe ci-dessus contient deux erreurs
graves, et la conséquence qu'en tire Dulaure nous
ferait presque croire que, à l'instar de Voltaire et
de l'abbé de Saint-Pierre, cet écrivain était étranger aux premières notions du calcul.

D'abord, le palais de Versailles ne fut point terminé en 1672. Jusque-là les travaux entrepris n'avaient eu pour but que de restaurer, d'embellir et d'augmenter le vieux château bâti par Louis XIII. Ce ne fut qu'en 1673 que commença à être exécuté le plan de la nouvelle façade du côté des jardins. Ces travaux furent poussés avec vigueur, à partir de 1679. Vinrent ensuite et successivement les deux ailes du nord et du midi, qu'on doit regarder comme des parties *principales et nécessaires*, selon l'expression de Dulaure. Ces deux ailes ne furent entièrement achevées qu'en 1687.

En second lieu, Louis XIV ne vint établir sa cour d'une manière fixe à Versailles, qu'en 1682. A cette époque, de grands travaux, comme on a pu le voir ci-dessus, restaient encore à exécuter. En effet, de 1682 à 1688 compris, le monarque a dépensé, au château de Versailles seulement, plus de 40 millions.

Enfin, si Dulaure était persuadé que Louis XIV était venu s'établir définitivement avec sa cour à Versailles en 1672, comment a-t-il pu ajouter que le roi passa dans ce palais les vingt-sept ou vingt-huit dernières années de sa vie? Louis XIV est mort en 1715. De 1672 à 1715, quarante-trois années se sont écoulées : le monarque aurait donc habité Versailles quarante-trois ans. Dira-t-on que la faute d'écolier commise par l'historien, doit être mise sur le compte de la typographie? Mais quand bien même Dulaure aurait eu en pensée l'année 1682, son calcul de vingt-sept ou vingt-huit années se serait encore trouvé faux.

« Nous avons vu, continue Dulaure, qu'une dis-
« cussion sur la hauteur d'une fenêtre (du palais
« de Trianon) avait entraîné une guerre extrême-
« ment calamiteuse pour la France (celle de 1688).
« Aujourd'hui, la vue des tours de Saint-Denis
« *épouvante* Louis XIV, et le porte à enfouir des
« millions *dans un cloaque* (Versailles). L'aspect
« du lieu qui devait être sa dernière demeure l'au-
« rait entretenu dans des idées lugubres et affli-
« geantes : c'est pourquoi Saint-Germain ne fut
« point adopté.... *Voilà les grands Rois!* »

J'ai dit quelque part que le récit mensonger de Duclos sur les conséquences de l'aventure de Trianon, faisait encore loi dans l'esprit de beaucoup de personnes, même instruites. Dulaure n'a point eu de peine à se laisser séduire. Peu lui importait que l'anecdote fût vraie ou fausse. Elle favorisait son penchant pour la détraction ; il a dû saisir avec empressement l'occasion de la faire revivre et de l'appuyer du poids de son témoignage. L'article consacré à Duclos renferme, comme on a dû le voir, la réfutation complète de la fable imaginée par l'historiographe de France, sous Louis XV.

Quant au reproche fait à Louis XIV de ne s'être déterminé à enfouir des millions dans un cloaque, que pour soustraire son âme pusillanime à la terreur que lui inspirait la vue des tours de Saint-

Denis, Dulaure n'a point ici le mérite de l'invention. Une foule d'autres écrivains, et notamment Duclos, l'avaient dit avant lui. Il n'a donc été que le triste écho de ses devanciers en calomnie. Il est évident que Dulaure, en répétant ce dicton populaire, a eu le dessein de faire croire que Louis-le-Grand ne méritait pas son glorieux surnom, puisqu'il termine ses observations malignes par cette exclamation : *Voilà les grands Rois !*

Examinons sérieusement le fait en lui-même, et voyons si par l'effet seul de la réflexion, il n'est pas facile de se convaincre que le motif futile prêté à Louis xiv, n'a pu motiver l'action du prince. D'abord, en mille occasions, et surtout dans les dernières années de sa vie, Louis-le-Grand a déployé une force d'âme et de caractère, qui ne permet guères de penser que la vue de l'église où devait être déposée sa dépouille mortelle, ait été capable de troubler le repos et la sérénité de ses jours. Ce monarque assistait aux derniers moments de madame la dauphine. Comme on l'invitait à sortir de la chambre de la malade, pour s'épargner la douleur de lui voir rendre le dernier soupir, il s'y refusa, en disant qu'il voulait apprendre de quelle manière il convient de mourir. Ce trait n'est pas propre à confirmer l'opinion des écrivains qui ont prétendu que Louis, dans le délire de son orgueil, se croyait immortel.

En second lieu, si l'on admet un instant que

telle ait été la faiblesse du petit-fils d'Henri iv, ne demeure-t-il pas évident que le prince aurait pu facilement masquer la vue des tours de Saint-Denis, soit par une plantation d'arbres, soit par la construction d'un grand édifice, soit par l'élévation d'une terrasse ou d'une montagne artificielle?

Louis xiv n'a donc point été déterminé à quitter Saint-Germain, par la misérable raison qu'ont imaginée ses ennemis, afin de rabaisser sa gloire autant qu'il était en eux. Ce prince, en faisant commencer, en 1661, les travaux de Versailles, ne se proposait autre chose que de restaurer, d'embellir, et vraisemblablement d'agrandir le rendez-vous de chasse qu'y avait fait construire son père. Ce n'est qu'en 1673, ainsi qu'on l'a déjà dit, que la partie du château qui correspond aux anciennes constructions de Louis xiii a été commencée. Jamais il n'y a eu de plan général conçu d'avance. Tout s'est fait d'après des projets et des devis successivement présentés; et c'est lorsque le château a eu pris une forme majestueuse et vraiment digne de la demeure d'un roi, que Louis xiv a songé sérieusement à s'y établir d'une manière fixe avec sa cour. Ce qui démontre que toutes les parties de ce grand édifice n'ont point été exécutées d'après un plan général, c'est que les travaux de construction du château ont duré plus de trente ans, sans y comprendre la chapelle qui, commencée en 1699, n'a été entièrement terminée, avec le salon y attenant, qu'en 1711 ou 1712.

Dulaure a constamment pris pour guide, dans ses récits, le caustique Saint-Simon. C'était là son oracle : aussi s'écrie-t-il d'après lui, qu'en parlant de Marly, on ne dira pas trop en comptant par milliards. Il serait difficile que Marly eût seul coûté des milliards, puisque la dépense totale des bâtiments, sous Louis XIV, dépense dans laquelle se trouvait comprise celle de Marly, ne s'est pas élevée à 215 millions du temps. Guillaumot dit, dans son ouvrage, que d'après les Etats au vrai des batiments, consultés par Marinier, les frais de construction de ce château, de 1679 à 1690, n'avaient pas atteint le chiffre de 5 millions.

Au nombre des dépenses en bâtiments faites par Louis XIV, se trouvent celles du couvent de l'Annonciade, à Meulan. Comme les lecteurs pourraient être étonnés de voir figurer, parmi les constructions royales, celles d'un couvent dans une petite ville de province, j'ai cru nécessaire d'éclaircir cette partie de l'histoire des bâtiments. Pour cela, j'emprunterai à Dulaure le paragraphe suivant, qui m'a paru revêtu de tous les caractères de la vraisemblance.

« La sœur Charlotte du Puy de Jésus-Maria,
« supérieure d'un petit couvent de l'Annonciade
« de Montdidier, obtint par ses prières la cessation

« de la stérilité de Marie-Anne d'Autriche, femme
« de Louis XIII. Ce prince, en reconnaissance du
« bienfait obtenu, accorda, le 18 mai 1638, des
« lettres-patentes pour l'établissement d'un nouveau
« couvent de l'Annonciade, à Meulan. Louis XIV,
« ayant pris les rênes du gouvernement, acquitta
« le vœu de ses parents, dont l'accomplissement
« avait été suspendu par les guerres civiles de sa
« minorité : les bâtiments du couvent coûtèrent au
« roi 88,412 liv. 10 s. 1 d. »

L'histoire de la machine de Marly a fourni à Dulaure une occasion qu'il n'a pas laissé échapper, celle de présenter Louis XIV comme un prince aussi ingrat qu'injuste, qui a méconnu les services d'un serviteur fidèle, en remplissant sa vie d'amertume et de dégoûts. Voici textuellement ce qu'il dit :

« La machine de Marly, merveilleuse pour le
« temps, était en mouvement jour et nuit. L'in-
« venteur est un nommé Rennequin Sualem : on
« prétend qu'il ne savait pas même lire. A l'extré-
« mité occidentale de l'église de Bougival, est gravée
« sur une tombe l'épitaphe suivante : *Cy gissent*
« *honorables personnes, sieur* RENNEQUIN *Sualem,*
« *seul inventeur de la machine de Marly, etc.*, ce
« qui dément formellement la plupart des histo-
« riens qui donnent à l'ingénieur *Deville* l'honneur
« de cette invention. On peut présumer avec quel-
« ques écrivains, que cet ingénieur s'empara de la
« découverte du sieur Sualem, ainsi que de l'hon-

« neur et du profit qui en résultèrent. Sualem,
« retiré à Bougival, y termina une vie abreuvée
« d'*amertume* et de *dégoûts*. »

L'article consacré à la machine de Marly, sous le titre de *Discussion sur un fait historique*, mettra le lecteur en état d'apprécier la vérité des insinuations de Dulaure.

Il y aurait beaucoup d'autres inexactitudes à relever, ou de faits controuvés à détruire dans l'ouvrage de Dulaure. Du reste, son histoire des environs de Paris est, en général, l'œuvre d'un homme d'esprit, d'un écrivain distingué. Je pense en avoir assez dit pour convaincre tout ami de la vérité, que cet historien a fait partie de la propagande philosophique, qui avait pour mission de ternir autant que possible la gloire du grand roi, et même d'imprimer une sorte de flétrissure à son nom.

Le souvenir de Dulaure et de ses associés passera, mais la gloire de Louis xiv ne passera pas, ou du moins n'aura d'autre terme que la fin des siècles de la vie présente!...

LEMONTEY.

(Essai historique sur l'Etablissement monarchique de Louis xiv.)

L'œuvre de Lemontey, que je vais analyser, ne peut nous faire concevoir une idée avantageuse, ni de la rectitude de son jugement, ni de la droiture de son cœur. Cet écrivain dont j'ai déjà signalé le mauvais vouloir à l'égard de Louis xiv, va nous révéler des choses vraiment incroyables. Il lancera, dans ses récits, les traits les plus acérés de la détraction, et ne cessera de calomnier et de médire, que lorsqu'il aura expectoré toutes les humeurs corrosives de son âme, naturellement satyrique et envieuse.

S'il faut en croire cet historien infidèle, qui pourtant nous proteste de son impartialité parfaite, et nous prévient qu'il ne s'est revêtu de l'armure de la critique, qu'afin de venger la vérité jusqu'à lui méconnue; Louis-le-Grand trouvait dans sa faiblesse naturelle le principe des affections de son cœur; il était parcimonieux dans ses largesses, dévot par peur, affilié par des vœux laïcs à la société des jésuites, esclave soumis des prêtres dont il emprunta les passions, et qui altérèrent en lui la probité, la meilleure des qualités que lui eût départies la nature; superstitieux ni plus ni moins que Louis xi, et comme lui, couvert d'une multitude de reliques; en cela bien différent de son ancien modèle, ce brillant Périclès, qui, sur son lit de mort, souriait à la crédulité des femmes qui attachaient des amulettes à son corps expirant.

Pour achever le tableau, Lemontey, sur la foi d'un écrivain décrié, fait prédire au grand roi, par une magicienne qui ne le connaissait pas, que devenu veuf, il épousera une veuve surannée, une femme de basse condition, le reste de tout le monde; que cette femme, qui sera un jour l'objet de la haine publique, le gouvernera et le menera par le bout du nez.

Je n'entreprendrai point de réfuter de telles turpitudes, parce qu'elles se réfutent assez d'elles-mêmes; je me bornerai à faire observer qu'établir parallèle entre Louis xi et Louis xiv, c'est comparer la lune éclipsée, au soleil dans son plus brillant éclat; que faire du grand roi le pendant du maître d'Olivier le daim et de Tristan l'hermite, c'est exposer une vraie caricature, qui ne peut être l'œuvre que de la haine la plus sotte ou de la déraison la plus complète; que chercher à persuader que Mme de Maintenon était d'une basse condition, c'est insulter à l'ignorante crédulité de ses lecteurs; que donner à entendre qu'elle était le reste de tout le monde, c'est s'inscrire audacieusement en faux contre le témoignage des historiens les plus mal disposés en sa faveur, mais qui, pourtant, ont presque tous reconnu sa vertu; qu'enfin nous la représenter comme l'objet de la haine publique, c'est donner le démenti le plus formel à un écrivain célèbre, contemporain du grand siècle.

Voltaire, à raison de ses relations habituelles avec quelques hauts personnages qui avaient fréquenté la cour de Louis XIV, était plus à portée que tout autre, de connaître la vérité. Son témoignage n'est point ici suspect, parce que c'est un auteur croyable, quand il n'écrit pas sous l'influence d'une passion. Eh bien! Voltaire fait, dans son Siècle de Louis XIV, un bel éloge de Mme de Maintenon; il lave des accusations calomnieuses de l'envie, cette femme célèbre en qui Lemontey lui-même reconnaît des *vertus privées et les dons éminents de l'esprit*.

L'académicien de nos jours a parfaitement senti combien un pareil témoignage était capable d'infirmer le sien; aussi s'est-il efforcé de rendre suspectes les louanges de Voltaire, en insinuant qu'elles étaient le fruit de l'adulation. Ce reproche est aussi ridicule que mal fondé, car le philosophe de Ferney, si l'on considère l'âge qu'il avait en 1715, ne pouvait avoir reçu aucune faveur de Louis xiv ou de ses ministres, et il n'était pas homme à prodiguer gratuitement l'encens de la flatterie aux rois et aux grands.

Je détruirai les fausses assertions de Lemontey concernant les dépenses des bâtiments, et quelques faits erronés qu'il avance, relativement aux suites des deux guerres de 1688 et 1701 : commençons.

« Au roi qui avait pris le soleil pour devise, nous
« dit l'auteur de l'Essai sur le règne de Louis xiv,
« il fallait une demeure qui surpassât les anciennes
« merveilles du monde. On raconte qu'il avait atteint 1200 millions, lorsque par un sentiment
« de honte, il jeta au feu tous les comptes du château de Versailles; mais il n'en poursuivit pas
« moins jusque dans sa vieillesse la construction de
« ce *monstrueux labyrinthe de pierres*. Les princes
« fastueux ruinent leur pays. En France, comme
« en Italie, une seule plante végète sur le marbre,
« c'est la mendicité. Aux portes du palais de Versailles, les serviteurs du roi couverts de ses
« livrées, mendiaient publiquement. Nous savons
« par des mémoires du temps, que des essaims de
« pauvres assiégèrent le nouveau palais, et le nombre en fut si prodigieux, qu'on craignît la contagion pour la ville. Le roi humilié arma des soldats

« suisses contre ce peuple d'indigents qui était son
« ouvrage, et employa pour l'extirper des mesures
« violentes et inhumaines. »

Des diverses assertions que contient ce paragraphe, les unes sont complètement fausses, les autres vont jusqu'à l'absurdité. Toutes sont le rérultat moins de l'ignorance ou de la crédulité de l'écrivain, que du projet formel qu'il avait conçu, d'avilir, à quelque prix que ce fut, le règne du grand roi.

1.° On ne peut pas plus reprocher à Louis d'avoir pris le soleil pour devise, qu'on ne saurait l'accuser de s'être décerné lui-même le surnom de grand. Voltaire dit expressément dans son Siècle de Louis XIV :
« *On avait donné* à ce prince la devise du soleil,
« avec cette légende : *Nec pluribus impar.* On pré-
« tendait que le hollandais *Van-Beuning* s'était
« fait représenter avec un soleil et ces mots pour
« âme : *In conspectu meo stetit sol ; A mon aspect,*
« *le soleil s'est arrêté.* Mais cette médaille n'a
« jamais existé. »

2.° Lemontey, en assurant en 1818, que le monstrueux labyrinthe de pierres, que nous appelons si improprement le beau château de Versailles, avait coûté bien au-delà de 1200 millions, ne peut nullement être excusé sur la présomption de bonne foi, parce qu'il connaissait si bien les *Comptes rendus* de Desmarets, rédigés par M. Mallet, qu'il les cite dans son ouvrage comme un livre bon à consulter. Le cas d'ignorance involontaire ne peut donc être allégué en sa faveur. Or ces comptes généraux du trésor établissent clairement, comme je l'ai déjà dit, que depuis le commencement des travaux, jusqu'en 1688, période de temps pendant laquelle le château de Versailles a été construit presque entièrement, la dépense totale, non du château seulement, mais des bâtiments en général, n'avait pas atteint le chiffre de 155 millions. Mais comme ce résultat officiellement authentique aurait détruit le gigantesque échaffaudage des 1200 millions, l'académicien a eu le soin de le couvrir du voile du plus rigoureux silence.

En 1824, lorsqu'il écrivit son pamphlet contre M. Guillaumot, qui le premier avait eu le courage de porter le flambeau de la critique dans les sombres élucubrations des détracteurs de Louis XIV, Lemontey écrivait que les archives de la Couronne renfermaient plusieurs centaines de registres contenant toutes les dépenses en bâtiments, faites sous le grand règne. Mais comme en interrogeant ces registres, il aurait craint d'y trouver la lumière qu'il fuyait, lumière qui aurait mis a nu ses exagérations calculées, il aima mieux, au risque évident d'être démenti par l'autorité, déclarer que les registres en question ne constatant qu'une partie des dépenses faites, il était parfaitement inutile de les consulter.

Lemontey, toujours charitable envers son prochain, prenait même la précaution d'avertir les écrivains qui, plus amis que lui de la vérité ou plus curieux, s'aviseraient de pénétrer dans le sanctuaire par lui respecté, qu'ils s'exposeraient à de lourdes bévues. Par cet avis, il espérait éloigner le moment d'une révélation indiscrète, dont le résultat infaillible aurait été de gravement compromettre sa véracité. Comme j'ai détruit dans ma préface toutes ces fausses allégations, j'y renvoie le lecteur.

3.° La misère qui, sur la fin du règne de Louis XIV, affligea les classes inférieures de la société, provenait des malheurs de la guerre, et surtout des fléaux du ciel. Les gelées extraordinaires du terrible hiver de 1709, non-seulement détruisirent tout espoir de récolte dans la généralité des provinces, mais encore s'étendirent jusque sur les arbres qui périrent en grande partie. « Cette misère fut grande, dit « Voltaire, mais elle a été fort exagérée. » Il est permis et très-raisonnable de conclure de cette remarque essentielle de Voltaire, confirmée par d'autres écrivains, qu'à Versailles surtout, séjour des grâces et des secours, la misère n'alla point jusqu'à obliger les gens du roi à tendre humblement la main aux passants pour en recevoir une légère aumône, tout couverts qu'ils étaient des livrées de ce prince qui, dans les beaux jours de sa gloire, avait poursuivi de ses dons les savants et les gens de lettres au-delà des limites de l'Europe, trop étroites pour l'étendue de sa générosité!

Les longues et vastes rues de Versailles n'étaient pas non plus tellement encombrées d'indigents, que l'on dût redouter la contagion, comme nous le déclare avec tant d'assurance Lemontey. Les mémoires de Dangeau, dont pour bonne raison il supprime le témoignage, réduisent cette nuée de malheureux à soixante indigents que le roi fit conduire à l'hôpital général. Telles sont les mesures violentes et inhumaines auxquelles eut recours Louis xiv. Etait-il juste de les lui reprocher si amèrement, lorsque, de nos jours, on les a souvent employées au sein de la capitale, sans que personne se soit récrié. Lemontey lui-même n'aurait-il pas été le premier à y applaudir, quoiqu'elles ne fussent pas nécessitées alors par le devoir impérieux de la conservation de la santé publique, circonstance que supposait l'écrivain, et qui aurait dû le porter à l'indulgence.

« Un vieil architecte, nous dit ailleurs l'acadé-
« micien, s'avisa, il y a quelques années, de jus-
« tifier Louis xiv de la manie de bâtir, dont il s'est
« lui-même amèrement accusé. Il prétendit que
« sur ce point toutes les dépenses du monarque
« ne s'étaient élevées qu'à 153 millions, monnaie
« du temps, tandis qu'on savait qu'une somme
« bien plus considérable avait été enfouie dans le
« seul Marly, si souvent fait et défait. Ce compte
« du sieur Guillaumot parut une plaisanterie d'ar-
« chitecte qu'on ne daigna pas relever. Des cal-

« culs plus raisonnables, et que je crois modérés,
« portent les dépenses du règne de Louis xiv, en
« palais, jardins, fêtes et prodigalités, à 3 mil-
« liards. »

Ce vieil architecte, que Lemontey traite avec tant de mépris, a écrit avec la candeur de la vérité, et la simplicité de la bonne foi, tandis que les lulumières transcendantes de l'académicien ne sont que de ténébreux mensonges. J'ai le droit d'employer ces termes, tout blessants qu'ils sont, parce que Lemontey, qui devait la vérité à ses contemporains, les a volontairement et sciemment induits en erreur. Si le résultat de M. Guillaumot ne présente pas le chiffre réel de la dépense totale des bâtiments jusqu'à 1690, cela provient uniquement de ce qu'il n'a pas pris son point de départ de l'origine des travaux.

Mais puisque la totalité des frais des bâtiments ne s'est pas élevée à 160 millions du temps à l'époque ci-dessus indiquée, comment se ferait-il que que Marly eût, à lui seul, absorbé au-delà de 153 millions? La supposition de Lemontey tombe donc dans l'absurde. Il n'a exagéré que de 140 millions au moins pour Marly, et de 2 milliards 800 millions pour les bâtiments en général. Les tableaux généraux de dépense qui seront produits en temps et lieu, ne laisseront pas à cet égard l'ombre du doute.

« On sait, poursuit l'académicien, combien les

« plaisirs et les nobles bienfaits de Louis eurent
« de part à la naissance des mille chefs-d'œuvre
« qui firent de son règne un siècle modèle, une
« de ces rares époques sur lesquelles l'esprit hu-
« main ne se lasse jamais de ramener son orgueil
« et ses méditations. Mais on est étonné de la *mo-*
« *dique somme* que coûta au roi cette partie écla-
« tante de sa renommée. Dans l'année où ses libé-
« ralités furent le plus considérables, la dépense
« ne s'éleva qu'à 100,866 livres. Un seul courtisan
« inutile, le duc de L....., coûta plus au roi que
« les lettres, les sciences et les académies pendant
« tout son règne. »

Le début de ce paragraphe étonnera peut-être de la part d'un écrivain qui s'était donné la mission de tout blâmer ou dénaturer dans les actes du grand roi; mais la surprise cessera, si l'on vient à considérer que la fin détruisant ce que le commencement avait édifié, l'éloge qui précède n'avait d'autre but que de pallier la malignité des deux traits de satire qui terminent l'article. Lemontey est le troisième académicien qui croit se plaindre avec justice de la parcimonie de Louis XIV. En effet, qu'est-ce que 100,866 livres, représentant plus de 605 mille francs de notre temps, pour rémunérer les talents des gens de lettres et des savants? MM. les académiciens sont en vérité bien exigeants! On serait même tenté de croire que Lemontey était en particulier d'humeur envieuse et jalouse; car voyez comme il se plaint amèrement qu'un favori eût, à lui seul, absorbé plus que tous les académiciens ensemble, en vingt-six années que durèrent les largesses de Louis xiv, largesses auxquelles mirent fin les besoins impérieux de la guerre de 1688. J'avoue que, si le fait était vrai, on ne pourrait que blâmer le roi d'avoir accordé annuellement à un courtisan inutile autant qu'il donnait à soixante gens de lettres ou savants estimés. Mais où Lemontey a-t-il vu l'état authentique des largesses faites au duc de Lauzun par Louis xiv? Dans son imagination sans doute, ou peut-être dans les mémoires plus que suspects de La Beaumelle et de Delaplace. Quand on veut attaquer un prince de la haute réputation de Louis-le-Grand, il faudrait déguiser plus adroitement ses malignes intentions, et appuyer son récit de preuves qui eussent du moins quelque apparence de vraisemblance.

« Les mémoires du temps, nous dit encore Le-
« montey, nous apprennent que l'article seul du
« plomb pour Versailles, s'est élevé à 32 millions,
« et que Le Nostre a assuré, en 1678, que les jar-
« dins et les fontaines avaient déjà, à cette époque,
« entraîné une dépense de près de 200 millions. »

L'évaluation de la dépense du plomb est fausse. Celle qui est relative aux jardins et aux fontaines a de plus le mérite d'être absurde.

La dépense particulière du plomb, comparativement à la totalité des frais des bâtiments, est dans la proportion de 1 à 36 environ. Ainsi, dans le système de l'académicien, où la dépense de Versailles seul excède de beaucoup 1200 millions, les 32 millions de plomb peuvent facilement être admis; mais comme en réalité 215 millions seulement ont été dépensés, l'article de la plomberie s'élève tout au plus à 6 millions pour la totalité des bâtiments, et Versailles est loin d'avoir à lui seul exigé l'emploi de cette somme.

Quant aux fontaines et aux jardins, si jamais Le Nostre a tenu le langage qu'on lui prête, il est évident qu'il n'a voulu parler que des dépenses déjà faites en 1678, puisque c'étaient là les seules dont il pût avoir connaissance. Eh bien! les travaux de la partie neuve du château de Versailles n'ont commencé qu'en 1673. De cette année à 1678, la dépense n'a pas été considérable, et s'est presque bornée aux terrasses et à la maçonnerie. Les grands travaux n'ont commencé qu'en 1679, et se sont prolongés jusqu'en 1688, en sorte que si les fontaines et les jardins, dont naturellement on n'a pas dû s'occuper en premier lieu, eussent, dès 1678, coûté 200 millions, les frais seuls de ces deux objets auraient excédé, en 1688, les 12 cents millions de Lemontey. Si donc l'anecdote est absurde, même en adoptant comme vrai le faux système de Lemontey, combien le sera-t-elle davantage d'après les évaluations authentiques de la dépense totale des bâtiments?

« En 1689, Spire, Worms, Oppenheim, les
« bourgs, les villages, les hameaux du Palatinat et
« des pays de Bade et de Trèves, furent saccagés
« et brûlés. Les Français ont toujours exécré un
« attentat qu'Attila eût commis avec moins de sang-
« froid, et qui ne fut pas imputé au roi, mais à
« l'âme atroce de son ministre. Un monstre fut
« trouvé pour louer la Saint-Barthélemy; mais on
« attend celui qui excusera l'incendie du Palatinat. »

J'ai déjà dit que cette exécution violente serait sans excuse aucune, si le plaisir brutal de ravager et de détruire, ou d'exercer une basse vengeance, en eût été le motif déterminant, et j'ai insinué en même temps, que des vues d'intérêt public ou des considérations politiques, pouvaient en avoir diminué l'odieux. Assurément, je serais désespéré de mériter la qualification de monstre, dont je suis menacé par Lemontey, si j'essaie seulement d'apporter quelque adoucissement à la sentence rigoureuse qu'il a prononcée contre l'auteur ou le conseiller d'une mesure qui lui a paru atroce. J'avoue que le fait considéré en lui-même, abstraction faite des vues politiques qui ont pu le déterminer, est d'une justification difficile. Aussi n'entreprendrai-je point de le justifier, mais seulement de l'expliquer, et je soutiens que cette explication affaiblira singulièrement la gravité de l'accusation.

Lemontey s'est montré tout aussi peu consciencieux dans cette occasion que dans toutes les autres.

Il n'ignorait pas que l'on n'en était venu à cette extrêmité, que pour empêcher l'ennemi d'établir ses magasins en ces contrées, et de tenir ainsi l'armée française sur le qui-vive, et dans la crainte continuelle d'une attaque soudaine. Ce qui aggrave surtout les torts de l'académicien, c'est que, plein de confiance dans la véracité des mémoires de Dangeau, qu'il avait jugés dignes d'entrer dans le recueil de ses matériaux historiques, (ce sont ses propres expressions) il ait perfidement passé sous silence ce que le rédacteur de ces mémoires dit des motifs qui ont fait agir, et des mesures prises par le vainqueur, pour adoucir le malheureux sort des vaincus. Or, voici textuellement ce qu'on lit dans les mémoires de Dangeau, oracle ordinaire de Lemontey, et dont, par cette raison, il n'aurait pu être admis à décliner l'autorité, quelque accablante qu'elle fût pour lui.

« On a fait brûler Spire, Worms, Oppenheim,
« etc., pour empêcher que les ennemis ne s'y
« établissent, et n'en tirassent des secours et des
« commodités, en cas qu'ils voulussent attaquer
« quelques-unes des places que nous avons de ce
« côté là. On en a fait avertir les habitants, quel-
« ques jours auparavant, afin qu'ils eussent le
« loisir de transporter leurs effets et leurs meubles
« les plus considérables. Ceux qui voudront s'éta-
« blir en Lorraine ou en Alsace, seront exempts
« de toute imposition pendant six ans, et on leur

« donnera des *habitations, et des terres à cultiver.*
« Tous les papiers de la chambre impériale de Spire
« ont été portés à Strabourg. »

On voit qu'il n'y a rien d'amer dans tout cet article. Sans doute, on gémit alors sur ce rigoureux exercice du droit de la guerre, mais les contemporains n'y aperçurent rien d'absolument atroce. La raison d'état couvrit à leurs yeux, ce que la mesure, en elle-même, avait d'exorbitant; et les précautions, toutes d'humanité, qui furent prises avant l'exécution, les confirmèrent dans l'opinion qu'ils avaient que, sans des considérations puissantes, on n'en serait point venu à cette dure extrémité; extrémité d'autant plus déplorable, qu'elle exposait pour l'avenir, en cas de revers, à de terribles représailles.

Si donc la faute de M. de Louvois a été grave, si l'ordre ou le conseil qu'il a donné, ne peut absolument être justifié, on ne peut nier du moins qu'il y a eu dans ce délit politique des circonstances atténuantes. Or, dissimuler comme l'a fait Lemontey, ces circonstances atténuantes, lorsque l'équité lui imposait, en sa qualité d'historien, le devoir rigoureux de les faire connaître, n'est-ce pas aussi se rendre coupable d'un délit? Ne faut-il pas être tout-à-fait déhonté, pour braver ainsi le reproche mérité de méchanceté et de mauvaise foi?

Continuons l'examen critique des assertions de Lemontey. « Les peuples oublient plutôt le sang

« que l'or perdu dans les combats; et les guerres
« seraient sans remords, si elles étaient sans mi-
« sère. Les dix campagnes qui précédèrent la paix
« de Risvick, et les douze campagnes que termina
« la paix d'Utrecht, coûtèrent plus de 3 milliards
« 865 millions de notre monnaie actuelle; seule-
« ment en dépenses immédiates et directes. La
« guerre de 1688 eut dix campagnes qui absor-
« bèrent 703 millions 448 mille 317 liv., somme
« qui équivaut maintenant à 1 milliard 340 millions
« 466 mille 3 liv. La guerre de 1701 eut douze
« campagnes qui coûtèrent 1 milliard 557 millions
« 330 mille 983 liv., somme qui vaut actuellement
« 2 milliards 524 millions 660 mille 654 liv. Ajou-
« tons à ces causes de déficit, que les revenus
« étaient dévorés d'avance par des anticipations;
« qu'un emprunt à 400 pour cent, donna le signal
« de la plus affreuse détresse, et qu'une dette
« d'environ 5 milliards de notre monnaie actuelle
« étouffa tout espoir d'un meilleur sort. »

Je m'arrêterai d'abord aux deux maximes émises par Lemontey, au commencement du présent paragraphe, savoir : que les peuples oublient plutôt le sang que l'or perdu dans les combats, et que les guerres seraient sans remords, si elles étaient sans misère. Ces deux principes me paraissent, sinon absolument faux, du moins très-contestables.

1.° Les peuples se composent de familles, et il me semble aussi injuste que ridicule, de supposer que dans chacune de ces familles, à la nouvelle d'une bataille meurtrière, on est beaucoup plus sensible à l'or perdu dans cette bataille, qu'au sang versé par un père, un époux, un fils, un frère, un parent, un ami, un voisin, un compatriote souvent éloigné, et qui n'est pas toujours personnellement connu.

2.° Pour que les guerres fussent sans remords, dans le cas où elles seraient sans misère, il faudrait admettre sans distinction que les princes et leurs ministres qui disposent alors de la vie de leurs semblables, sont des hommes sans conscience, peu soucieux du compte terrible qu'ils auront à rendre à Dieu, de tant de milliers de victimes sacrifiées, soit à leur ambition et à leur vengeance, soit à des passions plus honteuses encore; ou des hommes à cœur de roche, incapables de se laisser émouvoir par les larmes et les gémissements des nombreuses familles qu'ils plongent non-seulement dans le deuil, mais encore souvent dans la misère la plus profonde. Cette supposition peut-elle généralement être admise? je pense que tout le monde me dira que non. Lemontey a donc mal raisonné, et ses deux sentences ne sont autre chose que du jargon philosophique, qui ne peut imposer qu'aux sots, ou aux hommes légers et superficiels.

Je n'ai aucun moyen de vérifier si les calculs des dépenses de la guerre, faits par Lemontey, sont exacts. Un homme qui, de son autorité privée, et par l'effet de sa science pleine et parfaite, a porté bien au-delà de 12 cents millions, les frais de construction d'un château qui n'a eu que sa part dans une dépense générale de 215 millions, mérite assurément peu de croyance, lorsqu'il porte les budgets de la guerre d'un temps pour lui déjà éloigné, à un chiffre d'autant plus élevé, qu'il faudrait tripler la somme qu'il assigne, pour avoir la dépense réelle, valeur de nos jours. Il n'est pas difficile de deviner quelles ont été les vues secrètes de l'écrivain, en nous dépeignant avec de si sombres couleurs, un gouvernement décrépit, tombant de vétusté, dans un tel état de langueur et de discrédit, qu'il était réduit à emprunter à 400 pour cent. *O res mirabilis auditu et creditu adhuc difficilior!* O chose étonnante à entendre, et encore plus difficile à croire!

Les hommes, je ne dirai pas pénétrants, mais seulement doués de bon sens, ne balanceront pas à conclure de ce tableau rembruni, ou que l'auteur a exagéré, afin de rendre odieuse la mémoire du grand roi, ou qu'en effet le gouvernement réduit à la nécessité supposée, était tombé du faîte de la grandeur et de la puissance, dans l'abyme le plus profond de la misère et de l'avilissement. Comme la première hypothèse me paraît bien plus vraisemblable que la seconde, je vais peser les calculs de l'académicien, et à défaut de pièces comptables à l'aide desquelles je puisse en vérifier l'exactitude matérielle, examiner si les conséquences qu'il en fait découler, sont conformes à la vérité.

Lemontey suppose que les deux guerres de 1688 et de 1701 ont coûté 2 milliards 260 millions 749 mille 300 livres du temps, ce qui, dans sa manière de compter, revient à 3 milliards 865 millions 126 mille 657 livres de notre monnaie actuelle. Pourquoi notre financier conclut-il que par suite de ces deux guerres, l'état s'est trouvé grevé d'une dette de 5 milliards? Les impôts extraordinaires qui ont été levés de 1688 à 1714, auraient dû diminuer considérablement la somme de 3 milliards 865 millions ci-dessus indiquée; mais quand bien même ce résultat naturel n'aurait pas eu lieu, il y aurait encore une différence de près de 1200 millions entre la dette supposée et le montant de la dépense reconnu et avoué par Lemontey.

L'académicien financier est donc déjà convaincu d'un faux calcul qui porte son exagération à 1200 millions. Maintenant est-il vrai que Louis XIV, en mourant, ait laissé une dette, énorme pour le temps, de 2 milliards 260 millions, valeur du 17.ᵉ siècle? Cette hypothèse est pulvérisée par le témoignage d'un homme qui connaissait mieux que l'académicien l'état des finances à la mort de Louis XIV; et cet homme est M. Mallet, déjà tant de fois cité, encore premier commis des finances en 1715, année du décès de ce prince. Avant de rapporter son témoignage, je crois nécessaire de mettre sous les yeux du lecteur l'opinion qu'a émise sur son compte l'éditeur de ses œuvres, en 1789. Je citerai ensuite ce qu'a dit M. Mallet lui-même dans sa préface de 1720.

« L'ouvrage de M. Mallet, dit l'éditeur de 1789,
« est le fruit des recherches d'un homme qui a
« passé trente années de sa vie dans l'administra-
« tion des finances, et qui, pendant ce long espace
« de temps, s'est occupé sans relâche à prendre
« une connaissance parfaite, non-seulement de
« l'origine et des causes des impositions et diffé-
« rents droits qui se perçoivent en France, mais
« encore des vrais principes du gouvernement. Ce
« fut pendant l'administration de M. Desmarets et
« par ses ordres que cet ouvrage fut entrepris. Ce
« ministre, satisfait de la clarté et de la simpli-
« cité avec laquelle on y avait développé toute la
« matière des revenus, des dépenses et des dettes
« sous les règnes de Henri iv, de Louis xiii et de
« Louis xiv, le porta au roi, et sur le compte qu'il
« lui en rendit, le monarque accorda à l'auteur
« une gratification annuelle de 10,000 livres. »

Dans sa préface de 1720, M. Mallet, à la suite d'une longue énumération des opérations financières dont il avait eu le tableau sous les yeux, ou dont il avait été soit l'agent, soit le témoin, ajoute :
« J'ai vu, à la mort du feu roi, l'État débiteur de
« près de 600 millions. »

Un pareil témoignage renverse de fond en comble l'édifice financier de Lemontey. Voilà ses 2 milliards 260 millions réduits à moins de 600 millions. Or, comme l'académicien aurait pu, s'il eût voulu dire la vérité, la tirer de l'ouvrage de M. Mallet qui lui était connu, ne l'ayant pas fait, il est bien et dûment convaincu, au moins pour la vingtième fois, de mensonge et de mauvaise foi.

Mais dira-t-on peut-être, n'est-ce donc rien que 600 millions de dettes pour un seul règne? Je pourrais d'abord répondre que ce seul règne équivaut à trois ou quatre pour la durée, et à presque tous les autres règnes de la monarchie, pour le nombre, la grandeur et les suites incalculables des évènements qui l'ont signalé : considération qui, seule, expliquerait et même justifierait pleinement la dette de 600 millions. Mais j'ai une réponse plus victorieuse à faire, et j'en puiserai les éléments dans l'histoire de la période de 48 années, qui s'est écoulée depuis 1789. A cette époque, notre dette publique était à peine de 600 millions, et aujourd'hui elle est arrivée à 5 milliards. Ce premier résultat ne fait point, comme l'on voit, pencher la balance en faveur de l'âge présent. Comparons maintenant les avantages que nous avons obtenus, et dont nous sommes demeurés en possession, avec ceux que nous a légués le grand roi, et dont nous jouissons encore.

Comme Louis xiv, nous avons fait trembler le continent; nous avons même étendu nos conquêtes beaucoup plus loin que lui. Non seulement presque tous les points de l'Europe, mais encore quelques contrées de l'Afrique et de l'Asie, ont été témoins de nos triomphes! Depuis le règne de Charles-Quint, aucun empire n'avait été ni aussi étendu ni aussi puissant que l'empire français! Le Tibre et l'Elbe étaient tout étonnés de se trouver réunis sous la même domination! Mais quel a été le résultat définitif de tant de gloire, de tant de victoires? Le voici : notre belle France deux fois envahie, notre capitale deux fois au pouvoir de l'étranger; toutes les provinces que nous avions conquises au prix de tant de sang et d'efforts, arrachées violemment de nos mains pour passer en celles de nos ennemis; enfin, notre ancien territoire réduit à de plus étroites limites, avec perte de cinq villes, dont deux places fortes importantes, dont la possession facilite à l'étranger l'entrée dans notre pays.

La France au contraire a vu par les conquêtes de Louis xiv, son territoire s'aggrandir de trois provinces considérables, la Flandre, l'Alsace, la Franche-Comté; d'une quatrième, le Roussillon, bien moins étendue que les autres, mais très-importante par sa position, en ce qu'elle nous forme un boulevart naturel contre l'Espagne, dans la partie orientale des Pyrénées. De plus ce grand prince nous a laissé en nous quittant, comme gage de ses sollicitudes pour la gloire de son empire, et le bien-être de ses sujets, de belles routes, des ports bien entretenus, des places de guerre bien pourvues, de superbes canaux, des manufactures célèbres, des monuments magnifiques, une éclatante renommée ! Tous ces avantages qui nous ont assuré le premier rang parmi les nations de l'Europe, nous les possédons encore, et ils nous ont été si solidement acquis, que rien ne fait augurer qu'ils puissent nous être ravis.

Qui oserait donc maintenant soutenir que tant de gloire et de richesses nous ont coûté trop cher? qui oserait encore reprocher au grand roi d'avoir laissé une dette de 600 millions, lorsqu'au sacrifice de plus de 4 milliards consommés inutilement dans l'espace de moins d'un demi-siècle, nous avons été forcés de joindre celui de nos conquêtes et d'une partie de notre gloire ?

« Loin de moi, dit en terminant Lemontey, loin
« de moi d'affaiblir l'illustration de ce règne, que
« les Français ont surnommé un siècle, sans que
« l'Europe osât les démentir; mais comment ce
« monument si vanté, ce phare montré à l'Europe,
« n'a-t-il survécu à son auteur que 74 ans? »

On voit par ce passage que Lemontey sentait parfaitement que les belles choses qu'il avait débitées, étaient de nature à affaiblir l'illustration du grand règne; aussi prend-il la précaution oratoire de justifier ses intentions. L'académicien est étonné que le grand édifice élevé par Louis xiv, n'ait survécu que 74 ans à son auteur. Les raisons qu'il en donne, peuvent lui avoir été dictées par la sagesse de l'esprit philosophique, mais elles ne m'ont pas convaincu.

A mes yeux, la chute de la monarchie française a été, en grande partie, l'œuvre de cette secte de beaux esprits incrédules, qui se sont appelés philosophes, et dont Voltaire a été l'idole, le patron et le grand pontife. Le respect des peuples pour la religion, étant la sauve-garde la plus assurée du trône, les philosophes qui ne voulaient ni de l'une ni de l'autre, ont très-bien compris qu'en affaiblissant le sentiment religieux, lien moral le plus fort des sociétés, ils parviendraient à renverser l'autel, et que l'autel, dans sa chute, entraînerait nécessairement le trône. Dans ce dessein, ils n'ont cessé d'infecter l'Europe du poison de leurs écrits licencieux et impies. Ils ont constamment tourné la piété en ridicule, érigé en air de bon ton et en marque de génie, le mépris pour tout ce qui était l'objet de la vénération de nos pères. Le clergé catholique, surtout, a été le but incessant de leurs attaques. On les voyait pleins d'égards et de considération pour le sacerdoce des autres cultes; mais le sacerdoce catholique ne trouvait jamais grâce à leurs yeux. Tout prêtre appartenant à ce culte si ancien et par là même si respectable, était un fanatique, sa piété, une faiblesse d'esprit, sa croyance, une superstition. Le mépris et la haine des prêtres, résultat inévitable de leurs doctes leçons, enfantèrent le mépris et la haine de la religion ; et le frein religieux étant une fois rompu, anéanti, le trône s'écroula avec un horrible fracas, qui retentit dans toute l'Europe, d'abord troublée, bientôt ensanglantée, enfin menacée d'une dissolution complète et d'une subversion totale !

Avant de quitter Lemontey, je citerai un dernier trait qui achevera de convaincre tout lecteur du peu de créance que mérite ce partial historien. Fort irrité de ce que M. Guillaumot ne faisait partir que de 1679, les premières dépenses de construction de l'hôtel des Invalides, l'académicien, pour anéantir le témoignage véritable de cet estimable auteur, assure effrontément qu'en 1670, il y avait déjà cinq ans que cet hôtel était habité, ce qui revenait à dire que la construction de ce vaste édifice avait commencé, au plus tard, vers 1660. Or, à cette époque, Louis XIV n'était pas encore entré dans la carrière des constructions, qu'il devait parcourir pendant l'espace de plus d'un demi-siècle.

Si nous ne savions pas que Lemontey était un savant, un littérateur habile, un écrivain distingué, l'assertion étrange qu'il s'est permise, nous ferait soupçonner qu'il ne savait pas lire, ou du moins qu'il n'entendait pas le latin. En effet, comment comprendre autrement qu'à la vue de cette inscription placée au-dessus du grand portail des Invalides : « *Ludovicus magnus has posuit œdes*, *anno MDILXXV*, » l'académicien ait ignoré que la première pierre de ce grand monument n'avait été posée qu'en 1675. Cette date explique le silence des registres des bâtiments avant 1679. Il est vraisemblable, pour ne pas dire certain, que les travaux sérieux ne commencèrent guères avant 1678 ou 1677.

Je conclurai pour l'Essai de l'établissement monarchique, comme j'ai conclu pour les Mémoires secrets de Duclos. C'est un ouvrage plein de faussetés, de calomnies, ou du moins de faits très-hasardés. Il ne pouvait guères en être autrement, puisque l'auteur nous avoue avoir puisé ses matériaux dans des mémoires du temps, et surtout dans ceux de Delaplace et de La Beaumelle. Or, rien n'est plus décrié dans l'opinion des gens sages que ces mémoires. Lemontey, dans un moment de franchise, a dit du premier écrivain, *qu'il gâtait tout ce qu'il touchait*, et l'annotateur des œuvres complètes de Voltaire, à l'occasion du second, a émis l'opinion suivante : « Tout lecteur sensé ne voit
« qu'avec indignation ces recueils d'impostures dont
« le public est surchargé, et La Beaumelle, auteur
« du roman des mémoires de Mme de Maintenon,
« mériterait d'être châtié, si le mépris dont il abuse
« ne le sauvait de la punition. »

Quelques lecteurs penseront peut-être que j'ai traité Lemontey, non seulement sans ménagement, mais encore avec une excessive rigueur, qui peut-être prise pour de la haine ou de l'injustice. J'avoue que son pamphlet de 1824, contre un vieillard estimable et instruit qu'il traite d'imbécille et de radoteur, uniquement parce qu'il mettait au jour des vérités capables de compromettre gravement le système d'exagération et de dénigrement, adopté par l'académicien, m'a inspiré de fortes préventions contre Lemontey. L'Essai sur l'établissement monarchique de Louis XIV, loin de détruire ces préventions, ne leur a donné que plus de force et d'irritabilité. Je n'ai pu voir surtout, sans la plus vive indignation, cet historien qui avait besoin pour lui-même de tant d'indulgence, déverser, à pleines mains, l'insulte et le mépris sur une des classes les plus honorables de la société, laquelle a droit à d'autant plus d'égards et de ménagements de la part de tout écrivain, qu'elle a plus besoin, que toutes les autres, du respect public, ne pouvant opérer le bien, qu'en raison de l'estime et de la confiance qu'elle inspire. J'ai été, dis-je, indigné que Lemontey, digne émule des Volney et des Duclos, ait eu l'impudeur d'écrire que des prêtres fanatiques avaient fait embrasser l'intérêt de leurs passions au grand roi, au point d'altérer en lui *la probité*, la meilleure de ses qualités naturelles !

Cette accusation m'a paru d'autant plus *atroce*, que l'auteur ne s'est nullement mis en peine de la motiver. C'est une de ces allégations vagues et sans fondement, qu'aime à lancer au hasard l'esprit philosophique, parce qu'il sait qu'elles font toujours impression sur la multitude, plus maligne qu'éclairée.

Voilà qui explique la rudesse et l'âpreté de mes expressions à l'égard de Lemontey. Cependant, s'il m'est échappé contre lui quelque erreur, ou quelque jugement mal fondé, que ne puissent justifier mes préventions ainsi expliquées, je prie le lecteur de croire que ces erreurs ont été l'effet des illusions de mon esprit, et non des sentiments haineux de mon cœur; car je ne me pardonnerais jamais d'avoir imputé à un écrivain, un tort grave dont je ne serais pas pleinement convaincu qu'il s'est rendu coupable.

M. DE MONTYON.

(Particularités et observations sur les Ministres des finances de France, les plus célèbres.)

M. de Montyon, en se faisant l'historien des ministres des finances de France, les plus célèbres, a dû s'étendre particulièrement sur l'administration glorieuse de Colbert, le plus grand de tous ces ministres. Jusque-là, la marche suivie par M. de Montyon, est simple et naturelle; mais ce qui n'est pas aussi rationnel et surtout aussi juste, c'est d'avoir entrepris d'exalter la gloire du sujet, en rabaissant, autant qu'il était en lui, celle du souverain. Cette fâcheuse disposition de l'écrivain, et les raisonnemens faux ou peu concluans qui en ont été la suite, vont être attaqués ici, avec égard pour la personne respectable de l'auteur, mais sans ménagement pour les erreurs graves qui en ont fait un historien malveillant et infidèle.

Le censeur du livre de M. de Montyon n'ignore pas toute la vénération que professe notre siècle pour la mémoire de cet homme bienfaisant et libéral. Il ne se dissimule pas combien il doit craindre de froisser ses nombreux partisans, en faisant voir que, malgré ses vertus, M. de Montyon n'était pas exempt de préventions qui l'ont rendu tout-à-fait partial. Il espère pourtant qu'à la faveur de l'hommage qu'il rend à ses qualités, et de l'éloge qu'il fait volontiers de ses talents, comme écrivain, la critique qu'il va exercer sur son œuvre historique sera reçue moins défavorablement.

M. de Montyon établit, d'une manière solide et vraie, que, la première année du ministère de Colbert, les impots ne s'élevaient qu'à 81 millions; et qu'en 1683 année de sa mort, (plus de 20 ans après) ils ne dépassaient pas 87 millions. Cet aveu de l'historien rendra inexplicable l'exagération qui va suivre.

« C'est au règne de Louis xiv, et pendant ce
« règne, presque uniquement au ministère de
« M. Colbert, que la France doit ses plus beaux
« monuments; aussi pendant le cours de ce minis-
« tère, a-t-il été dépensé en bâtisses 300 et tant de
« millions de ce temps là. Si Louis xiv a été
« appelé un homme prodigieux, c'est surtout à
« M. Colbert que ce prince doit d'avoir été ainsi
« jugé. »

Aux insinuations flatteuses de l'historien ministériel, il convient d'opposer le sentiment de Voltaire qui, certes, n'était pas adulateur des rois, quand il n'y avait pour lui aucun avantage à l'être. Or, on a pu se convaincre par le paragraphe cité de son Siècle de Louis xiv, que le philosophe de Ferney était bien persuadé que M. de Colbert n'avait pu donner à son maître, ce que la nature elle-même avait prodigué à ce prince.

Quant aux 300 millions dépensés en bâtisses pendant le ministère de Colbert, l'écrivain se trouve à la fois réfuté et par les *Comptes rendus du trésor*, et par les *Documents officiels de la cour des comptes*, lesquels s'accordent à constater qu'alors les dépenses des bâtiments ne se sont élevées qu'à 100 millions environ. Ainsi, il y a eu de la part de M. de Montyon, exagération de 200 millions. Cette exagération a d'autant plus lieu de surprendre, qu'ainsi que je l'ai déjà remarqué, l'auteur lui-même avait établi qu'à cette époque les impots annuels étaient bien au-dessous de 100 millions.

« C'est, poursuit, M. de Montyon, Louvois qui a
« *fondé* les Invalides; mais l'hôtel devait-il être un
« palais? Une grande caserne, beaucoup plus éco-
« nomique, n'aurait-elle pas rempli le même but?
« Il n'est pas sans vraisemblance que Louvois a sa-
« crifié *à une vanité* que trop souvent Louis xiv
« prit pour de la *grandeur*. »

Ce paragraphe démontre que le plan adopté par M. de Montyon, était de ne laisser au monarque que le reflet de la grandeur qui se trouvait dans ses ministres. Ainsi ce n'est point Louis XIV qui fonde les Invalides, c'est M. de Louvois : comme si un ministre, en tant que ministre, pouvait revendiquer l'honneur d'avoir fondé un grand établissement public, quand il en a puisé tous les frais dans le trésor de l'état. La grande caserne proposée aurait été je n'en doute pas, digne de l'économie philantropique de M. de Montyon; mais à coup sûr, elle aurait paru à Louis XIV peu digne de la gloire et de la majesté de sa couronne; et il est vraisemblable que cette caserne, quelque belle, quelque grande qu'elle eût été, n'aurait pas excité l'admiration et provoqué l'envie de toute l'Europe, comme l'a fait l'hôtel magnifique que nous voyons. Les plaintes amères de l'écrivain au sujet de la vanité du grand roi, n'auront donc point d'écho dans l'opinion des hommes sages et sans prévention.

L'historien partial va prendre occasion d'un des premiers titres de Louis XIV à l'immortalité, pour flétrir, autant qu'il était en lui, la mémoire de ce prince. Il s'agit des pensions et gratifications que, pour l'encouragement des sciences et des arts, le monarque accordait annuellement aux savants nationaux et étrangers. M. de Montyon porte ces pensions ou gratifications à plus de 100 mille livres du temps, qui représentent 600 mille francs de nos jours, puis il ajoute : « Louis tira de *ces faibles*
« *dons* un si grand parti, qu'il en fit retentir toute

« l'Europe, et que par ses bienfaits il sembla s'é-
« riger *en monarque de l'univers!* »

Si Louis XIV, au lieu de 100 mille livres, eut annuellement consacré un million à l'encouragement des arts, des lettres et des sciences, il est hors de doute que M. de Montyon eût jeté les hauts cris, et n'eût pas manqué de convertir cet excès de générosité en dilapidation de la fortune publique. Le monarque voulant concilier les intérêts du trésor avec ce qu'exigeaient et le soin de sa grandeur et le désir qu'il avait d'assurer la prééminence de sa nation, en y établissant d'une manière aussi solide que brillante le règne des sciences et des arts, se borna à une somme de 100 mille livres; et voilà que M. de Montyon transforme en don, tout-à-fait mesquin, cette munificence royale!..... En vérité, les philosophes financiers et politiques sont bien difficiles à satisfaire!

M. DE LA BORDE.

(Esprit d'Association.)

M. le comte Alexandre de La Borde, en publiant son livre sur *l'Esprit d'Association*, a enrichi la littérature française d'un bon et estimable ouvrage. Les vues de l'auteur sont saines, parfois élevées, toujours philantropiques. Ses maximes sont sages et vraies : on est d'autant plus disposé à les adopter, qu'il a eu le bon esprit de les appuyer sur des principes de vérité éternelle. M. de La Borde est un écrivain religieux, qui a eu le courage si rare aujourd'hui, et par cela même si louable, de manifester hautement sa croyance, et de le faire avec l'accent de la conviction. Ses nombreuses citations des Prophètes, des Livres de la sagesse et des autres parties de l'Écriture-Sainte, prouvent qu'il est bien convaincu que les véritables lumières ne se trouvent que là où le philosophisme du 18.ᵉ siècle n'a vu que ténèbres, superstition, absurdité.

Le livre sur l'esprit d'association me paraît donc mériter les éloges qu'il a reçus. Pourquoi faut-il que je sois réduit à la nécessité d'en combattre l'auteur? La résolution que j'ai prise de venger la mémoire du grand roi, m'en impose la sévère obligation. Je lis dans cet ouvrage (page 230) la phrase suivante : « Le principal effet du gouvernement « délégatif, c'est de ne pouvoir jamais grever l'État « de *palais*, de *jardins*, de *fêtes*, de *prodigalités*, « qu'on a vu s'élever, sous *un seul règne*, *à trois* « *milliards*. »

Ici se présente une question préjudicielle qu'il est bon de juger, avant d'entamer le fond du procès. M. de La Borde est un partisan zélé, un admirateur sincère du gouvernement délégatif. Je suis loin de vouloir nier les avantages de ce gouvernement; mais doit-il être loué outre mesure, et empêcher de rendre justice au gouvernement monarchique pur? Sous le premier, il n'y a pas et il ne peut y avoir *unité constante* de volonté et d'action, tandis que ce grand avantage se trouve éminemment sous le second. En effet, il n'est aucun homme de bon sens et de bonne foi, qui ne comprenne et ne soit disposé à reconnaître que, sans cette unité précieuse, la France aurait été privée de ces monuments incomparables qui font encore aujourd'hui sa gloire, après avoir imprimé le sceau de l'immortalité au siècle qui les a produits.

Mais, dira M. de La Borde, c'est une gloire qui nous a coûté cher ! Pour suffire à de telles prodigalités, il a nécessairement fallu grever l'État.

Au sentiment de M. de La Borde, j'opposerai d'abord celui de Voltaire. « Tous ceux, dit ce grand
« écrivain, qui attribuent l'affaiblissement des sour-
« ces de l'abondance aux profusions de Louis xiv,
« dans ses bâtiments, dans les arts et dans les plai-
« sirs, ne savent pas qu'au contraire les dépenses
« qui encouragent l'industrie, enrichissent l'état.
« C'est la guerre qui appauvrit nécessairement le
« trésor public, à moins que les dépouilles des
« vaincus ne le remplissent. » L'auteur du Siècle de Louis xiv dit dans un autre endroit : « On con-
« damne encore les bâtiments de Louis-le-Grand ;
« cependant la famille royale et toute la cour et
« les ministres ne sont logés que par lui, soit à
« Versailles, soit à Fontainebleau, soit à Paris
« même. Mais ces bâtiments ont-ils été à charge à
« l'État ? Ils ont servi à faire circuler l'argent dans
« tout le royaume, et à perfectionner tous les arts
« qui marchent à la suite de l'architecture. »

Au sentiment de Voltaire j'ajouterai celui d'un littérateur distingué, dont le témoignage est d'autant moins suspect que, de son aveu même, il avait embrassé de bonne foi les erreurs des écrivains du 18.ᵉ siècle, concernant les dépenses des bâtiments de la Couronne; erreurs, dit-il, qu'on a tellement propagées depuis quatre-vingts ans, qu'il y a bien peu de Français qui ne les partagent pas. M. Peignot, membre des académies de Dijon et de Besançon, s'exprime ainsi dans son ouvrage déjà cité :

« On ne voit aucune accusation de prodigalité,
« en fait de bâtiments, portée contre Louis xiv
« pendant sa vie, ni même dans les trente années
« qui ont suivi le terme de sa longue carrière. Ces
« reproches sont donc un fruit des temps moder-
« nes, et leur nature annonce suffisamment leur
« origine et le motif de leur propagation. » Plus loin, le même auteur ajoute : « En 1690, les dé-
« penses qu'exigèrent de nouvelles guerres, déter-
« minèrent ce prince à suspendre les travaux. L'ef-
« fort qu'il fit sur lui-même, pour renoncer à des
« goûts qui lui étaient chers, méritait de justes
« éloges, et devait interdire aux censeurs les plus
« chagrins tout retour sur le passé, en supposant
« toutefois que ce monarque eût excédé les bornes
« qu'une sage économie prescrit à la magnificence
« des princes; supposition qui n'est nullement
« fondée. Au contraire, Louis xiv, loin d'avoir mé-
« rité des reproches pour ce qu'il a fait, a droit à
« notre admiration pour avoir tant fait avec des
« moyens aussi bornés. Ce n'est que depuis la mort
« de ce grand roi, qu'on a imaginé tous ces calculs
« exagérés dont on s'est servi pour égarer l'opinion
« publique, et en former un titre d'accusation

« contre le trône et la monarchie. Il paraîtra tou-
« jours extraordinaire que dès le premier moment
« où quelques écrivains, peu à portée d'être ins-
« truits, hasardèrent tant de fables ridicules, il ne
« soit venu dans l'idée d'aucun des ministres qui
« ont eu part au gouvernement, sous Louis xv et
« sous Louis xvi, de rectifier des erreurs qui n'é-
« taient pas sans danger, parce qu'on était parvenu
« à les rendre populaires. Il suffisait de publier le
« simple résultat des documents officiels que pos-
« sédait l'administration, pour faire tomber en un
« moment toutes ces déclamations virulentes qui
« avaient pénétré jusques dans les classes les plus
« élevées de la société, et qui n'avaient pour but
« que de dénigrer le plus grand roi dont la France
« s'honore. »

Je terminerai cette première discussion par la citation d'un passage remarquable de l'ouvrage de M. Vaysse de Villiers. « Un roi qui faisait tant de
« miracles, pouvait bien céder à la vanité de les
« exécuter tous en même temps; de rétablir à-la-
« fois nos places fortes et nos ports de mer; de
« fortifier nos frontières et de les reculer; de créer
« de la même main une marine, des armées, des
« palais, des villes, des généraux et des artistes;
« enfin, d'agrandir avec ses domaines ceux des
« lettres et des arts. Tant de prodiges pouvaient-ils
« s'opérer sans qu'il en coûtât? Oublions des tré-
« sors enfouis sous des monceaux de gloire et de

« magnificence, lorsque nous en avons vu enfouir
« tant de nos jours sous des monceaux de ruines!
« Mais n'oublions pas, de même, que Louis XIV a
« porté au plus haut point la renommée de la
« France, et que les travaux dont elle s'est em-
« bellie sous son règne l'ont aussi enrichie, en la
« couvrant de monuments qui en ont fait le rendez-
« vous et l'admiration de tous les peuples de l'u-
« nivers. »

Voilà donc la question préjudicielle jugée contre M. de La Borde. Je ne pense pas qu'il veuille faire appel : ainsi je passe au fond du procès, et j'ouvre les débats.

L'auteur de l'*Esprit d'Association*, probablement sans autre preuve que le témoignage des écrivains téméraires dont je crois avoir annihilé les systèmes, aussi dépourvus de vraisemblance que de vérité, nous assure que Louis XIV a dépensé 3 milliards en palais, jardins, etc. Cette assertion est tout-à-fait erronée, et il est d'autant plus nécessaire de la réfuter, que d'autres écrivains, entr'autres Lemontey, l'ont citée textuellement pour étayer les récits exagérés par lesquels ils ont cherché à exciter l'indignation ou le mépris contre un prince dont la gloire leur était importune.

Les trois milliards de M. de La Borde sont un fait matériel dont je pourrais à la rigueur, par la voie seule du raisonnement, démontrer l'impossibilité; mais j'aime mieux lui opposer un autre fait incontestable, capable de forcer dans ses retranchements l'incrédulité la plus obstinée, Ce fait, je le trouve dans les mémoires officiels de M. Mallet, premier commis des finances sous Louis xiv, mémoires que j'ai déjà eu occasion de citer. Ce document authentique offre un tableau complet des revenus ordinaires et extraordinaires de l'état sous Louis-le-Grand, depuis 1661 jusqu'à 1688; espace de temps pendant lequel ont eu lieu les prodigalités supposées de ce prince : car personne n'ignore que depuis son mariage secret avec Mme de Maintenon, en 1685 ou 1686, l'aspect de la cour avait totalement changé; qu'aux fêtes et aux plaisirs avaient succédé le sérieux et l'ennui des affaires, les embarras continuels de deux guerres longues et sanglantes, les dissentions religieuses, les malheurs domestiques, etc.

Or le tableau dont je parle, et que je vais mettre sous les yeux du lecteur, établit d'une manière claire et péremptoire, que dans l'espace de 28 ans ci-dessus mentionné, les revenus ordinaires de l'état ont été de 2 milliards 949 millions 131 mille 428 livres, et les revenus extraordinaires, de 369 millions 178 mille 107 livres; total, 3 milliards 318 millions 309 mille 535 livres.

De cette masse monétaire, si l'on retranche les 3 milliards de M. de La Borde, dépensés en palais, jardins, fêtes et prodigalités, il restera 318 millions 309 mille 535 livres, somme avec laquelle Louis xiv aurait pu, pendant 28 ans, pourvoir aux frais de l'administration générale du royaume, à l'entretien de troupes de terre nombreuses, à l'équipement de flottes considérables, aux dépenses extraordinaires des ports, des places fortes, des routes, des canaux, etc., etc.

TABLEAU DES REVENUS ORDINAIRES DE L'ÉTAT,

Sous Louis XIV, de 1661 à 1688.

ANNÉES	REVENUS.	ANNÉES	REVENUS.	ANNÉES	REVENUS.
	liv.		liv.		liv.
1661	84,222,096	Report.	905,702,025	Report.	1,894,267,769
1662	87,587,807	1671	99,926,820	1680	107,728,483
1663	88,184,002	1672	102,542,641	1681	113,365,455
1664	88,341,319	1673	101,552,420	1682	115,959,048
1665	87,651,378	1674	115,649,305	1683	116,053,374
1666	92,789,774	1675	119,350,683	1684	131,624,168
1667	91,875,275	1676	109,365,804	1685	120,736,724
1668	98,921,279	1677	116,461,841	1686	121,431,515
1669	91,510,789	1678	115,281,978	1687	113,774,733
1670	94,618,306	1679	108,454,252	1688	114,190,159
A rep....	905,702,025	A rep.	1,894,267,769	Total.	2,949,131,428

Les revenus extraord. pendant les 28 années, ont été de. 369,178,107

Total général... 3,318,309,535

En présence de ce tableau, vengeur de la vérité, que deviendront les 3 milliards de M. de La Borde?

Maintenant que les débats sont terminés, et que le procès est définitivement jugé, je dois à la justice, autant qu'à la vérité, de déclarer que M. le

comte de La Borde ne se montre point hostile envers Louis xiv, dans tout le reste de son intéressant ouvrage. C'est pour moi un véritable plaisir que de le prouver, en rapportant ce qu'il dit de ce prince, dans le chapitre où il traite des moyens de communication. « C'était à Louis xiv qu'était réservée la
« gloire de tracer les magnifiques routes qui, dans
« tous les sens, divisent, joignent, parcourent,
« embellissent aujourd'hui la France. 28 routes
« principales, appelées routes de première classe,
« partent de Paris pour aboutir aux frontières,
« presque en ligne droite, sur un développement
« de 3,500 lieues. 90 routes de moindre impor-
« tance unissent celles-ci entre elles, et servent
« d'embranchement à tous les chemins de troisième
« classe et aux chemins vicinaux. »

M. VATOUT.

(Souvenirs historiques des Résidences royales de France.)

Si quelqu'un pouvait douter encore de l'existence au sein de la France, de ce préjugé, déjà plus que centenaire, qu'il y a impossibilité de connaître exactement les dépenses de Louis xiv en bâtiments, parce qu'il y a eü distraction ou incendie des documents qui auraient pu servir à les constater, il lui suffirait, pour lever ses doutes, de lire l'ouvrage de M. Vatout. C'est donc avec raison qu'il a été dit que ce préjugé est le partage des hommes instruits, comme celui des gens ignorants : car assurément l'auteur des *Souvenirs historiques des Résidences royales de France*, doit être mis au rang des littérateurs distingués de notre époque, et si en cette occasion, il a erré, comme tant d'autres, c'est qu'il a été entraîné par la force presque irrésistible du préjugé national, implanté en France par quelques écrivains irréfléchis ou mal intentionnés.

On lit page 110 du livre de M. Vatout, la note suivante : « Dans l'espoir d'éclaircir la *grande* « *question* de ce que Versailles a coûté, nous avons « examiné les comptes tenus par *Colbert*, et plu- « sieurs autres documents qui existent dans les « archives de la Couronne : nous en avons comparé « les résultats avec les évaluations si diverses de « *Mirabeau*, de *Volney*, de *Guillemot*, de *Lemontey*, « de *Dulaure*, qui varient depuis 400 millions « jusqu'à 3 milliards, et nous sommes restés con- « vaincus, soit que des papiers *aient été distraits*, « soit qu'ils *aient été brûlés*, qu'il était plus facile « de faire des suppositions, que des calculs exacts. »

M. Vatout a eu parfaitement raison de dire qu'il est plus facile de faire des suppositions, que d'établir des calculs exacts. *Volney*, *Mirabeau*, *Dulaure*, *Lemontey* et tant d'autres qui se trouvent ici passés sous silence, en ont donné la preuve. Mais avec plus d'attention et des recherches plus soignées, M. Vatout aurait pu se convaincre que Guillaumot, le premier comme le seul historien fidèle jusqu'ici, des bâtiments de la Couronne, sous le règne de Louis XIV, ne devait pas être placé en si mauvaise compagnie. Les autres écrivains cités par M. Vatout, ont été d'impudens détracteurs, tandis qu'il faut considérer Guillaumot comme un écrivain consciencieux, véridique, ayant puisé aux sources véritables.

Mais dira peut-être l'auteur des *Souvenirs histo-*

riques, je n'ai nullement parlé de Guillaumot : l'écrivain par moi désigné, se nommait *Guillemot*. A cela je répondrai qu'il n'existe pas d'historien des bâtiments du nom de *Guillemot*, et qu'ici, il y a eu erreur de la part de M. Vatout, ou faute typographique. Enfin je remarquerai que M. le premier bibliothécaire du roi a tout-à-fait manqué d'exactitude, en mettant Guillaumot au rang des historiens, dont les évaluations ont varié depuis 400 millions, jusqu'à 3 milliards : car il est constant que dans l'ouvrage qu'il a publié, en 1801, Guillaumot ne porte pas à 90 millions du temps, la dépense totale de Versailles et de ses dépendances, depuis 1664 jusqu'à 1690 : somme qui, même étant doublée pour avoir la valeur actuelle, selon le calcul erroné de tant d'écrivains, serait encore loin de donner 400 millions.

M. Vatout paraît penser comme ses devanciers, que 100 livres tournois, valeur du 17.ᵉ siècle, ne représentent guères que 200 francs, valeur de nos jours : c'est là du moins la conclusion qu'il convient de tirer de la note suivante, page 3 des *Souvenirs* : « Louis XIII acheta le vieux château « qu'*Albert* de *Gondy* avait acquis de *Loménie*, « suivant contrat passé le 8 avril 1632, avec *J-F* de « *Gondy*, oncle du cardinal de *Retz* et premier « archevêque de Paris, moyennant 60 mille livres, « en pièces de 16 s. (137,000 francs de nos jours). » Le lecteur doit savoir maintenant à quoi s'en tenir sur cette assertion banale des divers écrivains qui m'ont précédé. La préface fait justice complète de cette erreur qu'on peut aussi regarder comme un préjugé national.

La lecture du livre de M. Vatout est amusante, instructive, intéressante. Il ne m'appartient pas de prononcer sur l'exacte vérité des anecdotes, parfois piquantes, dont il a parsemé son récit. Je dirai seulement que quelques-unes m'ont paru invraisemblables, entr'autres celle-ci :

« Lorsque le père La Chaise se sentit vieillir, il
« pria le roi de lui choisir un successeur, et au
« nom de l'attachement qu'il lui portait, il l'exhorta
« à le choisir dans la compagnie de Jésus : C'est
« une compagnie, lui dit-il, très-étendue, com-
« posée de bien des sortes de gens et d'esprits ; il
« ne faut pas les mettre au désespoir..... *Un*
« *mauvais coup est bientôt fait, et n'est pas sans*
« *exemple !* »

(Récit de Maréchal, premier chirurgien du roi.)

Cette anecdote n'a pu être révélée et arriver jusqu'à nous, que par suite d'une indiscrétion de la part du grand roi, ou de celle de son confesseur : car il est plus que probable que dans la conférence secrète dont il s'agit, un tiers ne fut pas admis. Or, il me paraît être contre toute vraisemblance que Louis XIV ou le père La Chaise ait eu la maladresse de commettre une indiscrétion de cette nature.

On ne doit pas admettre légèrement le langage prêté par un écrivain à un personnage historique qui était assez instruit pour sentir toute la portée de ses paroles, lorsque ce langage est de nature à imprimer une tache à son nom, ou à celui de la compagnie à laquelle il appartient, et que d'ailleurs ce langage est profondément immoral, et même propre à inspirer de l'horreur. Or, c'eût été là pourtant la faute commise par le père La Chaise; car il résulterait évidemment de sa prétendue confidence, qu'il aurait cherché à déterminer le roi en faveur de sa compagnie, en insinuant à ce prince que parmi les jésuites il y en avait de capables de se venger d'un refus par un assassinat. De bonne foi, comprend-on facilement que le père La Chaise ait pu, je ne dirai pas faire un tel aveu, mais n'apercevoir aucun inconvénient pour lui et pour les siens, à ce que le public fut admis dans le secret d'une confidence si révoltante de la part d'un prêtre appartenant à une congrégation religieuse? Une telle ingénuité peut-elle être mise sur le compte d'un homme d'esprit? Une insouciance de cette nature est-elle le propre d'un ecclésiastique qui doit avoir à cœur l'honneur de son corps, et redouter surtout de perdre à-la-fois l'estime du souverain, le respect et la confiance des peuples?

L'indiscrétion ne me semble pas davantage avoir été le fait de Louis XIV. Tout le monde sait que ce prince avait naturellement l'âme grande et élevée;

qu'il sentait toute sa dignité comme roi, et l'importance des devoirs qu'il avait à remplir en cette qualité; que d'une exacte probité par lui-même, il eut été aussi révolté de l'audace que de l'immoralité du propos qui lui aurait été tenu; enfin, qu'il eut été incapable de céder à une vaine menace, d'autant plus qu'il aurait redouté d'encourir le juste reproche de s'être montré timide à l'égard de sujets indignes de sa confiance comme de sa protection, et surtout d'avoir sacrifié sa conviction personnelle et le témoignage de sa conscience à la crainte de voir un poignard se diriger contre sa personne. Si tel était Louis XIV, et tous les historiens sont unanimes à cet égard, peut-on reconnaître sans difficulté que le grand roi n'eût nullement rougi de faire à un de ses sujets l'aveu de son indigne pusillanimité?

Si l'on ne saurait donc affirmer positivement que l'anecdote est fausse, on est du moins forcé de convenir que loin de paraître parée des couleurs de la vérité, elle ne l'est pas même de celles de la vraisemblance.

M. Vatout pourtant, m'a semblé y avoir une foi pleine et entière, car il ajoute : « Louis XIV se « souvint de son aïeul, et le P. Letellier fut choisi. » M. Vatout nous a-t-il, en cette occasion, révélé sa pensée intime, ou a-t-il simplement cédé au plaisir de lancer un trait plus que malin contre les jésuites, que peut-être il n'aime pas? Je ne prendrai pas sur moi la solution de ces deux questions : je les abandonne à la décision du lecteur.

Du reste, c'est sur le témoignage d'un seul homme, que l'auteur des *Souvenirs* nous a livré cette anecdote : raison de plus de douter de son exactitude. En général, M. Vatout s'est beaucoup appuyé, dans ses récits, sur les mémoires du temps. Or, dans plusieurs articles, et surtout dans celui consacré à La Beaumelle, je crois avoir démontré combien il est nécessaire de se mettre en garde contre ces mémoires du temps, qui, au lieu de la vérité de l'histoire, n'offrent souvent que les fictions plus ou moins ingénieuses du roman.

M. JULES JANIN.

(Fontainebleau, Paris, Versailles. Juin 1837.)

« Qui veut trop prouver, ne prouve rien, » dit un vieil adage, fruit des sages réflexions de nos pères. Cependant il est des écrivains qui, avec le désir de louer jusqu'à l'adulation, ne sentent pas qu'en portant la louange jusqu'à l'excès, ils la détruisent. C'est précisément parce que l'hyperbole est une figure menteuse de sa nature, qu'il convient d'en adoucir adroitement l'exagération, au lieu de l'étendre au-delà des bornes de toute vraisemblance. Dans ce dernier cas, il est d'une maladresse extrême de vouloir la donner comme l'expression fidèle d'une incontestable vérité.

Ces réflexions doivent être appliquées à M. Jules Janin qui, dans son ouvrage, a eu la prétention de nous persuader qu'il a été moins difficile à Louis xiv de construire le magnifique palais de Versailles, qu'au roi Louis-Philippe de le restaurer et de l'embellir. Laissons parler lui-même l'auteur.

« Elever, dit-il, le palais de Versailles, planter
« ces jardins, appeler ces eaux jaillissantes dans
« cette plaine aride, abriter sous ces ombrages tout
« un peuple de statues, dépenser plus d'un mil-
« liard à *accomplir* cette merveille *impossible*, c'é-
« tait bien difficile déjà, mais pourtant je ne crois
« pas que ce fût plus difficile que de restaurer le
« palais de Versailles. Le prendre tout chargé de
« ronces, tout couvert d'épines, croulant au-dehors,
« moisi au-dedans, chargé de malédictions et de
« blasphêmes, odieux au peuple, oublié de ceux
« qui ne le haïssaient pas; et avec un million par
« mois, deux journées de Louis xiv, relever *le ca-
« davre* de ce palais, certes voilà une œuvre plus
« difficile que l'œuvre même de Louis xiv. »

D'abord, Louis-le-Grand n'a pas employé un milliard et plus à *accomplir* cette merveille *impossible*. Si l'on défalque les frais de construction des dépendances improprement dites du palais de Versailles, telles que la machine de Marly, le canal de Pontgoin, les châteaux de Clagny et de Glatigny, etc., la dépense totale ne s'élève pas au-delà de 70 millions du temps. L'exagération est donc ici de 930 millions!

En second lieu, Louis xiv n'a pu dépenser un demi-million par jour, comme le prétend M. Janin, par la raison sans réplique, que de 1661, année où commencèrent les travaux de Versailles, jusqu'à 1683, année de la mort de Colbert, où lesdits travaux étaient fort avancés, les revenus annuels de l'État n'ont pas dépassé 87 millions, ce qui est loin de donner 500 mille francs par jour. Ajoutez à cela qu'il y avait une infinité de dépenses à acquitter, autres que celles de Versailles.

Enfin, comment M. Janin a-t-il pu voir, autrement qu'en songe ou à travers les rêves d'une imagination exaltée, qu'avant 1830, Versailles n'offrait que le *cadavre* d'un palais? Des millions de témoins déposeront ici contre lui : car, nationaux et étrangers, tous affirmeront avoir vu, sous l'Empire et la Restauration, ce palais bien restauré et même embelli.

M. Janin, à propos des galeries du musée de Versailles, nous dit : « Que Louis xiv, oubliant une
« fois *cet instinct admirable* qui le *gouvernait*,
« laissa jouer le *Tartufe*, qui a été la fin de toute
« hypocrisie religieuse, mais qui a été en même
« temps *un coup terrible* porté à l'Église romaine
« en France, remède qui valait le mal. »

D'abord, l'Académie déclare que le mot *instinct* ne saurait être appliqué à l'homme, qu'autant qu'on l'emploie pour exprimer *un premier mouvement sans réflexion*. Mais un instinct qui est *admirable* et qui *gouverne*, serait bien plutôt une disposition constante de l'esprit, une idée fixe, une résolution bien arrêtée, qu'un mouvement irréfléchi, lequel, du reste, n'aurait aucun droit à l'admiration. M. Janin, en se servant de cette expression impropre, a donc à-la-fois fait un faux raisonnement et manqué à la vérité.

Secondement, à qui l'écrivain persuadera-t-il que le Tartufe de Molière a mis fin à toute hypocrisie religieuse? ce vice, comme tous les autres, est difficile à extirper, et il faut une morale plus puissante que celle de la scène pour en triompher.

En troisième lieu, M. Janin ne cherche-t-il pas à nous donner à entendre que l'Église romaine est le suppôt de l'hypocrisie, ou du moins, qu'elle tolère facilement ce vice? Il semblerait que telle a été son intention, puisqu'il ajoute que le Tartufe a été, en même-temps, un coup terrible porté à l'Église romaine, en France. L'Église romaine, comme toutes les autres Églises du monde chrétien, n'a que des anathêmes et des foudres contre le vice de l'hypocrisie, qu'elle déclare être plus abominable encore aux yeux de Dieu qu'à ceux des hommes. M. Janin aurait-il le malheur de ne pas reconnaître l'Église romaine comme la maîtresse des autres églises, comme la mère commune de tous les fidèles? On doit naturellement être tenté de le croire, car il serait indigne d'un bon fils, d'outrager sa mère si gratuitement et d'une manière si révoltante!

Enfin, qu'entend l'auteur par ces mots: *remède qui valait le mal!* a-t-il voulu nous dire, remède aussi efficace que le mal était grand? mais on ne saurait qualifier d'efficace, un remède qui n'a rien opéré. En effet, l'hypocrisie, jusqu'à la fin des temps, subsistera dans le monde, en dépit du remède; et l'Église romaine, jusqu'à la consommation des siècles, conservera son pouvoir et sa prééminence, parce que, représentant l'Église universelle, elle a des promesses de durée éternelle!

M. Janin, au contraire, a-t-il voulu nous faire entendre que le remède était aussi pernicieux que le mal? dans ce sens, je serais pleinement de son avis. Car, quoique les vérités de la foi soient indépendantes des actes des ministres de l'Église, pourtant, l'autorité ne peut guères, dans un état, laisser lancer impunément des invectives ou des bouffonneries contre l'autel, sans que la vénération des peuples pour la religion, en soit affaiblie. Ainsi, tout prince qui respecte et protège l'Église, comprend parfaitement les intérêts de sa Couronne, puisque saper l'autel, c'est enlever aux trônes leur appui naturel, c'est préparer leur chute.

M. Janin nous dit encore qu'après la mort de Louis XIV, « le palais de Versailles *n'a plus voulu* « appartenir à personne. » Il serait assez difficile de déviner quels ont pu être les sentiments intérieurs et les vues secrètes du palais de Versailles, après la mort de son illustre fondateur. Tout ce que je puis apprendre à M. Janin, s'il ne le sait pas encore, c'est que ledit palais s'est laissé habiter, sans mot dire, pendant 66 ans, par Louis xv et Louis xvi, successeurs et héritiers du grand roi.

Notre écrivain, à la vue de deux tableaux représentant, l'un, le retour de Louis xviii, l'autre, le sacre de Charles x, s'écrie : « Toutes les royautés « de France sont permises et reconnues avec la « plus courageuse loyauté dans le musée de « Versailles. » Il convient de faire observer à M. Janin, qu'il est nécessaire d'avoir ses yeux, pour apercevoir, ici, du courage et de la loyauté. Tout le monde n'y verra que de la justice, de la bienséance et de la vérité.

Le style de M. Janin n'est pas exempt de taches : il n'est point rare d'y rencontrer de mauvaises constructions. Deux exemples suffiront pour justifier ce reproche.

« Lorsqu'on voulut marier le jeune roi Louis xv, « on ne trouva dans toute l'Europe, que dix-neuf « princesses qui *furent* dignes, par leur naissance, « de monter sur le trône de France. » — « Autour « du grand roi, Louis-Philippe plaça toutes *ses* « amitiés, tous *ses* amours, toutes ces belles « personnes. »

L'écrivain, surtout, n'est pas adroit dans les compliments qu'il veut faire. Ainsi, page première de son livre, il dit que Mme la duchesse d'Orléans a été *l'heureux prétexte* des fêtes de juin 1837. L'auteur n'a pas senti tout ce qu'à d'inconvenant cette expression, qui, on ne peut plus désobligeante pour la princesse, n'est pas, le moins du monde, flatteuse pour le roi, son beau-père.

Le but évident de M. Janin, en prenant la plume, a été de louer jusqu'à la plus basse adulation. Il Il peut avoir atteint le but qu'il se proposait ; mais à coup sûr, il ne se sera pas concilié les suffrages de tous ceux qui veulent, avant tout, la justice et la vérité ; et la hardiesse emphatique de ses hyperboles aura peut-être déplu à ceux même qu'il a voulu encenser.

MM. VAYSSE DE VILLIERS, PEIGNOT, ECKARD.

Jusqu'ici j'ai eu à lutter contre l'exagération, le mensonge et la calomnie : tâche pénible que je me suis efforcé de remplir avec modération, mais aussi avec la fermeté que donnent la conviction et le sentiment d'une bonne cause. Me voici maintenant arrivé à trois auteurs estimables qui m'ont glorieusement précédé sur le champ de bataille où j'ai combattu. Si leurs efforts n'ont pas été couronnés d'un entier succès; si leur victoire, sur les ennemis du grand siècle et de son immortel monarque, n'a pas été complète, il faut du moins leur savoir gré du courage franc avec lequel ils ont, les premiers, soutenu la lutte contre les ennemis de Louis XIV. Dépourvus des documents nécessaires, ils n'ont pu, il est vrai, confondre pleinement leurs adversaires; mais ils ont commencé à porter la lumière de l'histoire et de la critique dans le chaos ténébreux de leurs erreurs, et m'ont ainsi aplani la voie.

Après les avoir réunis pour leur décerner un éloge commun, je vais les séparer, afin de mettre plus d'ordre dans mon récit, et de relever quelques erreurs échappées aux deux premiers; erreurs qui ne tenaient point à leurs intentions, mais à l'embarras où les avaient placés les documents, soit incomplets, soit contradictoires qu'ils avaient recueillis.

VAYSSE DE VILLIERS.

(Tableau descriptif, historique et pittoresque de la ville, du château et du parc de Versailles.)

M. Vaysse a cherché de bonne foi la vérité ; s'il ne l'a pas trouvée, c'est que, de même qu'il n'est pas permis à l'homme, de pénétrer dans les mystères de l'avenir, de même il ne lui est pas donné de lire dans le passé, lorsque les documents historiques lui manquent, ou que ceux qu'il a recueillis, se détruisent mutuellement, en se contredisant d'une manière formelle. Telle a été la position de M. Vaysse. Il a consulté successivement les archives de la Couronne, la Bibliothèque royale de Paris, la Bibliothèque particulière du Roi, au Louvre, celle de Versailles, quelques manuscrits déposés à la conciergerie du château de cette ville, enfin l'Encyclopédie. « Ces divers dépôts, dit-il, « ne m'ont fourni que des renseignements in- « complets, ou tout-à-fait divergents. »

M. Vaysse a prétendu que les archives de la Couronne contiennent seulement quelques registres incomplets de dépenses générales, qui ne remontent pas plus haut qu'à l'an 1668. Cette assertion est démentie par le témoignage de M. Eckard. « Il est vrai, dit cet écrivain, dans ses *Recherches* « *sur Versailles*, que les registres des bâtiments, « antérieurs à 1668, ne se trouvent pas aux ar- « chives de la Couronne; mais à partir de cette « année, *ils se succèdent sans lacune*, pendant « tout le règne de Louis xiv, et même au-delà. »

M. Vaysse a trouvé à la Bibliothèque royale de Paris, le mémoire original de Guillaumot, portant les dépenses du château de Versailles à 93 millions du temps, en y ajoutant Marly, la Machine, Clagny et les travaux de la rivière d'Eure; à la Bibliothèque de Versailles, une description, en vers, indiquant que la construction et les embellissements du château étaient revenus à plus de 300 millions; à la conciergerie du Palais, un manuscrit de M. Janson, directeur des eaux, en 1827, qui réduisait les dépenses à 150 millions; enfin dans l'Encyclopédie, un article où l'on prétend que 160 millions *ont été perdus* à la construction de Versailles.

« Ces évaluations, dit M. Vaysse, si discordantes « entre elles, s'accordent du moins toutes en ce « point, que les frais sacrifiés par Louis xiv à la « construction et aux embellissements du château « de Versailles, ont été *horriblement* exagérés,

« soit par l'ignorance soit par la mauvaise foi, et
« que les nombreuses assertions qui les portent à
« plusieurs milliards, du temps, sont des erreurs
« traditionnelles ou des calomnies historiques. »
Puis il ajoute : « qu'on établisse maintenant la
« différence qui existe entre les valeurs d'alors et
« celles d'aujourd'hui, le prix des matières, des
« journées, etc., je pense que le total, distribué
« sur près de 40 années, ne s'élèvera pas au-
« dessus de 400 millions de notre époque. »

D'abord, les constructions de Versailles, commencées en 1661, n'ont été terminées qu'en 1711, ce qui fait 50 ans de durée, au lieu de 40, comme le suppose M. Vaysse. Ensuite, si cet écrivain, en portant la dépense totale à 400 millions, valeur actuelle, a voulu, ce qui est vraisemblable, parler de la dépense de Versailles, avec les accessoires suivants, la machine de Marly, les dehors du château et les travaux de la rivière d'Eure, il a erré de 200 millions, en moins. Le chiffre de 400 millions excéderait de quelque chose les dépenses du château pris isolément, en y comprenant toutefois les parcs, les jardins et les eaux.

Cet auteur a reproché à tort à M. Guillaumot d'avoir omis dans son ouvrage les dépenses de la chapelle de Versailles. Les frais de cette chapelle, commencée en 1699, ne pouvaient figurer dans les tableaux de dépense du mémoire de Guillaumot, puisque ce mémoire s'arrêtait à l'année 1690. On voit d'ailleurs que M. Vaysse ne croyait pas, ou croyait peu à l'authenticité de ce mémoire. Il en parle en termes qui indiquent un défaut de confiance, et c'est encore là un de ses torts; car de tous les documents qu'il a consultés, c'était le seul qui exprimât la vérité. Il paraissait se fier beaucoup plus au manuscrit de M. Janson, qui pourtant n'était qu'une copie inexacte du mémoire de Guillaumot. M. Vaysse m'a semblé ne s'en être pas douté le moins du monde; mais il m'a été facile de le reconnaître, en comparant les deux manuscrits, et en rapprochant les résultats que chacun d'eux présentait. On voit par cet exemple, combien l'homme le mieux intentionné est susceptible d'erreurs, et comment il lui arrive souvent de s'égarer, en faisant les plus grands efforts pour trouver la vérité.

M. PEIGNOT.

(Documents authentiques et curieux sur Versailles.)

« J'ai trouvé en 1849, dit M. Peignot dans sa
« préface, trois volumes manuscrits qui ornaient
« l'échoppe d'un marchand de vieux livres, à Dijon.
« Ces volumes, reliés en maroquin rouge, sont
« d'écriture ronde, du temps de Colbert, avec filets
« d'or sur le plat, beaucoup de fleurs de lys sur le
« dos, entre les nervures, et quatre fleurs de lys plus
« grandes, aux quatres angles des filets sur la couver-
« ture. On lit sur le plat en lettres d'or : *Bâtiments*
« *du Roi*. Le titre au dos de chaque volume, porte
« le mot bâtiment, et la date de l'année à laquelle
» appartient le volume. (Années 1664, 65, 66).

Ces trois registres ont sans doute fait partie de
la grande collection des archives de la Couronne.
Selon toute vraisemblance, quatre autres ont été
perdus ou dérobés, pendant les orages de la révolution de 89, ce qui explique pourquoi la collection de ces archives ne remonte qu'à l'an 1668, au
lieu de partir de 1661, année où commencèrent

véritablement les travaux des bâtiments, sous le règne de Louis xiv.

M. Peignot qui s'est attaché au récit de M. Guillaumot, autant que M. Vaysse de Villiers paraît s'en être éloigné, a répété l'erreur du premier, en disant que les dépenses de Versailles avaient entièrement cessé, en 1690, à cause de la guerre. M. Peignot est même allé plus loin que son guide et son modèle, car il n'a pas craint d'ajouter que les principaux travaux de Versailles furent à-peu-près terminés en 1680. C'est une erreur grave que je dois relever, malgré l'estime que j'ai conçue pour M. Peignot, et le plaisir que m'a causé la lecture de son livre. Les dépenses de Versailles se sont, au contraire, singulièrement accrues de 1680 à 1688, en sorte que les frais de construction de ces neuf années se sont élevés au même taux, que ceux des 16 années précédentes.

L'ouvrage de M. Peignot renferme les détails les plus intéressants sur les pensions et les gratifications que Louis xiv se plaisait à accorder non seulement aux gens de lettres distingués de ses états, mais encore aux savants de toutes les contrées de l'Europe. L'auteur venge noblement le grand roi des calomnies par lesquelles ses ennemis ont essayé de flétrir sa mémoire. On me saura gré sans doute, d'avoir, par des citations, mis le lecteur à portée d'apprécier et le style et les sentiments de cet estimable écrivain.

M. ECKARD.

(Recherches historiques et biographiques sur Versailles.)

M. ECKARD, dans son ouvrage, débute par une discussion scientifique pleine d'intérêt sur l'origine de Versailles, sur les possesseurs successifs de cet ancien domaine seigneurial, enfin sur les acquisitions faites par LOUIS XIII. La ville, le château avec ses parcs et jardins, ont été par lui décrits avec tous les détails qui peuvent piquer la curiosité. L'auteur termine son livre par une biographie sommaire des personnages célèbres ou remarquables, qui sont nés à Versailles.

Un des buts que s'est proposés M. Eckard en écrivant sur Versailles, a été de combattre les écrivains qui ont porté jusqu'à l'exagération la plus outrée, les dépenses de LOUIS XIV, en bâtiments. Aussi attaque-t-il avec autant de chaleur que de talent, les odieux mensonges qui déparent les ouvrages des philosophes du 18.ᵉ et du 19.ᵉ siècles. Il cite particulièrement *Voltaire*, *Volney*, *Mirabeau*, *Dulaure* et *Lemontey*.

De ces cinq écrivains, Lemontey est celui qui a paru le plus coupable à M. Eckard, et conséquemment celui qu'il a attaqué avec le plus de vigueur. Cet ancien académicien ayant trouvé un panégyriste dans M. Jules Taschereau, rédacteur de la *Revue Rétrospective*, M. Eckard, autant pour la défense de la vérité, que pour sa propre justification, s'est vu obligé de publier une brochure dans laquelle il passe en revue toutes les assertions erronées de Lemontey, et les détruit successivement, soit par des faits, soit par des raisonnements. Ce que M. Eckard a si bien commencé, je crois l'avoir achevé dans l'article que j'ai consacré à la réfutation des paradoxes ou des insinuations malveillantes de l'académicien.

M. Eckard a établi ses évaluations des dépenses de Louis XIV, en bâtiments, sur le chiffre indiqué par les États au vrai, publiés par Guillaumot : c'était pour lui le meilleur guide à suivre, le document le plus sûr, et le plus incontestable d'après sa conformité avec les mémoires arrêtés par la *cour des comptes*. Il est vrai que M. Eckard m'a paru avoir plus de confiance encore dans le manuscrit de M. Janson, sur lequel s'est principalement appuyé M. Vaysse de Villiers. La vérité m'oblige à répéter ici, ce que j'ai dit ailleurs, savoir, que ce manuscrit n'est autre chose qu'une copie plus ou moins fidèle de celui de Marinier, qu'a fait paraître Guillaumot, en 1801.

Ce qui distingue surtout l'ouvrage de M. Eckard, c'est la franchise et la bonne foi de l'auteur. L'amour du vrai a dirigé ses recherches, ses observations, ses critiques et ses louanges. S'il lui est échappé quelques légères erreurs, ce qui est presque inévitable dans un ouvrage rempli de détails minutieux, c'est qu'il n'a pas eu à sa disposition tous les documents qui pouvaient l'éclairer.

OBJECTIONS PRÉVUES.

Quelques lecteurs, partisans des doctrines de Voltaire, ou faiblement prévenus contre les dangers de son système, trouveront peut-être que j'ai exagéré ces dangers, et que le plan que j'ai tracé des projets du philosophisme est un plan fantastique, qui n'a de réalité que dans mon imagination. Plût à Dieu qu'il en fût ainsi! Je serais prompt à revenir des illusions que je me serais faites. Mais quand je n'aurais pas en ma faveur les aveux faits par Voltaire lui-même, dans diverses parties de ses ouvrages, aveux qu'il aimait à confirmer chaque jour par la formule infâme qui terminait toutes les lettres adressées à ses disciples chéris, il me serait facile de produire une foule de témoignages qui confirmeraient le mien. Dernièrement encore, j'ai remarqué dans un livre dont l'auteur, à idées libérales exaltées et à principes républicains, n'est assurément pas suspect, le passage suivant :

« La France, que la réforme du 16.ᵉ siècle n'a-
« vait que peu modifiée, et qui se trouva catholique
« au 18.ᵉ, fut par cela même bien plus disposée
« que les pays protestants à accueillir favorable-
« ment l'examen philosophique auquel la religion
« de l'état fut soumise par quelques esprits hardis.
« On sait quel fut le succès de Voltaire et des en-
« cyclopédistes dans leur *propagande anti-chré-*
« *tienne;* et lorsque la révolution éclata, tels étaient
« les changements qui s'étaient opérés dans les
« masses populaires, que *l'abolition du culte fût*
« *possible.* »

On sera peut-être étonné encore de me voir faire, à l'occasion des bâtiments de la Couronne, des excursions dans les domaines de la politique, des finances, de la guerre, de l'administration géné-rale, etc. A cela je répondrai que ce n'est pas moi qui ai choisi ces divers champs de bataille; que j'y ai trouvé bien retranchés les adversaires que j'avais à combattre; et que cette circonstance, loin de m'arrêter, n'a fait qu'exciter mon ardeur, rendre mon attaque plus impétueuse et ma victoire plus complète; que d'ailleurs la tâche que je m'étais im-posée de venger la mémoire du grand roi, m'auto-risait à défier ses ennemis sur quelque terrain que je les rencontrasse.

Enfin, il serait possible qu'on m'objectât que je n'aurais pas dû, comme je l'ai fait, chercher à laver M. de Louvois et M.ᵐᵉ de Maintenon des imputations odieuses de quelques écrivains, parce que ces deux personnes étaient étrangères à mon sujet. J'avoue que j'aurais pu absolument m'en dispenser, sans encourir le reproche de n'avoir pas rempli les exigences du titre de mon ouvrage. Mais j'ai senti que ne pas défendre des traits acérés de la calomnie, deux personnages célèbres, dont les actions, les paroles et les pensées se sont trouvées intimement liées aux événements du siècle mémorable, c'eût été, en quelque sorte, laisser ternir la gloire de Louis XIV; que pour qu'elle brillât de tout son éclat, il fallait détruire les injustes soupçons qui planaient, depuis un siècle, sur la tête d'un ministre honoré de la confiance de son prince, ayant des droits fondés à sa reconnaissance, et sur celle d'une dame à qui ce grand prince avait accordé toute son estime et toute son affection.

OBSERVATIONS CRITIQUES.

On a vu dans l'article consacré à la réfutation des erreurs de Duclos, un exemple bien frappant des graves inconvénients des mémoires secrets ou du temps. Cet écrivain renommé était parvenu à faire croire à la France, que la guerre de 1688 avait pris sa source dans un dépit de M. de Louvois. Cette croyance était le partage non-seulement des gens peu instruits, mais encore des hommes lettrés. Elle était devenue un de ces préjugés sociaux que le temps ne fait qu'enraciner, bien loin de les détruire; et j'ai vu des hommes très-versés dans la connaissance de l'histoire, ne pas élever le moindre doute à l'égard du récit de Duclos : récit auquel semblait donner du poids le titre d'historiographe, qu'avait l'auteur. C'est pourtant une erreur historique des plus graves, mais que je crois avoir entièrement détruite, tant sont évidentes et palpables les preuves que j'ai données de la fausseté de l'anecdote, relativement à ses conséquences.

Un autre inconvénient des mémoires secrets ou du temps, c'est qu'on ne peut asseoir aucun jugement solide sur leur plus ou moins de véracité; d'abord, parce que leurs auteurs n'étant point, comme je l'ai dit, assujettis aux règles gênantes imposées aux autres historiens, on ne saurait exiger d'eux autant de précision et de fidélité, autant de précautions et de formalités; qu'ainsi ils se trouvent, en quelque sorte, autorisés à substituer quelquefois le merveilleux ou le vraisemblable, aux faits réels et véritables; ensuite, parce que les opinions des écrivains sur ces mémoires, sont tellement divergentes et contradictoires, que pour l'homme qui réfléchit, le parti du doute est le plus sage qui puisse être embrassé. Les mémoires de Dangeau sont une preuve incontestable de ce que j'avance. Lemontey regardait les mémoires de Dangeau comme une source précieuse où il devait puiser, comme une mine féconde qu'il lui fallait exploiter. La Beaumelle partageait ce sentiment, car il nous dit:
« Ce manuscrit était estimé de l'abbé de Choisy,
« de Mme de Maintenon, et du président Hénault,
« qu'on ne peut accuser d'ignorance ni de crédu-
« lité. » On lit dans la *Biographie universelle*:
« Ces mémoires, déposés à la Bibliothèque royale,
« à Paris, forment ou remplissent près de 500 vo-
« lumes ou cartons; mais ils ne sont pas écrits de
« la même main. » Voltaire, dans sa *Dissertation sur la Mort de Henri IV*, dit de ces mémoires:

« Ce n'était point M. Dangeau qui faisait ces mal-
« heureux mémoires; c'était un vieux valet-de-
« chambre imbécille qui se mêlait de faire, à tort
« ou à travers, des gazettes manuscrites de toutes
« les sottises qu'il entendait dans les anticham-
« bres. »

La circonstance du changement de main dans l'écriture des mémoires de Dangeau, n'offre, ce me semble, rien de grave; mais le ton d'indifférence que prend l'auteur, en parlant de la mort de Louis XIV, me paraît chose beaucoup plus sérieuse, et qui porte à penser que ces mémoires doivent inspirer quelque méfiance. En effet, est-il naturel qu'un homme duquel Fontenelle disait qu'il était passionné pour son roi et pour sa patrie, un homme comblé des faveurs de son souverain et admis dans sa familiarité la plus intime, se soit contenté de dire froidement en 1715 : « Le roi mourut le matin,
« à 8 heures et un quart, » sans y ajouter une seule parole d'éloge ou de regret. Dans cinquante-deux articles qui se suivent, jour par jour, il est souvent question du feu roi, de son cœur, de ses entrailles, de son testament, et Dangeau en parle toujours avec la même indifférence. A de tels signes peut-on reconnaître un ami passionné de Louis?

DISCUSSION SUR UN FAIT HISTORIQUE.

J'ai combattu de toutes mes forces la maxime favorite de Volney, que l'histoire est la source la plus féconde des erreurs et des préjugés des hommes. Cette maxime, prise dans un sens absolu, m'a paru fausse, et de plus, dangereuse dans ses conséquences, en ce qu'elle ne tend à rien moins qu'à ébranler la confiance qu'a inspirée jusqu'à ce jour le témoignage des hommes, base de la plupart de nos croyances comme de nos connaissances. Pourtant il est impossible de se dissimuler que, si l'histoire en général a des droits acquis à notre créance, beaucoup d'historiens, et surtout les auteurs de mémoires, ne méritent guère qu'on ajoute foi pleine et entière à leurs récits. Ces récits, souvent contradictoires, laissent le lecteur dans une étrange perplexité. Je ne puis résister au désir de consigner ici un fait bien propre à convaincre de cette vérité.

Qui croirait qu'au 19.ᵉ siècle, malgré les histoires et les mémoires dont la France a été inondée, depuis cent ans, notre pays ne connaît pas encore avec certitude, le nom du véritable inventeur de la machine de Marly, construction hydraulique fort ingénieuse, quoique très-compliquée, qui fut mise il y a 150 ans, au nombre des merveilles du monde. Parmi les écrivains, les uns attribuent l'invention et la construction de cette machine au chevalier français *Deville*, ingénieur militaire le plus renommé de son temps; les autres, à *Rennequin Sualem*, charpentier liégeois, homme très-illétré, sachant à peine lire, mais qui du reste, était on ne peut plus habile dans son état, et surtout dans l'art du nivellement et de la conduite des eaux.

Un biographe du nom de Prony, a dans un ouvrage très-connu et généralement estimé, consacré un article de 13 colonnes, tant à nous faire la description de l'ancienne machine de Marly, qu'à nous prouver que *Rennequin Sualem* a été seul l'inventeur et le constructeur de cette machine. Il s'appuie du témoignage du professeur Frédéric Weidler, contemporain de *Rennequin*, et auteur d'un traité sur la machine hydraulique de Londres et de Marly. Ce professeur ne balance pas à décerner au charpentier liégeois toute la gloire de l'invention. Il tirait ses preuves, dit M. Prony, 1.° des renseignements authentiques donnés par les contemporains et les coopérateurs de *Rennequin*; 2.° de l'épitaphe qui décorait le tombeau de Sualem, alors inhumé dans l'église de Bougival, laquelle épitaphe était conçue en ces termes : « Ci-gît honorable personne « sieur *Rennequin Sualem*, décédé le 29 juillet « 1708 ; seul inventeur de la machine de Marly ; » 3.° de la faveur d'avoir un logement dans les bâtiments de la machine, accordée à une demoiselle Lamboth, petite nièce de *Sualem*, du côté des femmes, fille du sieur Lamboth inspecteur de la machine, qui, comme le remarque l'écrivain ci-dessus nommé, devait vraisemblablement sa place à son alliance avec la famille *Rennequin*. « Ce témoignage « de reconnaissance de la part du gouvernement « royal, n'annonce pas, ajoute M. Prony, qu'on « regardât *Rennequin*, comme un simple entrepre- « neur ou fabricateur. Un portrait de Deville qui « a été gravé, porte il est vrai une inscription qui « lui attribue l'invention ; mais il est hors de doute « qu'il a été seulement le promoteur, le négocia- « teur de l'entreprise, auprès du ministère et de « la cour. »

J'avoue que la première fois que je lus cet article biographique, je demeurai convaincu que le charpentier liégeois devait avoir seul, tout l'honneur de l'invention de la machine, tant me paraissaient frappantes et décisives les preuves fournies par l'écrivain ; mais ayant lors d'une seconde lecture plus attentive, remarqué ce passage : « La vaste entreprise com- « mencée en 1675, sous le ministère de Colbert,

« fut terminée en 1682, sous celui de Louvois, »
Je commençai à avoir des doutes sur l'exactitude de l'article tout entier. Le passage que je viens de citer, pêche évidemment contre la vérité chronologique, puisque M. de Colbert étant mort en septembre 1683 revêtu de la charge de surintendant général des bâtiments, M. de Louvois n'a pu lui succéder en 1682. Ces doutes m'engagèrent à faire des recherches qui me conduisirent à la découverte de la vérité. Elles m'apprirent d'abord que le chevalier Deville, gentilhomme français, mort à la fin de 1656 ou au commencement de 1657, avec la réputation d'un très-habile ingénieur pour les fortifications, et l'exploitation des mines, n'avait pu être le constructeur de la machine de Marly, commencée en 1675. L'un des deux concurrents à la gloire de l'invention, ayant disparu à mes yeux, par cette découverte, il ne me restait plus qu'à examiner si le récit de M. Weidler, confirmé en tout point par M. Prony, était véritable.

Felibien, historiographe des bâtiments, auteur contemporain, et bien autrement à portée de connaître la vérité que MM. Weidler et Prony, nous apprend que le baron Deville, gentilhomme liégeois, reçut de Louis XIV une gratification de 100 mille livres, et une pension annuelle de 6 mille, en témoignage de la reconnaissance de ce prince, pour les soins qu'il avait apportés à la construction de la machine de Marly; et que, de plus, il fut chargé de la direction de cette machine, avec des appointements annuels de 6 mille livres.

L'abbé de Choisy, qui avait ses entrées à la cour et était fort instruit des particularités les plus secrètes, confirme, dans ses mémoires, le récit de Felibien. Il dit textuellement : « C'est à M. le baron « Deville, inventeur de la machine de Marly, que « nous sommes redevables des bonnes eaux que « nous buvons à Versailles : aussi le roi, pour « récompenser ses talents, lui a-t-il accordé une « pension de 8 mille livres, etc..... » Ici, l'abbé de Choisy n'est pas tout-à-fait d'accord avec Felibien; mais une circonstance accessoire, erronée, ne détruit pas le fait principal. Je pense qu'il faut plutôt s'en rapporter à l'historiographe des bâtiments qu'à l'abbé de Choisy, pour la quotité de la pension.

Que penser maintenant des preuves apportées par le professeur Weidler? Que devient la faveur du logement, accordée à Melle Lamboth, si on la compare aux 100 mille livres, une fois données, et à la gratification annuelle de 6 mille livres?

La difficulté la plus sérieuse est celle de l'épitaphe. Mais ne doit-on pas conclure des citations ci-dessus, lesquelles ont un caractère officiel, ou que le fait est faux, ou que, s'il est vrai, l'inscription fastueuse, à laquelle le gouvernement ne paraît avoir eu aucune part, a été l'effet de l'adulation et de la vanité des amis, des compatriotes ou des collaborateurs de Rennequin Sualem? Il est incontestable que le baron liégeois a été seul chargé de la construction de la machine de Marly; mais Rennequin, quoique dépourvu de toute instruction, était un homme peu ordinaire dans son état : on peut en juger par le haut prix de ses journées, qui revenait à quinze francs de notre monnaie actuelle. Comme il excellait d'ailleurs dans la science pratique de la conduite et du nivellement des eaux, il est probable qu'il a puissamment secondé l'ingénieur Deville dans ses travaux; l'on peut même conjecturer que, sans le secours des connaissances acquises du charpentier, le baron, quelque habile qu'il eût été, n'aurait pas obtenu un succès si complet. Cette conjecture, qui porte un air de vraisemblance, sert à expliquer comment les amis et les coopérateurs de Rennequin, hommes du reste peu en état de juger, et dont le sentiment ne peut faire loi, se seraient plus à décerner exclusivement à leur compatriote l'honneur de l'invention de la machine.

Quelques personnes, peut-être, objecteront que si l'inscription placée sur le tombeau de Rennequin eût été uniquement l'œuvre de ses amis et de ses compatriotes, le baron Deville, blessé dans son amour-propre, aurait demandé et très-probablement obtenu qu'on l'enlevât pour en substituer une autre plus conforme à la vérité. Cette observation, pleine de justesse, a une certaine force; mais j'y opposerai d'abord le portrait gravé, représentant Deville, avec une inscription qui lui attribuait l'invention de la machine; gravure dont l'existence est attestée par ceux même qui prétendent que Sualem est le seul inventeur. Ensuite, je ferai observer que le baron liégeois, voyant la supériorité de ses talents bien constatée par la gratification de 100 mille livres qui lui avait été accordée, tandis que le compagnon de ses travaux n'avait reçu que 1,500 livres, aura bien pu être médiocrement blessé de l'inscription, ou aura été arrêté dans ses démarches auprès de l'autorité, par le souvenir et la reconnaissance de ce qu'il devait au zèle et aux connaissances du charpentier, son compatriote. Enfin, je ne puis me persuader que le gouvernement royal, plus à portée que tout le monde d'apprécier le mérite et les services de Deville et de Sualem, eût tant accordé au premier et si peu au second, dans le cas où il aurait été bien convaincu qu'à Rennequin seul devait revenir la gloire de l'invention.

Dira-t-on pour trancher la question, que Sualem a été l'inventeur, et Deville le constructeur? Mais de quelle gloire pourrait se couvrir un inventeur, s'il n'avait pas assez de talent pour exécuter ce qu'il aurait imaginé? N'est-ce pas dans l'exécution que se rencontrent les véritables difficultés, et que deviendrait le constructeur non-inventeur, s'il ne trouvait pas dans son génie et dans son expérience les moyens de surmonter les obstacles?

Dira-t-on encore qu'après avoir seul inventé, Sualem a puissamment concouru par ses connaissances pratiques à lever les difficultés survenues? Dans ce cas, il faudrait accuser hautement le gouvernement ro al de s'être rendu envers lui coupable de la plus criante injustice, puisque après avoir reconnu la prééminence de son mérite, il se serait odieusement permis, non-seulement de mal le récompenser, mais encore de transporter au baron liégeois, son heureux rival, tout l'honneur et tout le profit de l'entreprise.

Je n'ignore pas que les gouvernements se montrent quelquefois injustes, en ne reconnaissant pas, comme ils le peuvent, les services importants qui leur sont rendus. Je sais que souvent la faveur obtient plus d'eux que le mérite. Mais ici ce serait une supposition difficile à établir. Le fait étant notoire, éclatant, le cri de la conscience publique se serait fait entendre en faveur de Sualem, et il est vraisemblable que le gouvernement n'aurait pas dédaigné de s'y montrer sensible. Je ne sache pas d'ailleurs que les historiens, détracteurs de la gloire de Louis xiv, l'aient accusé à cet égard, chose qu'ils n'auraient pas manqué de faire, s'il y eût eu pour eux quelque chance de succès.

La cause est débattue, les témoins ont été entendus : c'est au public maintenant à prononcer le jugement. Il résultera du moins de cette discussion, que lorsqu'on veut se prémunir contre l'erreur, on doit se mettre en garde contre tout récit qui, avec les apparences même de la vérité, n'est pas appuyé de preuves solides et inattaquables.

Il me semble assez inutile de réfuter ici un misérable dicton populaire qui, tout ridicule qu'il est, a obtenu le triste privilége de parcourir impunément, depuis longues années, les divers rangs de la société peu éclairée; c'est que Louis xiv a fait crever les yeux à l'inventeur de la machine de Marly, pour l'empêcher d'aller enrichir de son industrie les pays étrangers. Outre qu'une telle action ne peut, sans toute absence de pudeur et de raison, être mise sur le compte de ce prince, le fait, en lui-même, est pulvérisé, anéanti par les détails authentiques donnés ci-dessus, puisqu'on a vu que le baron Deville a été chargé de la direction de la machine, après l'achèvement de sa construction, et qu'aucun document n'indique que Sualem soit mort privé de la vue, en 1708.

LES DÉPENSES DU GRAND RÈGNE,

EN BATIMENS,

RÉDUITES A LEUR TAUX RÉEL ET EFFECTIF,

D'APRÈS DES DOCUMENS OFFICIELS.

————◆————

« Il est, dit M. Peignot dans ses documents
« authentiques et curieux sur les dépenses de
« Louis XIV, une erreur grave qu'on a tellement
« propagée depuis quatre-vingts ans, qu'il y a bien
« peu de Français qui ne la partagent. Louis XIV a
« ruiné sa nation par le faste de ses bâtiments.....
« *Versailles seul a coûté plus de douze cents mil-*
« *lions..... plus de quatre milliards..... Ce prince,*
« *effrayé du définitif des comptes, a fait brûler les*
« *mémoires de dépenses,* etc., etc.

« Voilà, continue M. Peignot, ce qu'on a dit,
« écrit, imprimé, et réimprimé mille fois pendant

« la dernière moitié du 18.ᵉ siècle, et particulière-
« ment au commencement de la révolution. Quand
« on lit de pareilles assertions dans cinquante ou-
« vrages différents, comment n'y pas croire? Et
« cependant rien n'est plus faux. C'est ce qu'a dé-
« montré de la manière la plus simple et la plus
« péremptoire, M. Guillaumot, dans le mémoire
« qu'il a publié en 1801. Ses preuves ne portent
« point sur des raisonnements, mais sur des états
« et mémoires d'ouvriers, par livres, sous et de-
« niers, réglés et arrêtés dans le temps même où
« les dépenses ont été faites, c'est-à-dire au 17.ᵉ siè-
« cle : les dates, la rédaction, l'orthographe et l'é-
« criture en garantissent l'authenticité.

« L'on ne peut pas dire que ces mémoires soient
« tirés d'un lieu suspect, puique M. Guillaumot les
« a trouvés dans les archives du gouvernement,
« où ils étaient enfouis depuis Colbert, et où ils
« sont encore : Louis xiv ne les avait donc pas dé-
« truits. Il est seulement fâcheux que cette pré-
« cieuse découverte n'ait été faite qu'en 1801,
« époque bien tardive, puisque antérieurement la
« malveillance a eu tout le temps, à force de les
« répéter, de donner le masque de la vérité à des
« bruits dont le seul but a été de ternir la mémoire
« d'un des plus grands rois dont la France s'ho-
« nore. »

Voilà ce qu'écrivait, en 1827, M. Peignot, membre des académies de Dijon et de Besançon, ainsi

que de la *Société des Bibliophiles français*, écrivain ami de la vérité, et connu par un bon nombre de productions estimables. Son témoignage, qui a du poids, et qui se trouve en tout confirmé par celui du savant cardinal de Bausset, dans son excellente *Histoire de Fenélon*, justifie pleinement ce que j'ai dit sur l'authenticité du mémoire publié en 1801, par Guillaumot.

Cette authenticité résulte évidemment de la concordance des divers chiffres de dépenses présentés par le mémoire, avec ceux qui sont offerts par *les Etats au vrai des bâtiments*, *les Comptes rendus du trésor*, et *les Mémoires arrêtés par la cour des comptes*. Si l'ouvrage de Guillaumot a laissé peu de traces après lui, c'est que son auteur n'ayant pas survécu long-temps à sa publication, n'a pu le défendre contre les mensonges et les sarcasmes philosophiques qui sont venus l'assaillir de toutes parts, et l'ont étouffé dès sa naissance.

Le moment est venu de le faire revivre. Je vais donc mettre sous les yeux du lecteur les divers tableaux de dépenses contenus dans le mémoire de 1801. Comme ce mémoire offre deux lacunes, la première de 1664 à 1664, la seconde de 1691 à 1715, année de la mort du grand roi, je comblerai ces lacunes avec les documents fournis par les *Comptes rendus du Trésor*, en sorte qu'on aura le montant réel et effectif de la dépense totale des bâtiments, sous le règne de Louis XIV.

TABLEAU GÉNÉRAL

DE LA DÉPENSE TOTALE DES BATIMENS, AU 17.ᵉ SIÈCLE.

(N° 1.)

	liv.	s.	d
De 1661 à 1664 exclusivement.			
Comptes rendus du Trésor 4,298,436	10	7	
De 1664 à 1690.			
État général de la dépense des bâtiments, suivant les états arrêtés des *Comptes au vrai*.			
Mémoire de Marinier, publié par *Guillaumot*. 153,282,827	10	5	
De 1691 à 1716.			
Comptes rendus du trésor 57,074,129	11	1	
TOTAL GÉNÉRAL 214,655,393	12	1	

On sera peut-être étonné de voir figurer les dépenses de 1716 (règne de Louis xv) parmi celles du règne de Louis xiv. L'étonnement cessera, quand on saura que, quoique les travaux des bâtiments, au 17.ᵉ siècle, aient commencé au mois de mars 1664, cependant les premiers versements de fonds, faits par le Trésor dans la caisse du trésorier général des bâtiments, n'ont eu lieu qu'en 1662, comme on le verra dans le tableau ci-après. Cela vient de ce que les comptes de dépense de chaque année n'étaient vérifiés et arrêtés qu'en décembre ou au commencement de l'année suivante; qu'ainsi, en 1662, ont été acquittées les dépenses de 1661; en 1663, celles de 1662, et ainsi de suite : d'où il résulte évidemment qu'on n'aurait pas la dépense totale de Louis xiv, en constructions, si les paiements effectués en 1716 n'étaient compris dans cette dépense.

(225)

TABLEAU GÉNÉRAL
DE LA DÉPENSE DES BATIMENTS,

(N.° 1.)   PAR ANNÉE.

Années	liv.	s.	d.	Années.	liv	s.	d.
1661. —	....			Report..	155,965,128	13	7
1662. —	2,392,611	0	0	1690. —	1,616,134	18	8
1663. —	1,905,825	0	0	1691. —	1,730,992	0	0
1664. —	3,221,731	2	2	1692. —	1,486,462	0	0
1665. —	3,269,725	19	3	1693. —	1,465,438	0	0
1666. —	2,826,770	3	5	1694. —	1,582,867	0	0
1667. —	3,516,160	3	10	1695. —	2,034,048	0	0
1668. —	3,616,486	2	0	1696. —	1,720,393	12	7
1669. —	5,192,954	8	6	1697. —	1,818,119	9	7
1670. —	6,834,037	16	0	1698. —	1,950,721	0	7
1671. —	7,865,243	1	2	1699. —	1,526,002	13	1
1672. —	4,168,354	12	6	1700. —	2,367,239	0	3
1673. —	3,550,410	5	8	1701. —	2,416,381	14	3
1674. —	3,898,466	5	10	1702. —	3,248,324	15	9
1675. —	5,091,587	10	2	1703. —	2,567,731	0	8
1676. —	5,195,381	7	2	1704. —	2,184,425	1	0
1677. —	5,265,220	17	9	1705. —	2,079,765	9	4
1678. —	4,977,253	10	6	1706. —	2,342,680	5	8
1679. —	9,373,614	10	8	1707. —	2,581,433	15	6
1680. —	8,615,287	18	9	1708. —	2,479,298	3	2
1681. —	6,465,309	16	0	1709. —	2,074,710	11	6
1682. —	6,985,568	13	5	1710. —	2,339,108	14	9
1683. —	5,995,996	2	10	1711. —	3,323,840	14	0
1684. —	7,996,163	1	0	1712. —	1,973,744	7	3
1685. —	15,408,443	19	7	1713. —	1,972,978	15	9
1686. —	9,064,446	15	6	1714. —	2,858,477	18	11
1687. —	8,279,526	11	10	1715. —	2,409,924	12	3
1688. —	7,347,966	6	9	1716. —	2,739,021	4	0
1689. —	3,644,587	13	4	Tot. égal.	214,655,393	12	1
A rep..	155,965,128	13	7				

TABLEAU GÉNÉRAL
DE LA DÉPENSE DES BATIMENS, PAR ÉTABLISSEMENT,
(N.º 3.) DE 1664 A 1690.

	liv.	s.	d.
Versailles, y compris les dehors du château, Saint-Cyr et Trianon.	60,876,858	8	4
Clagny et Glatigny.	2,074,592	9	5
Machine de Marly.	3,674,864	8	8
Travaux de la rivière d'Eure	8,612,995	1	0
Acquisitions et remboursements. . . .	5,912,104	1	10
Achats de tableaux	509,073	8	0
Etoffes d'or et d'argent	1,075,673	2	6
Grands ouvrages d'argenterie	3,245,759	4	7
Cabinet des médailles.	556,069	0	0
Appointements et gratifications. . . .	1,000,000	0	0
TOTAL de Versailles et de ses dépendances. .	87,537,989	4	4
Château de Saint-Germain, de 1664 à 1690.	6,455,561	18	0
Château et pavillons de Marly, de 1679 à 1690	4,501,279	12	5
Château de Fontainebleau, de 1664 à 1690.	2,773,746	13	5
Château de Chambord, de 1664 à 1690. .	1,225,701	16	5
Louvre et Tuileries, *idem*	10,608,969	4	5
Arc de triomphe (Porte S. Denis) de 1669 à 1681	513,755	18	1
Observatoire de Paris, de 1667 à 1683. .	725,174	4	8
Dôme et Eglise des Invalides	1,710,332	4	6
Place royale de l'hôtel Vendôme, de 1685 à 1690, y compris les acquisitions de terrain.	2,062,699	9	4
Val de Grâce, de 1666 à 1682.	370,283	12	9
Annonciade de Meulan, de 1682 à 1690. .	88,412	10	1
Canal du Languedoc, de 1670 à 1683. . .	7,736,555	19	4
Gobelins et Savonnerie, de 1664 à 1690. .	3,645,943	5	1
Manufactures établies en plusieurs villes de France, de 1664 à 1690.	1,979,990	9	0
Pensions des gens de lettres, de 1664 à 1690.	1,707,148	13	4
	133,643,544	15	0
Château de Compiègne, Maisons royales à Paris et aux environs, Montceaux, le Jardin royal; livres, manuscrits, impressions; vases d'or, d'argent, de cristal, de porcelaine; pierres précieuses; taxations du trésorier-général des bâtiments; pensions et gratifications; dépenses imprévues et extraordinaires, etc.	19,639,282	15	5
TOTAL GÉNÉRAL, égal à celui de la dépense des bâtiments, de 1664 à 1690. . . . (Tableau n.º 1.)	153,282,827	10	5

(227)

Le Mémoire de Marinier est exact quant au chiffre de dépense, par lui fixé; mais il est aisé de voir, d'après le tableau précédent, que l'ordre et le goût n'ont pas présidé au travail de l'écrivain. Ce commis de Mansart ayant eu à sa disposition les registres des bâtiments qui lui fournissaient les plus petits détails, n'aurait pas dû amalgamer les dépenses de Versailles avec celles de Trianon, de Saint-Cyr, de Clagny, de Glatigny, etc. Il naît de cet amalgame une certaine confusion qui empêche de préciser la dépense spéciale de Versailles.

On a vu, d'après le tableau n.º 3, que le total de la dépense du château de Versailles et des nombreuses dépendances que Marinier s'est plu à lui donner, a été fixé par Guillaumot à. . . . . 87,537,989 l. 4 s. 4 d.

Si l'on retranche de cette somme, pour les tableaux, les étoffes précieuses, les grands ouvrages d'argenterie, les médailles, les appointements et les gratifications, celle de. 6,586,574   15   1

Il restera pour le château de Versailles, Clagny et Glatigny, la machine de Marly, les travaux de la rivière d'Eure et les acquisitions. . . . 81,151,414   9   3

VOICI LE DÉTAIL, PAR ANNÉE, DE CES 81 MILLIONS.
(N.º 4.)

ANNÉES.	liv.	s.	d.	ANNÉES.	liv.	s.	d.
1664. —	834,037	2	6	Report.	19,551,003	14	7
1665. —	783,673	4	0	1678. —	2,622,655	3	10
1666. —	526,954	7	0	1679. —	5,677,331	17	0
1667. —	214,300	18	0	1680. —	5,839,761	19	8
1668. —	618,006	5	7	1681. —	3,854,382	2	0
1669. —	1,238,375	7	0	1682. —	4,235,123	8	7
1670. —	1,996,452	12	4	1683. —	3,714,572	5	1
1671. —	3,396,595	12	5	1684. —	5,762,092	2	8
1672. —	2,800,718	1	5	1685. —	11,314,281	10	10
1673. —	847,004	3	10	1686. —	6,558,210	7	9
1674. —	1,384,269	10	3	1687. —	5,400,245	18	0
1675. —	1,933,755	8	1	1688. —	4,551,596	18	2
1676. —	1,348,222	10	10	1689. —	1,702,055	10	0
1677. —	1,628,638	11	4	1690. —	368,101	11	1
A rep..	19,551,003	14	7	TOTAL GÉN.	81,151,414	9	3

Ce tableau réfute l'assertion des écrivains qui ont prétendu que les grandes dépenses de Versailles avaient cessé en 1680. Il est aisé de voir, qu'au contraire elles ont singulièrement augmenté dans la période de 1680 à 1688, puisque 51 millions ont été dépensés pendant ces 9 années, tandis que les 16 années précédentes n'avaient absorbé que 28 millions.

Le tableau n.º 1 détruit également l'assertion de MM. Guillaumot et Vaysse de Villiers, qui ont avancé que les dépenses des bâtiments avaient été suspendues, à partir de 1690, à cause de la guerre. Ce tableau démontre qu'elles furent seulement diminuées. 57 millions dépensés en 25 ans, portent encore la dépense annuelle à plus de 2 millions 250 mille livres.

Voici maintenant les 81 millions divisés par chapitres de dépenses, de nature spéciale.

(N.º 5.)

	liv.	s.	d.
Maçonnerie.	21,186,012	4	1
Charpenterie et bois de construction.	2,553,638	1	5
Couverture.	718,679	16	9
Plomberie et achats de plomb.	4,558,077	2	6
Menuiserie et marqueterie.	2,666,422	2	0
Serrurerie et taillanderie.	2,289,062	3	9
Vitrerie.	300,878	10	9
Glaces et miroirs.	221,631	1	6
Peintures et dorures sans les achats de tableaux.	1,676,286	11	8
Sculptures sans les achats des antiques.	2,696,070	6	9
Marbreries et achats de marbres.	5,043,502	5	8
Bronzes, fontes et cuivres.	1,876,504	6	3
Tuyaux de fonte, y compris ceux de la machine.	2,265,114	15	8
Pavé, carreaux et ciment.	1,267,464	13	0
Jardinages, fontaines, rocailles.	2,358,715	15	8
Fouilles de terre et transports.	6,038,035	1	10
Journées d'ouvriers.	1,381,701	16	3
Dépenses diverses et extraordinaires.	1,799,061	12	10
TOTAL égal à la dépense du château de Versailles, portée au tableau n.º 3.	60,876,858	8	4

Si à ces 60 millions 876 mille 858 liv. 8 s. 4 d., on ajoute les 20 millions 274 mille 556 liv. 0 s. 11 d., portés au tableau n.º 3, pour la dépense particulière de Clagny et de Glatigny, de la machine de Marly, des remboursemens et acquisitions, ainsi que des travaux de la rivière d'Eure, on aura les 81 millions 151 mille 414 liv. 9 s. 3 d. du tableau n.º 4.

Le reste de l'ouvrage offrira des notices historiques, succinctes, sur l'administration des bâtiments, sur les eaux, sur les principaux palais ou châteaux, tels que le Louvre, Versailles, Marly, Trianon, Clagny et Glatigny, Meudon, etc., et fera connaître les grands artistes qui ont présidé aux immenses constructions du 17.e siècle, ainsi que les principaux entrepreneurs qui ont secondé leur zèle et leurs talens. On donnera aussi quelques détails sur les pensions et gratifications accordées par Louis xiv aux savants et aux gens de lettres, tant nationaux qu'étrangers.

ADMINISTRATION GÉNÉRALE

DES BATIMENTS.

L'ADMINISTRATION des bâtiments, pour l'importance et l'étendue de l'action, comme de la surveillance, équivalait à un ministère. Son chef avait le titre de surintendant général. Venaient après lui, un trésorier général, un premier architecte, plusieurs intendants et contrôleurs généraux, des contrôleurs ambulants, un historiographe, etc. Les bureaux de cette administration formaient quatre divisions, et elle renfermait sous LOUIS XIV, les quatorze départements suivants :

Versailles et Trianon; Compiègne;
Marly; Chambord et Blois;
La Machine; Montceaux;
Saint-Germain; Vincennes;
Meudon; Les Pépinières;
Paris; Les Marbres;
Fontainebleau; Les Étangs et Rigoles.

L'administration générale des bâtiments, fut dirigée, sous le règne du grand roi, par les surintendants dont les noms suivent.

Jean-Baptiste Colbert, marquis de Croissy, mort le 14 septembre 1683.

Le marquis de Louvois, mort le 16 juillet 1691.

Le marquis de Villacerf, mort en 1699.

Mansart (Jules-Hardouin) premier architecte du roi, mort le 11 mai 1708.

Louis-Antoine de Pardaillan de Gondoin, duc d'Antin, surintendant général tout le reste du règne de Louis xiv, et durant une partie du règne de Louis xv.

Ce fut sous la longue administration de Colbert (22 ans) que s'éleva la belle colonnade du Louvre, et que commencèrent les grands travaux de Versailles, de Marly et de l'hôtel des Invalides.

Louvois, son successeur, fit achever Versailles et l'hôtel des Invalides, exécuter en grande partie les constructions de Trianon, et continuer les travaux de Marly. Ce fut aussi sous son administration, et d'après les plans par lui présentés au roi, que furent entrepris le canal de Pontgoin et les aqueducs de Maintenon, pour amener à Versailles les eaux de la rivière d'Eure.

A l'époque où M. Colbert marquis de Villacerf, fut chargé de la surintendance générale des bâtiments, les travaux, à raison des dépenses extraordinaires que nécessitait la guerre où l'état se trouvait engagé, étaient devenus bien moins considérables :

cependant de grandes sommes furent, sous son administration, employées à la construction et aux embellissements de Marly.

La plus grande construction qui ait eu lieu sous la surintendance de Mansart, a été celle de la belle chapelle du château de Versailles, qu'il n'eut pourtant pas la gloire de terminer, étant mort trois ans environ, avant son entier achèvement. Sous son administration furent aussi commencés d'importants travaux à Meudon. C'est à Mansart, premier architecte du roi, que revient l'honneur de la construction des châteaux de Versailles, Marly et Trianon, de l'hôtel des Invalides, de la maison de Saint-Cyr, du beau château de Clagny, des bâtiments des places Vendôme et des Victoires, de l'église Notre-Dame de Versailles, etc.

Le duc d'Antin fit achever, d'après les plans de Mansart, la chapelle de Versailles et les constructions des châteaux, parcs et jardins de Marly.

EAUX, ÉTANGS, AQUEDUCS, RETENUES
ET RIGOLES.

Louis xiv, en créant à Versailles, une grande et belle ville, ne put se dispenser de pourvoir la cité par lui fondée, des eaux potables nécessaires aux besoins de ses nombreux habitants. Il lui fallut aussi pourvoir à l'alimentation des jets d'eau, des fontaines, des grottes, des bassins, des cascades et des grandes pièces telles que celle de Neptune, qui se trouvent, en grand nombre, dans les jardins et les parcs de Versailles.

Paul Riquet, ce célèbre entrepreneur du magnifique canal du Languedoc, proposa de faire venir à Versailles, par le moyen d'un canal, les eaux de la Loire. Après un mûr examen, ce projet fut reconnu impraticable. Ce fut alors que l'on songea à creuser le canal de Pontgoin qui devait amener dans la nouvelle ville les eaux de la rivière d'Eure. Ce second projet, après plusieurs années de travaux et une dépense de près de 9 millions, n'eut aucun succès, pour les causes indiquées dans l'article consacré à Dulaure.

La machine de Marly, une des merveilles du temps, fut la seule entreprise hydraulique qui réussît. Tant de livres offrent les détails de construction de cette machine, que j'ai cru pouvoir les omettre ici. C'est donc la machine de Marly, construite par l'ingénieur baron Deville, gentilhomme liégeois, et aujourd'hui remplacée par une pompe à feu, qui a fourni les eaux potables nécessaires à la ville de Versailles, sous le règne de Louis XIV, et sous celui de ses successeurs Louis XV et Louis XVI.

Quant aux eaux indispensables à l'alimentation du canal, des bassins et des jets d'eau du petit parc, elles furent tirées des étangs voisins. Une combinaison de rigoles, d'étangs et d'aqueducs, qui présentent un développement de plus de cinquante lieues, recueille, conserve en dépôt, et transporte à Versailles, par le seul moyen d'une pente sagement ménagée, les eaux de pluie et de fonte de neiges qui tombent sur une surface de huit à neuf lieues de long, et trois ou quatre de large. Ces ouvrages d'art sont assis sur des terrains dont les limites forment une ligne suivie de plus de quatre-vingt-dix lieues : tel est ce qu'on a nommé le département des Etangs et Rigoles.

Cet établissement, dont les travaux commencèrent en 1678, offrit, quelques années après, un premier résultat qui fit connaître la nécessité d'y apporter un grand nombre de changements. C'est à cette cause sans doute qu'il faut attribuer le retard mis dans la fixation des limites des terrains. Six cent soixante-dix bornes seulement furent posées, pour fixer ces limites; et il en eut fallu plus de trois mille pour que tous les angles en fussent pourvus. Ceux qui n'en avaient pas reçu, donnèrent lieu, par la suite, à de nombreuses discussions avec les riverains.

Les douze étangs destinés à former le réservoir des eaux, étaient les étangs de Trappes, d'Arcy, Queue-d'Arcy, du Ménil, du Petit-Port-Royal, du Perray, de la Tour, du Pré-Clos, du Trou-Salé, d'Orsigny, de l'ancien Saclay et du nouveau Saclay.

Les étangs de Trappes, du Petit-Port-Royal, du Perray et du Trou-Salé, avaient, quand ils étaient pleins, de dix-huit à vingt pieds d'eau. Dans les autres, la hauteur de l'eau variait de cinq à neuf pieds.

Il y avait treize aqueducs, savoir : ceux de Vieille-Église, petit et grand aqueducs du Perray, ceux des Breviaires, de l'Artoire, des Essarts, de Mauregard, de Coignières, de Maurepas, de la Ville-Dieu, de la Boissière, de la Fontaine, et du Bois-d'Arcy. La hauteur des eaux, sur ces aqueducs, était communément de cinq pieds.

On comptait six rigoles et quatre retenues : les rigoles de Saint-Benoît, de Coupe-Gorge, de la queue de l'étang du Perray, de superficie de l'étang du Perray, de Montfort et de la Haie-aux-Vaches; les retenues des Landes, de Hautes-Bruyères, de Coignières et de la Boissière.

Tout ce qui a été entrepris sous Louis xiv, porte véritablement le cachet de la grandeur et de la puissance. D'après les détails ci-dessus, il est aisé de juger de l'immensité des travaux qu'il a fallu exécuter, pour assurer l'approvisionnement des eaux non potables, nécessaires aux besoins de la ville, du château, des parcs et jardins de Versailles.

PRINCIPAUX PALAIS OU CHATEAUX.

LE LOUVRE.

On lit, dans l'excellent ouvrage de M. Peignot, la notice suivante sur le nom, l'origine, les progrès et les perfectionnements du Louvre. J'ai cru ne pouvoir mieux faire que de transcrire cette notice, qui fait honneur aux connaissances du savant écrivain.

« On prétend que ce mot, *Louvre*, vient du saxon
« *Louveart*, qui signifie château. cette étymologie
« paraîtrait plus fondée que celle de *Louvre* prove-
« nant de l'œuvre, l'ouvrage, pour désigner un palais
« par excellence ; ensuite on aurait fait de l'article
« et du nom un seul mot, comme on a dit loisir
« pour l'*oisir*. D'autres enfin croient que Louvre
« vient de *Loup*, et se fondent sur le mot latin
« *Lupara*, donné à ce château qui, dans le prin-
« cipe était une ménagerie où l'on gardait des

« loups. Quoiqu'il en soit, ce palais fut commencé
« par Philippe-Auguste, en 1214 ou 1217. Il le
« bâtit pour y mettre ses titres et ses finances; et
« même il en fit une prison pour les gens de haute
« distinction; car sous Charles-le-Bel, qui a régné
« de 1322 à 1328, le comte de Flandre y fut dé-
« tenu la première année du règne de ce prince.

« Il faut dire cependant qu'avant Philippe-Au-
« guste, il était déjà question de cette maison royale.
« Dagobert y mettait, dit-on, ses chiens, ses che-
« vaux de chasse, et ses piqueurs. Les rois fainéants
« allaient souvent s'y promener pour faire la diges-
« tion : le Louvre était alors dans un bois hors des
« murs de Paris. Mais ce bâtiment ne prit une
« forme imposante, que sous Philippe-Auguste qui
« en fit une espèce de citadelle environnée de larges
« fossés et flanquée de tours. Charles v (roi de 1364
« à 1380 dépensa 55 mille livres pour exhausser
« le palais et le rendre plus commode et plus
« agréable. L'édifice se trouva alors dans l'enceinte
« de Paris, commencée en 1367, et achevée sous
« Charles vi en 1383. On y logeait les souverains
« étrangers qui venaient à Paris : l'empereur
« *Sigismond* y fut reçu en 1415, et *Charles-Quint*,
« en 1440.

« Cependant depuis Charles vi, ce château con-
« servait toujours sa vieille forme et ses tours.
« Celle qu'on appelait la grosse tour du Louvre fut
« abattue en 1528, sous François 1.ᵉʳ, qui a régné

« de 1515 à 1547. Ce roi fit refaire à neuf tout le
« palais. Entre plusieurs dessins qu'on lui pré-
« senta, deux parurent excellents : l'un était d'un
« Italien, nommé *Serlio*, architecte depuis qua-
« rante ans, et l'autre d'un Parisien appelé l'abbé
« de *Clagni*, ou plutôt de *Cluni*, qui ne s'exerçait
« dans cet art que depuis dix ans. Le dessin de
« celui-ci fut néanmoins trouvé si noble et si beau,
« qu'on lui donna la préférence, de l'avis même
« de *Serlio*.

« Ces nouvelles constructions commencées par
« François I.er, en 1528, furent terminées sous
« son fils Henri II. Les dessins sont, comme nous
« l'avons dit de l'abbé de *Cluni*, et la sculpture fut
« exécutée par le célèbre *Jean Goujon*. Charles IX
« (1560—1574) fit commencer la grande galerie
« qui joint le Louvre au palais des Tuileries, et
« Henri IV la termina. Louis XIII (1610—1643)
« fit élever par *Lemercier*, le péristile qui sert
« d'entrée au vieux Louvre du côté des Tuileries, et
« fit continuer l'angle opposé à celui de Henri II.
« Tout le reste de l'édifice moderne qui forme ce
« qu'on appelle le nouveau Louvre, a été fait
« par les ordres de Louis XIV, et par les soins de
« Colbert. »

On a vu par le tableau n.° 3, que les embellissements et les agrandissements du Louvre, qui datent
du 17.e siècle, ont coûté plus de 10 millions du temps,
ce qui représente 60 millions de nos jours.

VERSAILLES.

L'origine de Versailles remonte au 10.ᵉ siècle. Il existe une charte donnée par Odon ou Eudes, comte de Chartres, dans laquelle figure, comme témoin, un Hugues de Versailles (*Hugo de Versaliis*). Versailles possédait, en 1065, une collégiale fondée, dit-on, par ses premiers seigneurs. Un titre de l'année 1100, concernant les prébendes de la collégiale, renferme ces mots : *Altare sancti Juliani de Versaliis*. Philippe-Auguste déclare dans un diplôme de l'année 1182, que la maison de Versailles (*domus de Versaliis*) continuera d'être sous sa protection. M. Eckard, à qui j'ai emprunté ces détails, donne, dans ses *Recherches historiques sur Versailles*, la suite non interrompue des divers possesseurs de cette seigneurie. Le dernier fût Jean-François de Gondy, archevêque de Paris, qui, le 8 avril 1632, vendit cette terre, avec l'annexe de la grange *Lessart*, au roi Louis XIII, moyennant la somme de 66 mille livres.

Déjà, en 1627, ce prince avait acheté de Jean de Soisy un fief et des terrains à Versailles, et trois ans auparavant, y avait fait construire un pavillon royal entre l'avenue de Saint-Cloud et la rue de la Pompe. La partie de ce pavillon donnant sur l'avenue de Saint-Cloud, a été démolie en 1827; l'autre partie subsiste, et porte encore le nom de Pavillon-Royal.

La façade du château, sur la terrasse des jardins, présente un développement de trois cents toises, en y comprenant la longueur des deux côtés, au nord et au midi, qui sont chacun de quarante-quatre toises. Les écuries, commencées en 1679, furent terminées en 1685. L'orangerie fut achevée en 1686. Trois chapelles ont été successivement construites au château de Versailles. La première, située dans l'aile du midi, près du grand escalier qui monte à l'appartement de la reine, a été abattue en 1672. La seconde, construite au nord, sur l'emplacement de la grotte ou palais de Thétis, fut bénite le 30 avril 1682, et ce fut dans cette chapelle que Louis XIV reçut, en 1685 ou 86, la bénédiction de son mariage avec Mme de Maintenon. La troisième, commencée en 1699, ne fut entièrement achevée, avec ses accessoires, qu'en 1711. C'est celle qui subsiste aujourd'hui.

Les écrivains philosophes n'ont rien omis pour faire croire au monde entier que Louis XIV avait inhumainement ruiné ses sujets, pour satisfaire sa vanité, par la magnificence de ses bâtiments, et qu'il avait principalement accru les charges de la nation par les folles dépenses qu'avait entraînées la construction du château de Versailles. Cependant on a vu, par le tableau n.° 3, que de 1664 à 1690, espace de temps pendant lequel furent achevées toutes les grandes constructions, sauf celle de la chapelle, ce château, en y comprenant même les dépenses de Saint-Cyr et de Trianon, n'a coûté que 60 millions du temps. Quand bien même, pendant les vingt-cinq années suivantes, Versailles serait entré pour 10 millions dans la dépense de 57 millions qui a eu lieu depuis 1691 jusqu'à 1715, dépense d'ailleurs qui se composait plutôt de frais d'entretien que de frais de construction, ce château n'aurait coûté en définitive que 70 millions, représentant 420 millions de nos jours. Il y a loin de là aux 1200 millions du temps de Mirabeau, et aux 1400 millions de Volney!

Les mensonges et les exagérations des philosophes n'auront obtenu qu'un triomphe éphémère et passager; mais la gloire qui a rejailli sur la nation et sur son monarque, des grands et magnifiques monuments du 17.ᵉ siècle, ne périra pas, tant qu'il y aura sur la terre des hommes pour en perpétuer le souvenir!

TRIANON.

Il existait sur l'emplacement de Trianon une paroisse et trois villages qui, dès le 12.ᵉ siècle, dépendaient de l'abbaye de Sainte-Geneviève. Les seigneurs de Versailles y possédaient un fief qu'ils vendirent avec celui de *Soisy* à cette abbaye, en 1225. Louis xiv ayant acquis des moines tout le territoire, en 1663 et 1665, l'église et les habitations disparurent, pour faire place à un charmant palais et à des jardins délicieux.

On a vu que la construction d'une fenêtre de ce palais avait été, selon Duclos et Dulaure, l'occasion de la guerre longue et sanglante de 1688. Ce serait là vraiment le cas de dire que les plus petites causes donnent souvent naissance à de grands événements. La plupart des écrivains ont répété cette anecdote, soit par esprit de détraction, soit par l'effet d'une puérile crédulité. La manière victorieuse dont elle a été réfutée, ne permettra pas sans doute aux écrivains futurs, de la reproduire avec les conséquences funestes qu'en a fait découler l'inventeur.

MARLY.

Ce château entouré, à des distances égales, de 12 pavillons, représentait allégoriquement le palais du soleil, et les 12 signes du Zodiaque. Mansart, Lebrun, Lenôtre et Girardon y avaient déployé toutes les ressources de leur talent. Marly devenu propriété nationale a été vendu : il n'offre plus que des ruines et des terrains livrés à l'agriculture. La description suivante qui est de Dulaure, fera vivement regretter que ce chef-d'œuvre de l'art n'ait pas été conservé.

« Au bas d'une superbe cascade, et au-dessus

« des plus somptueux jardins, s'élevait, dit Dulaure,
« un gros pavillon isolé qui dominait sur une vaste
« esplanade enrichie de terrasses, de cascades, de
« parterres, de bosquets, de pièces d'eau, de plu-
« sieurs chefs-d'œuvre de sculpture, terminé par
« un lointain très-varié et très-riche, et bordé
« d'allées d'ifs, de portiques en verdure, et de
« 12 pavillons qui faisaient allusion aux 12 signes
« du Zodiaque, comme le principal pavillon au
« palais du soleil.

« Ces 12 pavillons, dont l'architecture faisait un
« contraste si agréable avec les masses de verdure
« qui les séparaient et les couronnaient, servaient
« de logement aux ministres et aux princes. On
« arrivait par une magnifique avenue à une cour
« ronde où aboutissaient les cours destinées pour
« les écuries et les remises. De cette cour, on pas-
« sait à une avenue longue de 115 toises, et qui
« conduisait à l'avant-cour. Sa forme ronde était
« terminée par deux pavillons, dont l'un servait
« de salle des gardes, et l'autre de chapelle. »

Lemontey a dit, et ses échos ont répété que plus de 150 millions avaient été enfouis dans le seul Marly. On a vu par le tableau n.° 3, que de 1679 à 1691, c'est-à-dire pendant les onze premières années de sa construction, ce château a coûté 4 millions 500 mille livres. Tout le monde sait que quand il est question de grandes constructions, et il s'agit ici de 13 pavillons et de beaucoup de bâtiments accessoires, c'est la maçonnerie qui entraîne les plus grands frais. C'est donc dans les premières années que cette sorte de dépense a dû être plus considérable. Ainsi quand on supposerait que les frais des 25 années suivantes auraient absorbé 8 millions, ce château ne serait jamais revenu qu'à 12 millions 500 mille livres, ce qui est loin du chiffre imaginé par Lemontey. D'ailleurs le château de Versailles avec ses eaux, ses jardins magnifiques, et ses parcs immenses, n'ayant coûté que 60 millions, encore en y comprenant Saint-Cyr et Trianon, il serait difficile que Marly qui n'était qu'un palais en miniature, comparé à Versailles, eût entraîné trois fois plus de dépense que cette dernière habitation royale, la plus étendue et la plus coûteuse de toutes celles du 17.ᵉ siècle.

CLAGNY.

Clagny était anciennement un hameau sur le chemin qui conduit de Versailles à Saint-Cloud. Louis XIV acheta ce domaine en 1665; il y fit construire un château et planter des jardins, dont il accorda la jouissance à M.ᵐᵉ de Montespan. En 1685, le roi lui donna cette terre et celle de Glatigny (contiguë). Le château, bâti sur les dessins de Mansart, était un des plus régulièrement beaux qu'il y eût en Europe. Ce chef-d'œuvre de l'art n'a pas été respecté par la révolution : il n'en existe plus trace maintenant. On a vu, par le tableau n.° 3, que la dépense s'en était élevée à 2 millions 74 mille 592 liv. 9 s. 5 d. du temps.

MEUDON.

Meudon n'a pas toujours été une habitation royale. Le château et la seigneurie de ce nom ont été acquis, en 1695, d'Anne de Souvré, veuve du marquis de Louvois, ministre de la guerre sous Louis XIV, par Louis, dauphin de France, dit Monseigneur, fils du grand monarque. Ce prince fit faire de grands travaux au château de Meudon, et contribua, de sa cassette particulière, aux frais et aux embellissements de ce château, pour une somme de 1 million 140 mille livres, quoique le roi son père l'eût mis au nombre des habitations royales, et à la charge des bâtiments de la Couronne.

Le vieux château de Meudon, bâti vers le milieu du 16.ᵉ siècle par le cardinal de Lorraine, était magnifique. Servien, surintendant des finances, et Louvois, ministre de la guerre, l'avaient successivement embelli. En 1793, la Convention y avait créé un établissement propre à faire de nouvelles recherches sur le perfectionnement des divers objets d'artillerie ou machines de guerre. Il fut démoli en 1803, parce que les expériences qui y avaient été faites, avaient altéré la solidité de l'édifice.

Le château neuf, bâti par le grand dauphin, à une cinquantaine de toises au sud-est de l'ancien château, subsiste encore. Ce qu'il a de plus remarquable, c'est son heureuse situation.

FONTAINEBLEAU.

Il est difficile de déterminer l'époque précise de la fondation de cette célèbre résidence royale. Seulement il est certain que, vers le milieu du 12.ᵉ siècle, il existait dans la forêt de Fontainebleau un château habité par Louis VII, qui, en 1169, fit bâtir une chapelle attenant à la maison royale. Philippe-Auguste séjourna fréquemment à Fontainebleau. Saint-Louis y fonda un hôpital pour les pauvres et les malades. Philippe-le-Bel naquit et mourut dans ce château. Charles VII y fit exécuter quelques peintures, et Louis XI y commença une nouvelle bibliothèque.

François I.ᵉʳ opéra de grands changements à Fontainebleau. Plusieurs bâtiments furent reconstruits : on en ajouta quelques autres entièrement nouveaux. Des jardins vastes et bien dessinés contribuèrent à l'embellissement de cette résidence : tout fut exécuté d'après la direction et sur les dessins du Primatice. Les contemporains ne s'exprimèrent qu'avec enthousiasme en parlant de Fontainebleau; mais ces merveilles devaient être effacées par le siècle de Louis xiv. On a vu, par le tableau n.° 3, que ce monarque a dépensé à Fontainebleau, de 1664 à 1690, 2 millions 773 mille livres; ce qui fait présumer que pendant la totalité de son règne, les frais de construction et d'embellissement de ce château ont pu revenir à près de 5 millions.

COMPIÈGNE.

Compiègne fut, dans l'origine, une maison de chasse ou un de ces nombreux palais des Valois, où les rois des deux premières races faisaient de fréquents voyages. Il n'est presque aucun d'eux, qui n'y ait publié quelque acte important ou tenu quelque assemblée.

Charles-le-Chauve y établit une abbaye dédiée *à Notre-Dame*, et cent chanoines pour la servir. En 877, *Louis-le-Bègue* y fut couronné; le même roi y mourut et y fut enterré. Le roi Eudes y fut couronné. Louis v, dernier roi de la seconde race y reçut la sépulture.

Sous la troisième race, les monarques négligèrent un peu le séjour de Compiègne. Louis xiv lui-même n'y fit guères que des dépenses d'entretien; mais sous Louis xv, le château fut à-peu-près entièrement rebâti sur les dessins de l'architecte Gabriel, en sorte que tout ce qui restait d'antique, disparut alors. Il a toute l'étendue et la magnificence qui conviennent à une maison royale ; les pérystiles et la salle des gardes sont surtout remarquables : tous les appartements, au nombre desquels se trouve une superbe galerie, se communiquent de plain pied.

La façade, en regard de la forêt, est magnifique. Les jardins, dit Dulaure, ont été comparés, pour la beauté de leur plan, à ceux des Tuileries : ils ont une bien plus vaste étendue.

ARTISTES CÉLÈBRES

Qui par leurs talents ont concouru à la magnificence des bâtiments, sous Louis XIV.

Parmi ces artistes, occupent incontestablement le premier rang, Mansart, premier architecte du roi, et surintendant des bâtiments; Lenôtre, architecte et dessinateur des parcs et jardins; Jean de La Quintinie, auteur agronomique, chargé de la culture des arbres et des jardins potagers; Lebrun et les deux frères Mignard, peintres; Girardon, Puget et les frères Coustou, statuaires.

« M. Weiss, dans la Biographie universelle, s'exprime ainsi sur le compte de Jules-Hardouin Mansart : « Doué d'un esprit délicat et agréable, il
« eut le bonheur de plaire à Louis XIV, et ce roi
« le chargea des travaux d'architecture les plus
« importants de son règne. Ce choix qu'il faut
« plutôt attribuer au bonheur de Mansart qu'à la
« supériorité de ses talents, fut la source de la

« haute réputation dont il a joui pendant sa vie.
« Fier de la faveur de son souverain, et jaloux de
« la conserver, il entretint dans le monarque ce
« goût pour les bâtiments, que lui a reproché la
« postérité, et qui a été la source *de bien des*
« *profusions.* »

M. Weiss ajoute dans une note : « On a beaucoup
« exagéré les dépenses de Louis xiv, pour les
« divers édifices construits par ses ordres. M. Guil-
« laumot, architecte, a fait les plus exacts relevés
« de toutes les sommes qui y ont été employées :
« elles ne se sont montées qu'à 171 millions
« 305 mille 398 livres 2 sous 10 deniers, *valeur*
« *d'aujourd'hui.* »

D'abord le tableau n.º 1 a fait voir que Guillaumot
n'a porté, dans son ouvrage, les dépenses des bâtiments, de 1664 à 1690, qu'à 153 millions 282 mille
livres, et comme cet écrivain avait adopté la fausse
estimation des auteurs précédents, concernant la
valeur de l'argent au 17.ᵉ siècle, comparée à celle
de nos jours, il ne balance pas à dire dans un autre
passage de son mémoire : « Les dépenses du dépar-
« tement des bâtiments du roi, se sont élevées pen-
« dant ces 27 ans à 306 millions 565 mille 655 liv.
« 10 deniers, *monnoie d'aujourd'hui.* » On voit
donc que c'est à tort que M. Weiss à supposé que
Guillaumot n'avait porté la dépense totale qu'à
171 millions, valeur actuelle.

Ensuite si M. Weiss pensait, et tout porte à le

croire, puisqu'il le dit positivement, que les grandes constructions du 17.ᵉ siècle n'étaient revenues qu'à 171 millions, valeur de nos jours, comment a-t-il pu ajouter qu'elles avaient été *la cause de bien des profusions?* Certes Versailles, Marly, Trianon, Clagny, l'Observatoire, l'hôtel des Invalides, le canal du Languedoc, etc., n'auraient pas coûté cher, et il y aurait eu difficilement lieu aux *profusions*, s'ils n'eussent absorbé que 171 millions, valeur actuelle. De nos jours, n'avons-nous pas vu, en une seule année, 100 millions consacrés à des travaux publics? Pour que la dépense réelle de Louis XIV, en bâtiments, paraisse moins exorbitante et moins onéreuse pour les peuples, il faut songer que, divisée par les cinquante-cinq années qu'ont duré les constructions, elle ne donne pas 4 millions par année.

Pour revenir à Mansart, ses titres de gloire sont énoncés dans l'article consacré aux surintendants généraux des bâtiments, sous le règne de Louis XIV.

André Lenôtre, né à Paris en 1613, fut chargé par Louis XIV de la distribution des jardins royaux. Ce fut lui qui embellit ou créa les jardins de Clagny, de Chantilly, de Saint-Cloud, de Versailles, de Meudon, de Sceaux, des Tuileries, le parterre du Tibre à Fontainebleau, et l'admirable terrasse de Saint-Germain. La plaine aride où est situé Versailles manquait d'eau; il n'y avait à proximité du château qu'un marais malsain et croupissant. On proposait de le dessécher; Lenôtre s'y opposa, et rassembla toutes ces eaux dans le vaste canal qui termine le parc de Versailles. Au retour d'un voyage qu'il avait fait en Italie, Lenôtre dirigea le bosquet de la salle du bal, et sut employer avec un art infini, dans ce morceau, ce qu'il avait vu de plus remarquable pendant son voyage. Cet artiste célèbre mourut à Paris en 1700, à l'âge de 90 ans, comblé de l'estime et des faveurs du grand monarque qu'il avait servi.

Jean de La Quintinie, directeur général des jardins fruitiers et potagers de toutes les maisons royales, naquit en 1626, à Chabanais, petite ville de l'Angoumois. Appelé par Louis xiv à l'honneur de cultiver ses jardins, la Quintinie fut le créateur du potager de Versailles, devenu célèbre dans toute l'Europe par les beaux fruits qu'il produisait, lesquels servaient comme décoration dans les fêtes splendides que donnait le monarque. On avait d'autant plus lieu d'admirer le talent de l'agronome français, que le terrain où croissaient ces fruits, naturellement ingrat, n'était devenu fertile que par les soins persévérants de La Quintinie, qui sut toujours lutter avec avantage contre les obstacles que lui opposait la nature peu productive du sol.

L'habileté de l'artiste éclata pareillement dans les potagers qu'il exécuta à Chantilly, pour le prince de Condé; à Rambouillet, pour le prince de Montansier; à Saint-Ouen, pour M. Boisfranc; à Sceaux, pour Colbert; enfin à Vaux, pour Fouquet. La Quintinie mourut à Versailles en 1688, comblé de gloire et d'honneurs. Louis XIV dit à sa veuve : « Madame, « nous venons de faire une perte que nous ne pour- « rons jamais réparer. »

Charles Lebrun, né à Paris en 1619, eut l'honneur de devenir premier peintre du roi, et déploya toutes les richesses de son génie dans *ses batailles d'Alexandre.* Son tableau de *la famille de Darius*, peint à Fontainebleau, passe pour son chef-d'œuvre. Il fut chargé de peindre la grande galerie de Versailles. Cet ouvrage immense l'occupa pendant quatorze ans : il y représenta l'histoire du roi, depuis le moment où ce prince avait pris en main les rênes de l'État, jusqu'à la paix de Nimègue. Ce fut Lebrun qui, en 1666, engagea Louis XIV a créer l'école française de Rome, où étaient admis les jeunes gens qui avaient remporté à Paris le premier prix, soit de peinture, soit de sculpture. Ce grand peintre obtint la direction générale de tous les ouvrages de peinture, de sculpture et d'ornement qui se faisaient dans les bâtiments de la Couronne : il jouissait d'une pension de 12 mille livres. Après la mort de Colbert, persécuté, dit-on, par Louvois, en faveur de Mignard, son rival, il tomba dans une maladie de langueur, et mourut en 1690.

Nicolas Mignard naquit à Troyes en 1608. Appelé à la cour par le cardinal de Mazarin, il mérita bientôt la protection du roi, qui lui fit faire son portrait ainsi que celui de la reine. Le monarque le chargea de décorer son appartement du rez-de-chaussée aux Tuileries. L'artiste représenta Louis XIV, sous l'emblème du soleil guidant son char. Le prince fut tellement satisfait de cet ouvrage, qu'il lui ordonna de peindre sa grande chambre de parade dans le même château. Mignard mit tant d'ardeur à répondre aux désirs du roi, qu'il fût attaqué d'une hydropisie dont il mourut à Paris en 1688, généralement regretté pour la noblesse de son caractère et pour ses talents.

Pierre Mignard, frère puîné du précédent, naquit à Troyes en 1610. Après un long séjour en Italie, il revint dans sa patrie, et le cardinal Mazarin le présenta au roi et à la reine-mère dont il fit le portrait. Il fut chargé de peindre à fresque la coupole du Val-de-Grâce, qui venait d'être terminée. Cette vaste composition est aussi remarquable par la beauté des figures, que par celle du coloris, et elle l'emporte sur tous les ouvrages du même nom, qui sont dus aux peintres nationaux. C'était aussi au pinceau de Mignard, que l'on était redevable des belles peintures qui ornaient la petite galerie de Versailles et l'ancien cabinet du grand dauphin. Après la mort de Lebrun, en 1690, l'artiste fut nommé premier peintre et directeur des manufactures royales. Il mourut à Paris en 1695.

François Girardon naquit à Troyes, en 1630. Le chancelier Séguier, protecteur du jeune sculpteur, l'envoya à Rome pour se perfectionner, et paya les frais du voyage. Louis xiv accorda au jeune élève une pension de 3,000 liv. De retour en France, Girardon brigua la faveur de Lebrun, et obtint, par la protection de cet artiste, une grande quantité de travaux pour les châteaux de Versailles et de Trianon. Après la mort du premier peintre, le roi lui confia l'inspection générale des ouvrages de sculpture. Le mausolée du cardinal de Richelieu, placé dans l'église de la Sorbonne, passe pour être le chef-d'œuvre de Girardon. Cet habile sculpteur a aussi exécuté la statue équestre de Louis xiv, qui avait été érigée sur la place Vendôme. On cite encore de lui les 4 figures des bains d'Apollon à Versailles, lesquelles lui valurent un prix d'honneur consistant en une bourse de 300 louis, qu'il reçût des mains même du roi; l'enlèvement de Proserpine, la fontaine de Saturne, celle du nord, la figure de l'hiver, sous la forme d'un vieillard, et une immense quantité de bas-reliefs dans les jardins de Versailles; de beaux groupes d'enfants à Trianon; des figures d'ornement dans l'intérieur du château des Tuileries, etc. Girardon mourut à Paris, le même jour que Louis XIV, le premier septembre 1715.

Pierre Puget, qui fut en même temps célèbre statuaire, constructeur de vaisseaux, peintre et architecte, naquit à Marseille, le 31 octobre 1622. Il se distingua en Italie par plusieurs beaux ouvrages de sculpture qui ornent la ville de Gênes. Lenôtre fit connaître Puget à Colbert et à Louvois. Son groupe colossal de Milon de Crotone arriva à Versailles au printemps de l'année 1683. La caisse qui le renfermait fut ouverte en présence de Louis XIV et de sa cour, qui exprimèrent hautement leur admiration pour ce chef-d'œuvre de la sculpture française. Le groupe d'Andromède, du même artiste, fut placé dans le parc de Versailles en 1685. Le grand bas-relief d'Alexandre et de Diogène est encore de lui, ainsi que le bas-relief de la peste à Milan, que l'on voit à Marseille. Après beaucoup d'autres travaux, soit de sculpture, soit de peinture, Puget mourut à Marseille, le 2 décembre 1694.

Nicolas Coustou naquit à Lyon, le 9 janvier 1658. Il fut élève de Coysevox, remporta le grand prix de l'académie à l'âge de 23 ans, et fit le voyage de Rome avec la pension du roi. L'ouvrage le plus important de Coustou, fut d'abord le groupe qui représente la jonction de la Seine avec la Marne. Ce morceau capital se voit aux Tuileries. Tout le talent de l'artiste s'est déployé dans le groupe de *Tritons* qui décore la cascade rustique de Versailles : on l'admire encore plus dans la *Descente de Croix*, qu'on appelle *le Vœu de Louis XIII*, et qui était placé au fond du chœur de Notre-Dame, à Paris. Coustou a travaillé jusqu'à l'âge de 76 ans, et le dernier de ses ouvrages, que la mort ne lui a pas permis de terminer, est un des plus estimés. C'est un bas-relief en médaillon, représentant le *Passage du Rhin :* on le voit maintenant au Musée des monuments français. L'habile statuaire termina sa carrière le 1.er mai 1733.

Guillaume Coustou, frère de Nicolas, naquit à Lyon en 1678, fut élève de Coysevox, et surpassa son frère. Il donna pour sa réception à l'Académie royale, *Hercule sur le bûcher ;* il fit, quelques années après, pour les jardins de Marly, les figures de *Daphné* et *d'Hippomène*. On regarde comme les plus beaux de ses ouvrages, deux groupes, dont chacun est composé d'un cheval qui se cabre et d'un écuyer qui le retient. Ces deux groupes sont actuellement à l'entrée des Champs-Élysées. L'artiste, quelques années auparavant, avait fait le groupe en marbre de l'Océan et de la Méditerranée, qui décorait le Tapis-Vert des jardins de Marly. C'est encore à Guillaume Coustou que l'on doit le beau relief qui décore le grand portail des Invalides, et qui représente Louis xiv à cheval, accompagné de deux vertus assises aux angles du piédestal. Ce laborieux statuaire est mort à Paris, le 22 février 1746.

NOMS DES PRINCIPAUX ENTREPRENEURS

Qui, par leurs travaux, ont secondé le zèle et les talents des grands artistes chargés de la construction ou de la direction des beaux monuments français du 17.ᵉ siècle.

MAÇONNERIE.

Pierre Mallet.
Pierre Le Maistre.
Jacques Mazières.
Pierre Bergeron.
Adrien Noël.
Gérard Marcou.
Pierre Levé.
Jean de la Rue.

CHARPENTERIE.

Jean Mallet.
Jean-Jacques Aubert.
Girardin.
Pierre Champagne.
Raoul de Pierre.

MENUISERIE, MARQUETERIE, ÉBÉNISTERIE.

Étienne Carel.
Antoine Rivet.
Louis Rivet.
Jacques Coquelard.
André-Charles Boulle.
Duhaut.
Openor.
Poitou.

SCULPTURE.

Coysevox (Antoine), sculpteur renommé.
François Fontelle.
Jean Cornu.
Pierre Mazelines.
Cassegrain.
Cafliéry.
Regnaudin.
Lespingola.

PEINTURE.

Parosel.
Lemoyne, de Paris.
Lemoyne le Troyen.
Rousseau.

DORURE.

Robillard.
Dominico Cucci.
Guillaume Desauziers.
Jean Le Moyne.

MARBRERIE.

Pierre Lisqui.
Hubert Misson.
Nicolas Mesnard.
Jean Cuvillier.

COUVERTURE.

Étienne Yvon, (entrepreneur général).

SERRURERIE.

Thomas Villerand.
Louis Chocard.
Pierre Roger.
Mathieu Godignon.
Joseph Rouillé.
Michel Gervais.
Pierre Landry.
Vincent Morel.
Claude Montagne.

JARDINAGE.

Colinot. Sanson.
Lavigne.

PAVÉ.

Georges Marchand. Olivier.
Vallée.

GLACES ET MIROIRS.

Briot (miroitier).
Guymont, directeur de la manufacture des glaces.

PLOMBERIE.

Jacques Lucas (entrepreneur général).

VITRERIE.

Lespinouze. Charles Janson.
Claude Cosset. Godart.

FONDERIE ET CUIVRERIE.

Lemoine. Masselin.
Maupin. Leloup.
Lemaire. Vaugoins.
Drouilly.

ROCAILLES.

Berthier. Drouart.

INSPECTION GÉNÉRALE DES AQUEDUCS DE MAINTENON.

Robelin Methelet.

CHAPELLE DU CHATEAU DE VERSAILLES.

On a vu, dans l'article consacré à M. Vaysse de Villiers, combien cet écrivain avait confiance au manuscrit que lui avait communiqué M. Janson, architecte du Roi, directeur des eaux de Versailles en 1827. Voici un extrait de ce manuscrit, relatif à la chapelle de Versailles. Peu de mots suffiront pour faire voir que ledit manuscrit n'avait rien d'exact et d'authentique.

DÉPENSES DE LA CHAPELLE DE VERSAILLES,
Depuis 1689, jusqu'à son entière confection, en 1702.

	liv.	s.
Maçonnerie.	808,119	6
Charpenterie.	690,004	14
Couverture.	8,736	14
Plomberie.	20,519	10
Serrurerie, gros fers.	129,879	00
Vitrerie.	2,535	00
Menuiserie.	49,786	16
Marbrerie.	119,520	19
Peinture sur verre.	17,538	13
Glaces.	25,578	7
Peinture.	118,649	1
Vernis.	1,027	12
Dorure.	103,246	13
Ferrures de bronzes dorés.	14,777	3
Cuivre et fonte.	565	00
Sculpture.	861,975	4
Menues dépenses.	59,343	4
Plomb.	81,200	15
Marbrerie.	79,810	16
Tapis.	30,517	12
Oratoires.	27,000	00
TOTAL.	3,260,341	19

D'abord, il y a une double erreur dans le titre de ce chapitre. La chapelle de Versailles n'a point été commencée en 1689, mais bien, en 1699. Elle n'a été entièrement terminée, avec le salon y attenant, qu'en 1711.

Ensuite, il y a évidemment exagération outrée dans ce tableau, à l'article charpenterie, qui est de 690,000 liv. Dans les grandes constructions, la proportion ordinaire entre la maçonnerie et la charpenterie, est tout au plus de 10 à 1. Ici, la maçonnerie n'étant portée que pour 800 mille livres, la charpenterie n'a pas dû coûter plus de 60 à 80 mille livres. On doit le croire d'autant plus facilement, que le comble de la chapelle de Versailles n'a pas un fort grand développement. L'article sculpture paraît aussi exagéré ; en sorte que si l'on retranche des 3 millions, 260 mille livres, du tableau de M. Janson, les 800 mille livres qu'a d'exagéré la double dépense de la sculpture et de la charpenterie, il ne restera à peine 2 millions $\frac{1}{2}$ du temps, pour la dépense totale de la chapelle du château de Versailles.

TABLEAU

DES PENSIONS ET GRATIFICATIONS DES GENS DE LETTRES,

De 1664 à 1690.

Années.	liv.	s.	d.	Années.	liv.	s.	d.
1664. —	80,870	»	»	Report.	1,166,182	»	»
1665. —	83,400	»	»	1678. —	52,400	»	»
1666. —	95,507	»	»	1679. —	54,000	»	»
1667. —	92,380	»	»	1680. —	53,600	»	»
1668. —	89,400	»	»	1681. —	53,500	»	»
1669. —	111,550	»	»	1682. —	52,800	»	»
1670. —	107,900	»	»	1683. —	1,600	»	»
1671. —	100,075	»	»	1684. —	42,100	»	»
1672. —	86,800	»	»	1685. —	46,400	»	»
1673. —	84,200	»	»	1686. —	41,400	»	»
1674. —	62,250	»	»	1687. —	46,900	»	»
1675. —	57,550	»	»	1688. —	44,900	»	»
1676. —	49,200	»	»	1689. —	39,400	»	»
1677. —	65,100	»	»	1690. —	11,966	15	4
A rep.	1,166,182	»	»	Total..	1,707,148	15	4

NOMS DES PRINCIPAUX PENSIONNAIRES,

TANT NATIONAUX QU'ÉTRANGERS.

Chapelain	3,000 liv.
Benserade	1,500
Corneille	2,000
Molière	1,000
Racine	2,000
Boileau	2,000
Mézerai	4,000
Fléchier	800
Quinault	800
Cassini	6,000
Perrault, médecin	2,000
Huet	890
Hollandais { Huygens	6,000
Heinsius	1,200
Vossius	1,200

NOTICES HISTORIQUES

SUR DIVERSES DÉPENSES DES BATIMENTS.

Au nombre des dépenses générales des bâtiments figurait une somme annuelle consacrée à l'entretien des cygnes sur la Seine. Cet article de dépense paraîtrait peut-être inexplicable, si l'on ne savait que le roi, pour rendre plus riantes les rives de la Seine, et plus agréable la navigation de ce fleuve, depuis Marly jusqu'à Paris, entretenait 150 cygnes destinés à parcourir continuellement l'espace désigné, sauf le temps des glaces et des grosses eaux, où un asyle leur était offert dans des cabanes en bois, placées de distance en distance. Des employés des bâtiments étaient spécialement chargés de pourvoir à leur nourriture, et à leur remplacement, quand un de ces oiseaux aquatiques venait à disparaître par un accident quelconque.

M. de Colbert avait établi à la manufacture des

Gobelins un atelier d'ouvriers lapidaires, pour le polissement des pierres fines de la cour.

Parmi les dépenses générales des bâtiments, il y en avait une qui figurait annuellement sous le nom d'*animaux du Levant*. Ces animaux étaient achetés par le roi, pour peupler la ménagerie qu'il avait établie dans le petit parc de Versailles.

La grosse argenterie, dont il est question au tableau n.° 3, consistait en meubles, buffets, candélabres, balustrades, guéridons et bassins d'argent, pour l'ameublement du château de Versailles. Chaque année, il y avait une somme plus ou moins forte consacrée à ce genre d'acquisitions. Dans le cours de la guerre de 1688, les besoins impérieux du trésor obligèrent le roi à envoyer cette argenterie à la monnaie.

Les étoffes d'or et d'argent, et les autres étoffes précieuses en soie ou en velours, brochées soit en argent, soit en or, dont il est fait mention au tableau n.° 3, étaient destinées aux ameublements et aux tentures des appartements.

Le trésorier général des bâtiments, dont les taxations figurent au tableau n.° 3, n'avait point de traitement fixe, sous Louis XIV. Ses émoluments variaient dans la proportion des dépenses par lui acquittées. Depuis l'établissement de sa caisse jusqu'en 1704, il eut deux deniers seulement pour livre. Cependant, malgré la faiblesse apparente de cette rétribution, les dépenses s'étant accrues considérablement de 1679 à 1788, ses taxations s'élevèrent de 40 à 80 mille livres. En l'année 1685, où plus de 15 millions furent dépensés, elles dépassèrent 120 mille livres. En 1704, les dépenses s'étant trouvées on ne peut plus réduites, ses taxations furent portées à 6 deniers pour livre. On voit qu'il était beaucoup plus largement rétribué que le surintendant général lui-même, qui, pendant tout le règne, n'eut d'abord que 8,000 et ensuite 12,000 livres d'appointements. Il est vrai que le trésorier avait à supporter tous les frais de ses bureaux, tandis que souvent le roi suppléait à la modicité du traitement du surintendant par des gratifications assez fortes.

Il y avait des dépenses sous le titre de *Manufactures de France*, d'*encouragement au commerce*, de *commis des manufactures*. Le roi accordait annuellement une somme quelquefois considérable, destinée à venir au secours des particuliers qui, sur tous les points du royaume, élevaient des fabriques ou des manufactures nouvelles. Ces fabriques, quoique appartenant à des particuliers, étaient assujéties à des réglements généraux, pour l'exécution desquels le roi entretenait un certain nombre de commis ambulants, lesquels étaient chargés de s'assurer que dans les provinces ces réglements étaient suivis. Ces commis, hommes intelligents et instruits, aidaient souvent de leurs conseils les négociants, et devenaient naturellement les interprêtes de leurs besoins auprès du gouvernement. Il y avait ainsi, dans tout le royaume, un concours admirable de volontés, de secours et de moyens d'exécution, ce qui explique les progrès étonnants qui se firent, en peu de temps, dans toutes les branches de l'industrie nationale.

Sous le titre de gratifications annuelles des bâtiments, étaient comprises les gratifications particulières accordées aux blessés. D'aussi immenses constructions que celles qui eurent lieu pendant longues années, sous le règne de Louis XIV, devaient nécessairement, malgré toutes les précautions suggérées par la prudence, amener quantité d'accidents. Les couvreurs, maçons ou charpentiers qui avaient le malheur de se blesser, soit par l'effet d'une chute, soit autrement, recevaient des gratifications qui les mettaient en état d'attendre le moment où ils pourraient reprendre leurs travaux. En cas de blessures graves, ils étaient admis à la pension. En cas de mort, cette pension était touchée par leurs veuves.

De toutes les gratifications accordées par Louis XIV, la plus considérable fut celle de 100 mille livres, dont le monarque gratifia le gentilhomme liégeois baron Deville, *pour les soins qu'il avait pris de la construction de la machine de Marly.* Cette observation est accablante pour les écrivains qui ont essayé d'enlever au baron étranger, la gloire de cette construction hydraulique, pour la transporter uniquement au charpentier Rennequin Sualem, son compatriote, lequel travaillait sous ses ordres, et malgré les talents extraordinaires dont l'avait pourvu la nature, et un long exercice de sa profession, n'eût point été en état, à raison de son peu d'instruction (il savait à peine lire et écrire), de conduire à une heureuse fin, une entreprise qui exigeait tant de savantes combinaisons. On a vu dans l'article consacré à Dulaure, que cet écrivain, dans le but de décrier Louis xiv, a prétendu que ce prince avait abreuvé Rennequin Sualem d'amertumes et de chagrins. La vérité est que le gouvernement royal a largement rétribué le charpentier liégeois. Ses journées revenaient à 15 francs de notre monnaie actuelle. Il lui fut accordé de nombreuses gratifications, ainsi qu'au baron Deville. Celles du baron, il est vrai, étaient ordinairement de 6,000 livres, tandis que celles qu'on accordait à l'industrieux charpentier, ne dépassaient pas 1,500 à 1,800. Il résulte évidemment de cette différence, que le gouvernement considérait Rennequin Sualem comme un ouvrier, tandis qu'il traitait le baron Deville en habile ingénieur.

L'entreprise la plus gigantesque des bâtiments, sous le règne de Louis xiv, a été le projet conçu et exécuté par M. de Louvois, alors surintendant général, en même temps que ministre de la guerre, d'amener à Versailles les eaux de la rivière d'Eure, pour alimenter les fontaines de cette ville. Cette entreprise qui, en définitive, n'eut point de résultat satisfaisant, coûta près de 9 millions du temps, comme on l'a vu au tableau n.° 3. Voici les principaux objets de la dépense :

Le grand aqueduc de Maintenon ;

Les travaux sous l'aqueduc de terre ;

L'aqueduc de Vieille-Église ;

Les passages qui devaient traverser l'aqueduc ;

Le grand aqueduc entre Maintenon et Berchères;

Les digues de la rivière d'Eure et du ruisseau d'Épernon ;

Les ponts de Hanches, d'Épernon et de Saint-Martin de Villiers ;

Les écluses de Maintenon, de Chandelles et de Bourrey.

Il y avait une dépense annuelle qui quelquefois s'élevait à 40 mille livres, et qui était relative à la solde des officiers, matelots et gondoliers du grand canal, en face du tapis vert de Versailles. Ce canal pour l'agrément de la cour et des étrangers de distinction qui accouraient de tous les points de l'Europe, pour visiter le nouveau palais, était alors couvert de chaloupes, de gondoles et de vaisseaux légers armés en guerre, montés par des marins exercés que l'on faisait venir de différents ports, et qui donnaient de temps à autre, le spectacle amusant d'un combat naval. Ainsi, au sein même de la paix, les princes et les courtisans pouvaient à Versailles, avoir sous les yeux une image de la guerre !

Mme de Maintenon avait acheté la terre de ce nom 240 mille livres, provenant des libéralités du roi. Si le château de Maintenon, aujourd'hui possédé par la famille de Noailles, acquit alors une certaine célébrité, il le dut : 1.° à la dame dont il était la propriété; 2.° au séjour momentané qu'y fit, pendant plusieurs années, le grand monarque; 3.° à sa situation au centre des grands travaux entrepris pour amener à Versailles les eaux de la rivière d'Eure. Cette dernière circonstance dut lui valoir la visite d'un grand nombre de curieux, tant nationaux qu'étrangers, qui voulaient juger par eux-mêmes du grandiose de l'entreprise. Louis XIV, dans les différents voyages qu'il fit à Maintenon où il restait quelques jours, ordonna, sur les fonds de ses bâtiments, des réparations et des embellissements au château.

(D'après Félibien et Piganiol de la Force.)

PRÉCIS HISTORIQUE DES BATIMENTS,

SOUS LE RÈGNE DE LOUIS XV,

POUR FAIRE SUITE A L'HISTOIRE DES MÊMES BATIMENTS,
SOUS LE RÈGNE DE LOUIS XIV.

Rapprochements entre les deux règnes.

Quand Louis xiv fut descendu dans la tombe, la France, consternée de la mort de son roi, dut craindre, pendant quelque temps, qu'avec lui se trouvât ensevelie une partie de la gloire et de la puissance de la nation. Le dernier traité dont il avait fallu acheter les avantages par une longue alternative de succès et de revers, au prix de beaucoup d'or et de sang, venait, il est vrai, d'établir, avec toutes les apparences de la stabilité, une alliance désirable entre la France et l'Espagne; et cette alliance semblait promettre au peuple français un appui solide, lequel l'aurait mis en état de se défendre avec succès, dans le cas où les vieilles haines de l'Europe contre le trône de Louis-le-Grand seraient venues à se réveiller.

Mais un roi enfant, d'une santé débile, évidemment incapable de soutenir par lui-même le poids de la couronne ; une régence devenue nécessaire, et confiée à un prince que l'opinion publique, tout en reconnaissant la supériorité de ses talents, regardait comme plus propre aux plaisirs qu'au soin des affaires, pouvaient altérer la paix intérieure ou extérieure de l'État. Celle-ci, en effet, fut troublée, mais pendant peu de temps, par un démêlé assez vif avec le jeune monarque que la France venait de placer sur le trône d'Espagne. Les autres souverains, que les triomphes étonnants de Louis xiv, dans les beaux jours de sa gloire, avaient effrayés, et portés à se liguer contre l'ennemi commun, se remirent peu à peu de la terreur qu'avaient répandue la force de nos armes et l'éclat de nos victoires. Le jeune roi prit donc assez tranquillement possession du brillant héritage de ses ancêtres.

Son règne a été le plus long de tous les règnes de la monarchie, après celui de son auguste prédécesseur ; mais la longue durée de l'occupation du trône n'est pas le seul trait de ressemblance que l'on puisse remarquer entre le règne de Louis xiv et celui de Louis xv. Si, d'une part, ce dernier monarque a porté la couronne soixante ans seulement, et le premier soixante-douze, de l'autre, celui-ci n'a construit que pendant cinquante-cinq ans, et celui-là a bâti durant l'espace de cinquante-neuf années. Ce sont donc les deux rois de France qui, au règne le plus long, ont joint l'érection d'un plus grand nombre de monuments. Les constructions royales du 18.ᵉ siècle doivent être regardées comme le complément de celles du 17ᵉ.

Les frais des bâtiments, sous Louis xiv, se sont élevés à 214 millions 655 mille livres du temps; et sous Louis xv, ils ont dépassé le chiffre de 175 millions. La différence de dépense nominale, entre les deux règnes, n'a ainsi été que de 39 millions. Mais l'argent monnoyé, en 1661, avait trois fois plus de valeur qu'en 1716.

Cette assertion a trouvé et trouvera encore un grand nombre d'incrédules, ainsi que de contradicteurs. Tous les écrivains qui ont traité des dépenses de Louis xiv, en bâtiments, ont prétendu qu'un million du temps de ce prince ne représente que deux millions de nos jours. Combien seraient-ils donc éloignés d'admettre que l'argent monnoyé avait trois fois plus de valeur au 17.ᵉ siècle, qu'il n'en avait au siècle suivant?

La différence de valeur du marc d'argent, sous les deux règnes, qui a servi de guide aux écrivains précédents, est une fausse base sur laquelle on ne saurait s'appuyer. Pour que cette base fût solide, il aurait fallu que l'argent n'eût pas été plus rare sous Louis xiv, qu'il ne l'a été sous Louis xv. Or, l'élévation progressive et incontestable du prix de toutes les denrées et marchandises, et du taux des impositions, démontre évidemment que le numéraire en circulation dans le 18.ᵉ siècle, était beaucoup plus abondant qu'au 17.ᵉ

Cette masse de numéraire n'ayant fait que s'accroître depuis Louis xiv jusqu'à nos jours, et cet accroissement, surtout depuis cinquante ans, étant devenu extrêmement sensible; s'il a été prouvé par des faits irrécusables, que la valeur de l'argent, vers 1660, comparée à celle des premières années du règne de Louis xv, était dans la proportion de 1 à 3, il sera facile de conclure que la valeur de l'argent, au 18.ᵉ siècle, comparée à celle de nos jours, est au moins dans la même proportion : ce qui porterait un million du temps de Louis xiv à six millions de notre monnaie actuelle, et un million du règne de Louis xv à trois millions de notre temps.

Cette base étant une fois admise, les 214 millions dépensés par Louis xiv, en bâtiments, représentent 1284 millions de notre époque; et les 175 millions dépensés, pour le même objet, par Louis xv, représentent 525 millions, valeur actuelle : d'où il faut conclure que les frais de construction, sous le règne de ce dernier monarque, n'ont guère été que les deux cinquièmes des dépenses occasionnées par les grands monuments érigés au 17.ᵉ siècle.

Ainsi, tout l'avantage du parallèle entre les règnes de ces deux princes, au sujet des constructions, demeure incontestablement au grand roi. En effet, les monuments élevés par Louis xv, outre qu'ils sont inférieurs en nombre aux beaux édifices de Louis xiv, ne peuvent, ni sous le rapport de l'utilité publique, ni sous celui de l'étendue, de la magnificence et des difficultés vaincues, être comparés aux célèbres monuments construits par Louis-le-Grand.

Ces somptueux édifices du 17.ᵉ siècle, malgré les exagérations, les injures et les sarcasmes des philosophes, au sujet des prétendues folles profusions du prince, en bâtiments, ont excité l'admiration et l'envie des étrangers, ont porté au plus haut degré la renommée du peuple français, et transmettront à la postérité la plus reculée, avec l'auréole de gloire la plus brillante, le nom du plus illustre de nos monarques !

Il est assez digne de remarque que presque tous les philosophes du 18.ᵉ et du 19.ᵉ siècle, depuis Duclos, jusqu'à Dulaure et Lemontey, aient décoché contre Louis xiv, les traits les plus envenimés de la haine et de la détraction, tandis que dans leurs critiques, ils ont singulièrement ménagé son successeur. Cependant des établissements aussi remarquables que l'Observatoire, le Jardin des Plantes, les manufactures des Gobelins et de la Savonnerie, le canal du Languedoc, la machine de Marly, l'hôtel royal des Invalides, etc., auraient dû trouver grâce à leurs yeux. Ils ne pouvaient sans une révoltante partialité, se refuser à reconnaître que de tels monuments, la gloire de la France, avaient nécessairement exigé des dépenses considérables, et que leur utilité pour le public, ne permettait pas de les comparer aux châteaux de Choisy, de Luciennes et de Bellevue, lesquels n'étaient que des maisons royales de plaisance.

Les dépenses du grand roi en bâtiments, n'ont donc été pour eux qu'un prétexte avidement choisi, à l'effet de motiver leurs accusations; un voile astucieux dont ils ont couvert la malignité de leurs pensées, la perfidie de leurs insinuations, l'audace insolente de leurs diatribes. Ce qui les offusquait véritablement dans Louis xiv, c'était son attachement sincère à l'Église, sa soumission aux dogmes comme aux maximes du catholicisme; c'était cet air majestueux qui imposait à tous ceux qui se présentaient devant lui; c'était ce haut sentiment de la dignité royale, qui lui a fait dire un jour : l'*Etat c'est moi;* sentiment qu'ils ont eu soin de transformer en un orgueil satanique; c'était, enfin, cette volonté ferme qui, sous son règne, n'aurait pas promis de grands succès à la révolte et à l'impiété.

Ces mêmes philosophes se sont beaucoup mieux accommodés de son successeur naturellement doux et pacifique, ennemi de toute mesure de rigueur, lors même qu'il était nécessaire de sévir contre les écrivains corrupteurs de la morale publique, lesquels, par là, se constituaient les véritables ennemis de la monarchie.

Quoique Louis xv fût sincèrement ami de la religion, il ne déploya pas contre les beaux-esprits incrédules de son siècle, l'énergie qui eût été indispensable pour préserver et la France et l'Europe des ravages de ce torrent d'écrits licencieux et impies, qui après avoir empoisonné les générations du temps, comme pendant la durée indéfinie des siècles, elles empoisonneront les générations futures, ont préparé la chute du trône en préparant celle de l'autel. Le philosophisme sous Louis xv, fut honoré et soutenu de la plupart des grands et des seigneurs de la cour, ce qui le mit plus d'une fois à l'abri des coups de l'autorité royale. Voilà, ce me semble, ce qui a valu à l'arrière-petit-fils de Louis xiv, l'avantage d'être traité par les philosophes avec beaucoup plus de ménagement, qu'ils n'avaient traité son illustre prédécesseur.

PARALLÈLE

ENTRE LOUIS XIV ET LOUIS XV.

La prospérité des peuples, le développement rapide des lettres, des sciences et des arts, la puissance ainsi que la gloire des empires, sont presque toujours attachés au génie, à la force de caractère, à la grandeur d'âme des souverains qui les gouvernent. Cette vérité attestée et par l'expérience des siècles et par l'histoire de tous les âges, s'est trouvée particulièrement confirmée, à l'égard de la France, dans la personne de Louis-le-Grand.

Ce prince, élevé au milieu des dissentions civiles, contraint, dans les premières années de sa jeunesse, d'errer de province en province, fut de bonne heure instruit à l'école du danger, comme à celle du malheur. Son âme, vigoureusement trempée au sein des révoltes et des scènes sanglantes qu'elles amenèrent, conçut les germes de sa grandeur future, et commença à s'armer de cette volonté forte qui devait un jour triompher de tous les obstacles. Si, à raison des circonstances orageuses où se trouvait l'état, Louis ne reçut pas toute l'instruction scientifique qui convenait à son élévation, en revanche, la nature fut prodigue envers lui de ses dons les plus précieux.

Quel monarque eut plus que Louis-le-Grand les sentiments de la dignité royale et des devoirs qu'elle impose? Qui sut réunir comme lui, au dehors, cet air de grandeur et de majesté qui pénètre les peuples de respect; dans l'intérieur domestique, cette douce familiarité qui, en tempérant l'éclat de la puissance suprême, est si propre à gagner les cœurs et à les enflammer d'une vive ardeur pour le service du souverain? Quel prince accorda jamais une protection plus éclatante au mérite, sut mieux apprécier, encourager, rémunérer tous les talents? Quel roi vit sa puissance et la gloire de ses armes s'élever à un plus haut degré? Quel homme, enfin, montra plus de vigueur d'âme dans l'adversité, plus de constance et de fermeté dans le malheur? On a dit de lui, avec raison, qu'il avait été grand jusque dans ses faiblesses !

Il était bien à craindre que la France, parvenue sous son règne à l'apogée de la force et de la grandeur, vît sous un successeur encore enfant décliner sa puissance et l'éclat de sa renommée. La nature produit rarement des princes capables d'engendrer une ère nouvelle pour les peuples, en donnant leur nom à leur siècle. Qu'il était difficile d'occuper le trône avec une gloire équivalente, après un monarque l'amour de ses sujets, la terreur de ses ennemis, le créateur de merveilles en tout genre; un monarque devenu l'admiration du monde entier, l'honneur du nom français, l'orgueil de sa nation!

Si Louis xv appelé à lui succéder, ne posséda pas les qualités éminentes qui distinguèrent Louis-le-Grand, du moins comme lui, il fut l'ami des gens de lettres, le protecteur des sciences et des arts. Il honora d'une faveur toute particulière l'académicien Duclos, en le nommant historiographe de France. Cet écrivain pourtant acquitta mal la dette de la reconnaissance envers son bienfaiteur; car il se fit un malin plaisir de dénaturer, dans *ses Mémoires secrets*, les actes et les intentions de l'auguste bisaïeul de son royal protecteur.

Il n'entre point dans mon plan, et ce serait chose étrangère à mon sujet, que de suivre Louis xv, dans les diverses périodes d'un règne de si longue durée. Je me bornerai à le considérer comme le continuateur des grandes constructions qui ont singulièrement contribué à rendre célèbre le règne précédent.

Les monuments les plus remarquables élevés par ce prince, sont l'église de Saint-Louis à Versailles; l'École-Militaire à Paris; les châteaux de Choisy, de Luciennes et de Bellevue; le Garde-Meuble de la Couronne, place Louis xv. Compiègne et Fontainebleau lui doivent, en grande partie, les belles et vastes constructions qui les décorent. C'est encore lui qui a été le fondateur du temple magnifique connu sous le nom d'église de Sainte-Geneviève.

Aux excellents dons qu'il avait reçus de la nature, Louis xv ne joignit pas la force de caractère et l'amour du travail qui rendirent son illustre prédécesseur capable de tant de grandes choses. Les fêtes et les plaisirs dérobèrent à ce prince, une grande partie du temps qu'il aurait dû consacrer aux travaux de l'administration. Or, l'amour du plaisir, se concilie mal avec le soin des affaires et l'intérêt de l'état : aussi la direction des bâtiments se ressentit-elle en particulier, du désordre général des finances.

Dans la guerre de 1756, les besoins de la marine et des armées de terre devinrent si impérieux, que l'administration des bâtiments, privée des fonds annuels qui lui étaient nécessaires, fut réduite pendant une longue suite d'années, à ne pas payer, ou à ne payer que très-partiellement les nombreux entrepreneurs, officiers, employés et gagistes qui dépendaient d'elle.

Il a été dû par le trésor royal, jusqu'à 13 millions à la direction des bâtiments. Les dépenses de l'année 1772, ne furent pleinement acquittées qu'en 1777. Le même arriéré qui avait eu lieu pour les années antérieures à 1772, subsista encore long-temps pour les années suivantes.

Louis xv pour venir au secours des malheureux employés de ses bâtiments, fut obligé de suspendre, en leur faveur, l'action des lois, en défendant à leurs créanciers de les poursuivre : acte qui, tout irrégulier qu'il est, ferait honneur au cœur du prince, si, en soulageant d'un côté, il n'eût pas opprimé de l'autre.

Ces moyens extrêmes ne sont pas propres à donner du crédit à l'administration d'un grand empire. Il fallait éviter la guerre, ou se créer les moyens de la faire avec vigueur ; et dans le cas où ni l'un ni l'autre n'aurait été possible, c'eût été un devoir d'ajourner indéfiniment toutes les dépenses non indispensables, afin de ne pas se mettre dans l'impossibilité de payer pendant un si long terme, ses fournisseurs et ses employés.

Louis xv commit ici, la faute que l'histoire a toujours reprochée à Louis xii. Ce dernier prince s'était laissé séduire par l'appât de la gloire militaire, tout en voulant ménager la bourse de ses sujets. On sait ce qui advint de cet impolitique et dangereux système. De même que Louis xii, par une économie hors de saison, et un amour mal entendu de ses peuples, se mit hors d'état de conserver ses conquêtes, de même, par défaut de ressources financières, la gloire et le succès de nos armes se trouvèrent gravement compromis sous Louis xv. La France fut profondément humiliée par le traité de 1763 : car le résultat de la guerre, fut d'avoir perdu des colonies importantes, qui allèrent enrichir une nation rivale et ennemie, et de voir notre marine, si florissante sous Louis xiv, presque entièrement détruite.

Si l'impartialité de l'histoire ne permet point de dissimuler les fautes des princes, l'équité exige que l'on ne passe pas sous silence ce qu'ils ont fait de grand et d'utile. Les sciences et les arts hautement protégés par le monarque, ont eu, sous Louis xv, de rapides développements. On ne saurait refuser à ce prince, la gloire d'avoir été, après Louis xiv, celui de nos rois qui a le plus enrichi son pays de beaux monuments : c'est faire son éloge, que de dire qu'il s'est montré le digne continuateur des riches constructions du grand siècle.

ADMINISTRATION GÉNÉRALE DES BATIMENTS

SOUS LOUIS XV.

DIRECTEURS GÉNÉRAUX.

L'ADMINISTRATION générale des bâtiments, sous Louis xv comme sous Louis xiv, ne le cédait à un ministère, ni sous le rapport du nombre des employés, ni sous celui des attributions et de la dépense. Sous Louis xiv, elle avait pour chef, comme on l'a vu, un surintendant général. Le dernier administrateur revêtu de ce titre, fut le duc d'Antin, qui exerça encore vingt ans sous le règne de Louis xv. A sa mort, en 1736, le titre de surintendant général fut supprimé, et remplacé par celui de directeur général.

Sous l'administration du duc d'Antin furent bâtis l'église paroissiale de Saint-Louis, à Versailles, et l'hôtel des mousquetaires, à Paris. Ce surintendant général fit commencer d'importantes constructions et divers embellissements aux châteaux de Compiègne et de Fontainebleau. De grands travaux furent aussi exécutés aux bibliothèques royales de Paris et de Versailles.

De 1737 à 1745, la direction générale des bâtiments fut confiée à M. Orry, qui continua les constructions considérables commencées à Fontainebleau et à Compiègne. En 1739, commencèrent les travaux du château royal de Choisy.

En 1745, M. Lenormand de Tournehem fut nommé directeur général des bâtiments. Sous son administration continuèrent les grands travaux de Fontainebleau, de Compiègne et de Choisy. Il mourut en novembre 1751, et fut remplacé par le marquis de Marigny.

Ce nouveau directeur général est celui dont l'exercice a été le plus long, sa gestion ayant duré depuis 1751 jusqu'à 1773, inclusivement. Le marquis de Marigny sut encourager les arts et surtout l'architecture. Il s'occupa sans cesse de projets pour les monuments publics, fit continuer une partie assez considérable du Louvre, dont les travaux furent suspendus par la guerre de 1756. Le seul changement important que M. de Marigny ait eu la faculté de mettre entièrement à exécution, ce fut l'ouverture du guichet qui a conservé son nom, et qui mène du Carrousel au Pont-Royal. Sous son administration fut bâti le château de

Bellevue. Ce fut lui qui fit achever les constructions de Compiègne et de Fontainebleau. D'après les travaux et embellissements exécutés, pendant une longue suite d'années, dans ces deux résidences royales, on peut estimer que la dépense n'a guère été moindre de 25 millions.

En 1773, le marquis de Marigny, abreuvé de dégoûts par l'abbé Terray, qui ambitionnait sa place, quoiqu'il fût déjà contrôleur général des finances, donna sa démission, laquelle pourtant ne fut acceptée que six mois après par le roi. L'abbé Terray était directeur général des bâtiments à la mort de Louis xv, en 1774.

ORGANISATION

DE LA DIRECTION GÉNÉRALE DES BATIMENTS

SOUS LOUIS XV.

Le corps de la direction générale des bâtiments se composait d'une quarantaine d'officiers et de plus de quatre cents employés. Il coûtait annuellement au roi, en appointements et gages, de 5 à 600 mille livres. Les bureaux formaient quatre grandes divisions.

Après le directeur général et le secrétaire de la direction, venaient un premier architecte, trois intendants généraux, trois contrôleurs généraux, un architecte ordinaire, deux contrôleurs généraux ambulants, et un trésorier général.

Ce dernier officier des bâtiments, au lieu d'une taxation de deux ou six deniers par livre de recette, comme sous Louis xiv, eût, dès le commencement du règne de Louis xv, un traitement fixe de 40 mille livres. Sur cette somme il prenait les frais de ses bureaux.

Etaient en outre attachés à la direction générale des bâtiments, un intendant des devises, un historiographe, un maître des œuvres de maçonnerie, un maître des œuvres de charpenterie, un arpenteur géographe, deux dessinateurs des jardins, un aumônier, un médecin et deux chirurgiens.

A la tête de chaque département se trouvait un contrôleur ordinaire.

Ces départemens étaient au nombre de quinze, savoir :

Versailles et Trianon ;
Marly, la Machine et Saint-Germain-en-Laye ;
Meudon et Sèvres ;
Bellevue ;
Trappes, Saclay, Saint-Hubert et les Rigoles, ou autrement le département des Eaux ;
Paris ;
Vincennes ;
Choisy ;
Fontainebleau ;
Compiègne ;
Chambord et Blois ;
Montceaux ;
Les Marbres ;
Les Pépinières ;
Les Manufactures royales.

Dépendaient encore de l'administration générale des bâtimens, les académies de Peinture, de Sculpture et d'Architecture, à Paris ; l'académie de Rome ; le cabinet de Physique et d'Optique établi à Passy ; les eaux et fontaines, ainsi que les pompes à incendie, soit à Versailles, soit à Paris.

TABLEAU GÉNÉRAL
DES DÉPENSES ANNUELLES DES BATIMENTS,
SOUS LE RÈGNE DE LOUIS XV.

(Comptes du trésor.)

Sommes versées par le trésor dans la caisse du trésorier général des bâtiments.

Années.	liv.	s.	d.	Années.	liv	s.	d.
1717. —	1,432,668	2	5	Report..	80,071,613	0	6
1718. —	1,079,133	13	6	1747. —	2,703,300	0	0
1719. —	2,180,775	1	7	1748. —	2,403,300	0	0
1720. —	3,107,469	9	11	1749. —	2,853,300	0	0
1721. —	2,080,449	3	3	1750. —	3,203,300	0	0
1722. —	2,276,406	7	0	1751. —	8,072,300	0	0
1723. —	2,658,364	14	8	1752. —	3,203,300	0	0
1724. —	4,019,328	18	0	1753. —	3,206,946	0	0
1725. —	2,816,059	4	11	1754. —	3,248,300	0	0
1726. —	2,702,381	8	6	1755. —	3,523,300	0	0
1727. —	2,162,531	10	0	1756. —	3,613,300	0	0
1728. —	2,907,758	18	0	1757. —	3,543,300	0	0
1729. —	2,391,010	16	0	1758. —	3,203,300	0	0
1730. —	2,575,219	14	0	1759. —	1,803,300	0	0
1731. —	1,897,267	13	4	1760. —	2,200,000	0	0
1732. —	2,546,430	6	1	1761. —	2,050,300	0	0
1733. —	2,101,300	0	0	1762. —	2,422,300	0	0
1734. —	2,460,283	8	2	1763. —	2,403,300	0	0
1735. —	2,882,610	18	8	1764. —	3,968,303	3	4
1736. —	2,572,349	6	2	1765. —	3,859,624	1	11
1737. —	2,481,333	8	0	1766. —	3,823,300	0	0
1738. —	3,014,100	18	4	1767. —	3,093,300	0	0
1739. —	4,003,300	0	0	1768. —	3,953,300	0	0
1740. —	3,503,300	0	0	1769. —	4,783,300	0	0
1741. —	3,103,300	0	0	1770. —	3,033,300	0	0
1742. —	2,603,300	0	0	1771. —	4,046,181	0	0
1743. —	2,503,300	0	0	1772. —	4,620,286	13	4
1744. —	2,403,300	0	0	1773. —	3,203,300	0	0
1745. —	2,403,300	0	0	1774. —	3,413,300	0	0
1746. —	5,403,300	0	0	Tot. gén.	175,525,553	19	1
A rep.	80,071,613	0	6				

Le tableau précédent ne commence qu'à l'année 1717, parce que les dépenses de l'année 1716 ont dû, pour les raisons qui ont été données, être imputées au règne de Louis xiv. Si les dépenses de l'année 1775, n'ont pas été imputées au règne de Louis xv, c'est que ce prince est mort au commencement de 1774, tandis que son prédécesseur était mort à la fin de 1715.

On a vu par le tableau de l'autre part, que l'année 1751, sous le règne de Louis xv, a correspondu, pour le taux élevé des dépenses, à l'année 1685, sous le règne de Louis xiv.

L'histoire des bâtiments de la Couronne, au 18.ᵉ siècle, ne saurait avoir de plus amples développements. Ici la matière manque : car il n'y a point d'écrivains détracteurs à combattre. Les philosophes du 18.ᵉ et du 19.ᵉ siècle, qui ont attaqué Louis xiv avec tant d'acharnement, à l'occasion de ses dépenses en bâtiments, se sont montrés, comme on l'a déjà dit, très-bénins et très-tolérants, à l'égard de son successeur. Cependant il y aurait eu, sous Louis xv, matière à quelque critique, au sujet de certains châteaux de plaisance, d'autant moins nécessaires, que déjà la Couronne, outre Versailles, possédait Marly, Trianon, Compiègne, Fontainebleau, etc.

M. SALVERTE.

(Séance de la Chambre des Députés, du 16 mai 1838.)
Moniteur du 17 mai.

M. Salverte n'est point un écrivain qui ait traité la matière des dépenses des bâtiments, au 17.ᵉ siècle; mais le peu de mots qu'en sa qualité de membre de la chambre des députés, il a lancés du haut de la tribune publique, pourraient avoir du retentissement au sein d'une nation déjà favorablement disposée à accueillir tout ce qu'on lui débite sur les prodigalités de Louis xiv. Il m'a donc paru nécessaire de détruire la fâcheuse impression qu'auront dû produire sur certains esprits, les paroles prononcées par l'honorable député de l'opposition ministérielle. Le préjugé qu'il s'est efforcé de maintenir, est déjà assez enraciné par lui-même, pour qu'on ne doive laisser passer aucune occasion de combattre à outrance ce vieux système de dénigrement contre le grand roi; système que M. Salverte a essayé de rajeunir par son témoignage personnel.

Du reste, la date du discours prononcé expliquera facilement au lecteur la place qu'occupe dans l'ouvrage, la réfutation que l'auteur a faite de l'opinion de M. Salverte.

« N'avez-vous pas entendu, a dit ce député, un ora-
« teur qui parlait dans le sens du ministère, vous
« dire qu'en fait de monuments, il fallait se modeler
« sur les hommes supérieurs dont l'histoire garde le
« souvenir, et il citait Louis xiv, Louis xiv qui a dé-
« pensé des sommes dont on n'a jamais su exacte-
« ment le montant, dont un reste de pudeur a fait
« disparaître les preuves, pour élever *ce monument*
« *de mauvais goût*, ce Versailles dont l'entretien
« nous coûte tous les ans des *sommes énormes*, et
« qui quelque temps qu'il dure, attestera toujours
« *le peu de goût des arts, le peu d'idée de la desti-*
« *nation des bâtiments, le peu d'idée même de leur*
« *décoration, qu'on avait au* 17.ᵉ *siècle*, et qu'on
« a conservé trop-long-temps après? »

Comment la nation se dégagerait-elle facilement de l'erreur où elle est comme ensevelie depuis un siècle, quand en 1838, un de ses mandataires, homme distingué par son savoir autant que par son éloquence, ne balance pas à faire retentir la tribune publique d'une assertion qui, à force d'être répétée par les uns, et d'être crue sans réflexion comme sans examen par les autres, a fini par devenir un préjugé social fortement enraciné?

Sans doute M. Salverte s'est appuyé sur *les Souvenirs historiques des Résidences royales de France* par M. Vatout, un de ses collégues. Cet écrivain n'a pas craint d'affirmer dans son livre, que la nation française est réduite au doute, par la certitude complète où elle se trouve au sujet des dépenses de Louis XIV, soit que les documents authentiques du temps, aient été perdus, soit qu'ils aient été livrés aux flammes. M. Vatout s'est rendu, par là, l'écho de presque tous les auteurs qui l'ont précédé; mais il est maintenant démontré que la plupart de ces auteurs ont menti sciemment, ou dissimulé d'une manière coupable la vérité qui leur était connue.

S'il est un fait matériellement faux, et dont il soit facile de faire ressortir toute la fausseté, c'est celui de la disparition des mémoires originaux du 17.ᵉ siècle, par la voie de l'enlèvement ou de l'incendie. Pourrait-on sans obstination ou sans l'erreur la plus aveugle, continuer de croire à un fait que repousse le raisonnement, et qui se trouve d'ailleurs annihilé par d'autres faits publics incontestables.

Je dis d'abord que le fait est repoussé par le raisonnement. En effet, on ne saurait soutenir que Louis XIV, dans la vue de dérober à la postérité la connaissance de ses dépenses en bâtiments, a livré aux flammes les mémoires qui auraient pu servir à les constater, qu'en admettant, à l'instar de l'abbé de Saint-Pierre, que ce prince était *un homme du commun, dénué de bon sens*. Car, dans l'hypothèse contraire, Louis xiv aurait nécessairement senti qu'envain il brûlerait les mémoires qu'il avait à sa disposition, si en même temps la Cour des comptes, qui avait enregistré ces mémoires, examiné et appuré les comptes, n'arrachait pas de ses registres le résumé général des dépenses dont elle arrêtait le chiffre chaque année.

Mais cette première difficulté n'était pas la seule qui dût s'opposer à l'exécution du dessein prêté au monarque. Il aurait fallu, de plus, que le garde du Trésor royal, au risque de se constituer en déficit, et de compromettre par là son honneur, sa fortune et sa sûreté personnelle, omît complaisamment de porter sur ses registres de dépense les versements annuels, quelquefois considérables, qu'il faisait dans la caisse du trésorier général des bâtiments.

Or, cette double supposition est inadmissible; car la Cour des comptes a conservé dans ses archives le chiffre des mémoires de dépense des bâtiments, sous Louis xiv. M. Guillaumot, en 1804, a confronté les résultats admis par cette Cour, avec le chiffre indiqué par *les Etats au vrai* desdits bâtiments, dont il donnait les bordereaux d'après le manuscrit de Marinier, un des commis principaux de la surintendance générale, sous l'administration de Mansart; et il déclare expressément qu'il a reconnu la concordance parfaite de ces deux documents.

En outre, le Trésor royal a publié, en 1720, ses *Comptes rendus*, lesquels ont été réimprimés, en

1789, par ordre de M. Necker. Or, les résultats annuels présentés par les *Comptes rendus* s'accordent avec les *Mémoires arrêtés par la Cour des comptes et les Etats au vrai des bâtiments.*

A l'aide seule du raisonnement appuyé de quelques faits qu'on ne saurait récuser, il devient donc évident que Louis XIV n'a pas dû se flatter de l'espoir de laisser le public dans l'ignorance de ses dépenses en constructions, parce que la précaution qu'il aurait prise d'anéantir par le feu les mémoires qu'il avait entre les mains, n'aurait pu lui faire atteindre le but qu'on suppose faussement qu'il s'est proposé. Ces observations ont déjà été produites ; mais l'obstination de nos adversaires nous oblige à les reproduire avec plus de développement, afin de les mettre désormais hors d'état d'entretenir, par de vieilles répétitions, l'erreur où est plongée encore aujourd'hui la nation presque tout entière.

Secondement, le fait dont il s'agit est détruit par d'autres faits publics incontestables.

Lemontey, dont le témoignage ne peut être ici suspect, assure dans son *Essai sur l'Etablissement monarchique de* Louis XIV, qu'il a vu aux archives de l'ancienne maison du roi (aujourd'hui archives de la Couronne) *plusieurs centaines de registres, du temps de ce prince,* où ont été inscrites, jour par jour, les dépenses du 17.ᵉ siècle en bâtiments. Il est vrai qu'il a prétendu que ces registres ne peuvent faire connaître le taux réel des sommes dépensées alors en constructions ; mais cette assertion qui n'était fondée que sur la crainte qu'avait Lemontey, que le dépouillement de ces registres mît à nu ses exagérations outrées, a été victorieusement réfutée dans la préface.

M. Eckard, dans ses *Recherches historiques sur Versailles*, dont la deuxième édition a été publiée en 1836, affirme avoir vu et compulsé aux archives de la Couronne les registres dont a parlé Lemontey, et avoir reconnu qu'ils sont sans lacune depuis 1668 jusqu'à 1715, année de la mort de Louis XIV. Il ajoute même que ces registres vont bien au-delà de l'année 1715.

Les travaux des bâtiments ayant commencé en 1664, si les registres dont il est question, ne partent que de l'année 1668, il faut conclure que ceux des sept premières années ont été perdus ou dérobés pendant les orages de la révolution de 89. Ce qui change cette présomption en certitude, c'est que M. Peignot, président de l'académie de Dijon, déclare dans ses *Documents authentiques et curieux sur Versailles*, publiés en 1827, qu'en 1819 il trouva sur l'échoppe d'un bouquiniste, à Dijon, trois de ces registres parfaitement conservés, dorés sur tranche, et marqués aux armes de France. C'étaient les registres des années 1664, 1665 et 1666.

Il demeure donc constant et avéré : 1.° que Louis XIV n'a point livré aux flammes les mémoires de ses dépenses en bâtiments ; 2.° que les registres renfermant le chiffre de ces mémoires subsistent encore aujourd'hui.

Ainsi, M. Salverte ne pourra plus nous dire que le grand roi a eu la pudeur de faire disparaître les preuves de ses folles dépenses en constructions; mais peut-être soutiendra-t-il toujours que les célèbres monuments élevés par ce monarque *attestent le peu de goût des arts, le peu d'idée de la destination des bâtiments, le peu d'idée même de leur décoration*, au 17.ᵉ siècle.

Le marquis de La Fare a tenu le même langage, il y a cent ans. Mais qu'est-il arrivé? C'est qu'il a été mis par tous les gens sages et raisonnables, au nombre des écrivains aveuglés par la passion, et que la plupart des littérateurs qui ont parlé de ses mémoires, les ont signalés comme l'œuvre de la haine et de la vengeance, et ont déclaré qu'ils ne méritaient aucune créance.

Je ne conseillerais pas à M. Salverte de renouveler sa violente sortie contre les constructions du 17.ᵉ siècle; car il se trouverait fort embarrassé, si on le sommait d'indiquer quels sont aujourd'hui, non en France seulement, mais dans toute l'Europe, les monuments qui pourraient, sans désavantage aucun, être mis en parallèle avec le plus beau palais élevé par Louis xiv. Quand il est question de Versailles, il ne faut pas considérer isolément le château; il convient de rapprocher de lui ces belles eaux, ces jardins et ces parcs magnifiques qui le décorent : le tout forme un ensemble ravissant qu'on ne trouve nulle autre part qu'en France.

Ici, nationaux et étrangers, tout le monde est d'accord. On ne se retire du château de Versailles, après l'avoir parcouru en détail, qu'avec le double sentiment de la suprise et de l'admiration. Rien ne paraît plus propre que ce château, à donner une haute idée du génie et de la puissance du grand siècle : rien n'atteste, d'une manière plus sensible, le progrès rapide des arts, à cette époque.

CANAL DU LANGUEDOC.

Le document qui suit est devenu extrêmement rare : il serait peut-être impossible d'en trouver un autre exemplaire, que celui sur lequel a été faite la présente copie. Nous avons donc cru devoir le publier à la suite de l'histoire des constructions du grand siècle, comme pièce éminemment propre à prouver,

1.º Avec quelle ardeur Louis xiv embrassait tous les projets qui tendaient à la gloire ou au bien-être de sa nation.

2.º Avec quel soin le gouvernement royal s'attachait à prévenir les difficultés, à prévoir les obstacles, et à prendre toutes les précautions suggérées par la prudence, pour que les grandes entreprises par lui formées, fussent conduites à un heureux terme.

3.º Enfin, avec quel courage, quelle habileté, et surtout quel désintéressement le célèbre et généreux Pierre-Paul Riquet, sieur de Bonrepos, se rendit adjudicataire des travaux du canal du Languedoc, à un prix inférieur à celui que l'administration elle-même avait jugé indispensable.

Toutes ces considérations nous portent à penser que le lecteur nous saura gré de lui avoir mis sous les yeux une pièce si curieuse et si intéressante. Pour conserver à ce document sa physionomie ancienne et naturelle, nous avons pensé qu'il fallait en respecter et le style et l'orthographe.

ARREST D'ADIVDICATION

DES OVVRAGES A FAIRE

Pour le canal de communication des deux mers, Oceane et Mediterranée en Languedoc. (Année 1666.)

Extrait des Registres du Conseil d'Estat.

Le Roy voulant pouruoir au restablissement du commerce, et le rendre plus fleurissant qu'en aucun des siecles passez; et ayant fait examiner en son Conseil à cét effet les propositions faites à sa Majesté, *par M.ᵉ Pierre Paul Riquet, sieur de Bonrepos*, pour la construction d'vn canal de communication des mers, Oceane et Mediterranée dans la Prouince de Languedoc, sa Majesté les auroit jugées si auantageuses tant à ses sujets qu'aux autres peuples de l'Europe, que pour en connoistre la possibilité, elle auroit deputé des Commissaires du Corps des gens des trois Estats de ladite Prouince de Languedoc, auec les Commissaires presidans ausdits Estats; lesquels s'estans transportez sur les lieux, auroient donné leur aduis de la possibilité de faire ledit canal, et de la forme qu'il doit estre construit; sur lequel sa Majesté auroit fait dresser le Deuis et estat des trauaux qu'il conuient faire pour la construction dudit canal. Mais auparauant que d'entreprendre vn si grand ouurage, sa Majesté auroit jugé à propos d'y faire trauailler par l'essay d'vn petit canal ou rigole de deriuation; ayant à ces fins par arrest du Conseil d'Estat du 27. May 1665. commis ledit Riquet, pour sous les ordres des sieurs de Bezons et Tubeuf, Conseillers de sa Majesté, Intendans de Iustice, Police et Finances en Languedoc, faire proceder audit essay; lequel ayant autant bien reüssi comme on pouuoit l'esperer, et asseuré l'euenement de cette entreprise, sa Majesté auroit resolu d'y faire trauailler sans aucun retardement; et à cét effet auroit ordonné au sieur Cheualier de Clerville, Commissaire general des Fortifications de France, de dresser vn nouueau Deuis de la forme et manière en laquelle sa Majesté entendoit lesdits ouurages estre faits, pour conduire ledit canal de communication des mers, depuis la riuiere de Garonne, au dessous de la ville de Toulouse, jusques en celle d'Aude, proche la ville de Trebes, ainsi qu'il ensuit.

EXTRAIT

DES REGISTRES DU CONSEIL D'ESTAT.

Deuis de ce qui est à faire pour joindre la mer Oceane à la Mediterranée, par vn canal de transnauigation, qu'on projette de tirer de Toulouse à Narbonne.

APRES que sa Majesté a repris le dessein qu'auoient eû plusieurs des Rois ses predecesseurs, pour joindre la mer Oceane à la Mediterranée, par vn canal de transnauigation de Toulouze à Narbonne; discuté toutes les propositions qui leur auoient esté faites sur ce sujet en plusieurs siecles; pris soin de faire verifier sur les lieux la possibilité de cette entreprise; fait faire auec de grandes despenses vn essay palpable pour la persuader, aussi bien que pour la connoistre; jugé par plusieurs sensibles demonstrations de son infaillibilité, et ordonné qu'il fust dressé par le Cheualier de Clerville, Commissaire general des fortifications de France, vn Deuis exact de ce qui estoit à faire pour la conduire à vne heureuse fin; il a esté trouué à propos, que pour fournir pendant toute l'année, le canal projetté,

Deuis du sieur Cheualier de Clerville.

d'vne quantité d'eau suffisante au port des batteaux qui auront à y nauiger, il sera premierement, et preferablement à toute autre chose, trauaillé à la rigole de deriuation ; par laquelle les eaux estrangeres qu'on se propose conduire de la Montagne noire au point de partage, où doit estre faite la distribution de celles qui seront versées dans la riuiere du petit Lers, qui a ses pentes du costé de Toulouze ; et de celles qui doiuent estre portées dans le Fresquel, qui a les siennes du costé de Narbonne, afin que la portion de canal qui se tirera par apres de l'vne et de l'autre de ces deux riuieres, qui ne sont que de foibles filets dans leur principe, en soit remplie, et que tout le reste de ce canal (dans la construction duquel on ne fera que redresser le cours de ces riuieres, pour les renfermer dans vn vaisseau plus droit et plus commode à la nauigation) puisse estre assisté et entretenu d'vne reproduction perpetuelle, telle que sera celle des sources de la Montagne noire, dont on y attirera les eaux par le moyen de la rigole susdite et par celuy des reseruoirs qu'on fera pour la renforcer dans les temps que la chaleur excessiue du Soleil les pourroit affoiblir de quelque chose.

Rigole de deriuation. La rigole de question se prendra de la riuiere d'Alsaux, dans ladite Montagne noire, d'aussi haut qu'il sera necessaire, pour en pouuoir amener toute l'eau dans le canal de question par des lieux moins escarpez et moins penchans que ceux qui auoient esté occupez dans l'essay qui s'en fit par ordre de sa Majesté l'année passée : Mais afin qu'elle subsiste mieux par toute son estenduë, et que le poids de l'eau qu'elle doit contenir ne la puisse pas crever, ny que quelques ennemis du bien public ne la puissent pas facilement ouurir pour en faire écouler les eaux ; il sera obserué, qu'elle doit estre placée en telle assiette qu'elle ait tousiours vne époisseur de quatre toises de terre, par laquelle ses bords et son canal soient appuyez et fortifiez du costé des precipices. Partant, si la situation naturelle dans laquelle elle sera conduite, n'a pas, pour ainsi dire, cette planitie qu'on desire à l'entour de ses bords, on y rapportera artificiellement de la terre qui repare leur foiblesse et qui les renforce. Toutefois il faudra ranger cette terre de telle sorte, qu'après l'auoir raisonnablement foulée, on luy donne quelque petite inclination, sur laquelle les eaux qui pourroient regorger par quelque accident dans cette rigole, se puissent épancher, et l'exempter du dommage que leur sejour y pourroit apporter.

Et d'autant que la chaussée, par laquelle se doit faire la prise des eaux, est l'ouurage de tous ceux qui doivent estre faits pour ladite rigole, qui sera le plus combattu par les creuës extraordinaires que les pluyes, ou les rauines des montagnes pourront produire, il faudra que cette chaussée soit faite de bonne massonnerie, à chaux et à ciment, de l'époisseur de six pieds par en haut, non compris son talut, et d'vne éleuation proportionnée au point jusques auquel on veut que les eaux, qu'on se propose de diuertir, puissent monter.

Mais comme la partie du canal de jonction qui se doit faire dans l'interualle d'entre les riuieres de Lers et de Fresquet, doit estre remplie d'eau estrangere, aussi bien que le reste fortifié d'vn secours extraordinaire, et qu'il en faudra vne quantité suffisante pour fournir le premier et pour entretenir l'autre, de telle sorte qu'il soit tousiours en estat de nauigation, il sera besoin pour cela de faire que ladite rigole soit capable de contenir depuis son commencement jusqu'au dessous du Chasteau de Montcausson, non seulement vne toise cube d'eau, mais encore vne partie de celles qui y pourroient suruenir par les accidents ci-dessus mentionnez. Ainsi ne doit-elle pas moins auoir depuis l'vn de ces endroits jusqu'à l'autre, de neuf pieds d'ouuerture par en haut, et de cinq par en bas, sur neuf de profondeur.

Toutefois, comme quelques-vns des terrains par lesquels doit courir cette rigole, se trouuent ou sablonneux, ou vn peu mal aysez à se soustenir d'eux-mesmes, il sera necessaire d'asseurer les uns et les autres ou par un reuestissement de pierre seiche aux lieux où il s'en trouuera assez commodément pour le faire sans vne excessiue dépense; ou par vn enfoncement de pieux au long de ses bords, en ceux où il s'y trouuera du bois ; ou par vn gazonement aux lieux où il s'y trouuera des prez, dont on le puisse tirer ; ou mesme par vne massonnerie, à chaux et à ciment, en ceux où le vice desdits terrains ne pourroit pas estre corrigé par vn autre remede. Enfin l'Entrepreneur des ouurages qui sont à faire pour l'execution du dessein cy-dessus énoncé, mettra par tout ladite rigole en tel estat, que les eaux s'y puissent conseruer, et que la quantité de celles qui sont necessaires à ladite nauigation s'y puisse tousiours entretenir.

Et parce que l'exuberance des eaux que les creuës dont il est parlé, sont parfois capables d'amasser en cette rigole, pourrait endommager les pays qui en sont voisins ; l'on fera des épanchoirs de massonnerie, en glacis, non seulement aux prises principales desdites eaux, comme au trauers des riuieres, du lit desquelles il faudra les destourner pour les porter dans ladite rigole ; mais aussi en plusieurs autres endroits, qui ne peuuent estre marquez que par les experiences qu'on aura auec le temps des regorgemens qui s'y feront.

Et d'autant qu'en quelques-vns des endroits où doit passer cette rigole, la nature du pays est disposée de telle sorte, qu'il y a des montagnes qui luy sont sureminentes, et par les pentes desquelles les eaux pluuiales tombent par fois avec tant d'impetuosité, qu'elles la pourroient emporter, ou du moins y charrier des matieres qui en pourroient combler quelques parties; il faudra faire faire en ces endroits là vn contrefossé qui reçoiue lesdites eaux dans leur premiere cheute, et qui les ayant ramassées, les mene par dessus ladite rigole dans de petits canaux garnis de bon conroy, et reuestus de bonne massonnerie, qui passeront en forme de ponts par dessus icelle en autant de lieux que la pratique découurira qu'il en soit de besoin.

Mais parce qu'en quelques autres, il sera peut-estre jugé à propos de faire passer lesdites eaux tant par dessous la rigole, que par dessus; il faudra pour lors prendre le party de faire de petits aqueducs de bonne massonnerie pour la porter, afin de donner moyen à celles qu'il n'y aura pas de commodité de faire passer par dessus icelle, de s'écouler au dessous de son canal. Et s'il est besoin de faire encore quelques autres petits aqueducs en des endroits où il sera jugé plus à propos d'y en faire, que de prendre de grands contours pour conseruer le niueau de l'eau, ils se feront aux dépens de l'Entrepreneur qui a traité en gros de la construction des ouurages impreuus, ou d'incertaine supputation, et qui trouuera dans le racourcissement du chemin que ladite rigole aurait à prendre par ces contours la compensation de la dépense que lesdits aqueducs luy pourroient causer : Ce qui se fera au choix et option de l'Entrepreneur, par l'aduis de l'inspecteur preposé par sa Majesté.

Apres auoir pris les eaux de la riuiere d'Alsaux,

et les auoir destournées dans la rigole de question par les moyens cy-deuant expliquez, il faudra en suite prendre celles de Vernassonne, de Lampy, Lampillon et de Rieutort, pour les mener par la mesme voye et maniere cy-dessus mentionnée, jusqu'auprés du village des Camazes, d'où il les faudra toutes jetter dans la riuiere de Laudau, qui passe dans le vallon des Vaudreüilles, afin de les conduire au point de partage, tant par le canal ordinaire de cette derniere riuiere (duquel on se peut seruir depuis son commencement jusqu'au dessous du lieu de Montcausson) que par la rigole, qui se recommencera au dessous dudit Montcausson, et à laquelle il faudra pour lors donner deux toises de largeur par en haut, et sept pieds par en bas, pour contenir, comme elle deura faire, vne plus grande quantité d'eaux qu'elle n'auoit besoin d'en contenir dans son commencement.

Si les eaux de la riuiere d'Alsaux, auec celles de Vernassonne, de Lampy, Lampillon et Rieutort, ne suffisoient pas pour ce qu'il en conuient à l'entretenement du canal de jonction, on pourra tirer pendant les mois de Nouembre, Decembre, Ianuier, Fevrier, Mars, Avril et May, vne partie de celles de Sor, et les amener par la trenchée qui est desia faite, dans ladite rigole; laquelle trenchée l'Entrepreneur mettra en bon estat à ses frais et dépens.

Mais comme le Roy n'a pas trouué qu'il fust

juste de retrancher aux moulins des particuliers, ny à leurs heritages, les eaux dont ils pourroient auoir besoin en toutes saisons, sans vne indispensable necessité, l'Entrepreneur fera toutes choses possibles pour se passer de celles de Sor, quoy qu'on en puisse prendre pendant les mois susdits autant qu'on en aura de besoin, et quelque peu durant les cinq mois restans, sans prejudicier à qui que ce soit : Neantmoins, pour éuiter les desdommagemens qui seroient raisonnablement à pretendre de cette part là, tant dans la plaine de Reuel, qu'ailleurs, il sera necessaire de faire autant de reseruoirs qu'il conuiendra d'en auoir, ou dans le valon de Vaudreüilles, dans lequel il se trouue de fort grandes commoditez pour cela; ou en tel autre endroit qu'il sera jugé à propos d'en faire, à proportion de la necessité qu'auec le temps on trouuera qu'on en ait. Et afin que ces reseruoirs subsistent à perpetuité, il faudra premierement bien reconnoistre, si les lieux où l'on voudra les construire seront capables de contenir l'eau qu'on desirera d'y conseruer, sans craindre qu'elle se perde auec le temps, ny qu'elle s'imbibe dans les pores et dans les veines de la terre : Et puis il faudra faire de bons gros murs à chaux et à ciment, soutenus par derriere, auec vne telle quantité de bonne terre et de bon conroy, que le grand poids de l'eau ne les puisse pas renuerser, ny s'écouler à trauers d'iceux; ou bien faire des chaussées de terre assez épaisses, assez garnies de bon conroy et assez talüées, pour conseruer les eaux susdites aussi long-temps qu'il sera necessaire; le tout comme il sera trouué meilleur dans l'execution.

Il est assez inutile de parler de la necessité des empalements qui sont à faire aux reseruoirs susdits, puis que sans cela on n'en pourroit pas tirer quand on voudroit les eaux qu'on auroit amassées : Toutefois, comme les ouuertures où il faut appliquer ces empalements doiuent verser à proportion du besoin que le canal de jonction aura d'eaux estrangeres, il leur faudra donner deux ou trois pieds de largeur, et autant de profondeur qu'en aura le plan de la rigole susdite.

Et d'autant que le succés de la rigole icy projettée, fait tout le fondement du dessein de joindre la mer Oceane à la Mediterranée, par vn canal nauigable, en ce que par là se regle la mesure des eaux estrangeres qui y doiuent estre amenées, tant pour en remplir la portion qui sera faite entre les riuieres de Fresquet et de Lers, que pour le renforcer par tout d'vne aussi grande quantité d'eaux qu'il en aura besoin, il se faudra d'abord appliquer à la construction de ladite rigole, et à celle des reseruoirs d'eau cy-dessus mentionnez, et y employer tout le fort du trauail et de la dépense pendant le cours de la premiere année; apres laquelle on s'attachera au canal de jonction, qui doit estre fait depuis Toulouze jusques à Trebes, et le commencer par le costé de Toulouze, en venant aux pierres de Naurouze, et continuera-t'on en mesme temps ladite rigole jusques à son entiere perfection, travaillant à l'vne et à l'autre auec telle diligence, que dans les quatre premieres années pour le plus tard, on puisse auoir joint ledit canal et la rigole aux pierres de Naurouze, pour acheuer tous les ouurages de jonction des deux mers, depuis Toulouze jusqu'à la Mediterranée, en huit années consecutiues, à les compter du premier jour de Ianuier prochainement venant, jusqu'à la fin de l'année 1674.

Mais comme la rigole projettée doit passer par plusieurs endroits, à trauers desquels il y a presentement de grands chemins royaux, et plusieurs sentiers qui conduisent à quelques Villes, Bourgs et Villages du Lauraguais, ausquels elle empescheroit qu'on peust communiquer, si l'on ne bastissoit quelques ponts pour la trauerser; il sera fait en chacun des endroits, où il sera jugé necessaire d'entretenir des passages pour la commodité publique, deux piles de six pieds d'époisseur, et de douze de longueur sur chacune des riues de ladite rigole : icelles deux piles sousteneuës d'arcboutans du costé du terrain, pour porter l'arcade de douze pieds de largeur, qui se deura faire pardessus ladite rigole, apres qu'il aura esté pris sur icelle vn pied d'espace de chaque costé pour deux murs d'appuy, qui luy deuront seruir de gardefous.

Et pour ce qui est de l'estenduë de l'arcade, la mesure s'en prendra suiuant les differentes largeurs que ladite rigole aura par son ouuerture, dans le cours qu'elle prendra depuis la riuiere d'Alsaux jusqu'aux pierres de Naurouze. Toutefois, comme chaque Communauté, et mesme chaque particulier demanderoit des ponts pour sa commodité, si vn Entrepreneur s'engageoit à bastir ceux qui seroient jugez plus necessaires, le nombre qui s'en deura faire se peut mieux regler par des Commissaires du Roy, ou de la Prouince, que par ce Deuis, où la quantité n'en peut pas estre decidée.

Mais parce que les bestiaux pourroient gaster quelque chose à ladite rigole, ou par le dessein de la trauerser, ou par quelqu'autre accident, l'on prendra soin d'en disposer les bords de telle sorte aux endroits qui leur sont plus accessibles, qu'ils n'y puissent faire aucun dommage.

Et d'autant qu'il pourroit arriuer que quelques parties de cette rigole et de ce canal, qu'on propose de tirer depuis Toulouze jusques aux pierres de Naurouze, et mesme depuis ce lieu là jusqu'à la mer Mediterranée, n'estant pas encore assez affermis, se ruïneroient par les pluyes, ou par quelqu'autre accident, pendant qu'on trauailleroit aux autres; l'Entrepreneur, à qui les ouurages en seront adjugez, sera tenu de remedier aux desordres qui y pourroient arriuer par mal façon, ou autrement, jusqu'à ce qu'ils soient dans l'vsage auquel ils sont destinez, et que la nauigation commence à se faire dans le canal de jonction, ou dans quelque portion d'iceluy, et encore vn an apres. En suite dequoy, et mesme en attendant quoy il sera bon de faire vn fonds pour l'entretenement desdits ouurages, ou establir sur les denrées qui seront portées par ledit canal, quelque petit peage, au moyen duquel on puisse faire toutes les reparations qui pourront estre à y faire. Cependant, si auant la perfection de tous les trauaux necessaires à l'entiere communication des deux mers, et mesme à celle de Toulouze à Trebes, on se peut seruir de quelques-vnes des parties dudit canal, auant que les autres soient acheuées, et que l'on puisse nauiger en icelles, en attendant que toutes les autres soient en mesme estat, il sera deschargé de l'entretenement des ouurages qui s'y seront faits vn an apres qu'elles seront en terme, que quelques batteaux y auront pratiqué, ou du moins y auront pû pratiquer.

Canal de jonction projetté de Toulouse à Narbonne. Apres que l'on aura trauaillé pendant l'année prochaine 1667. à l'auancement de la rigole susdite, et à celuy des reseruoirs d'eau cy-dessus mentionnez, auec la plus grande force qu'il sera possible, il faudra s'appliquer auec la mesme diligence à la construction du canal de jonction, qui est presentement à tirer de Toulouze aux pierres de Naurouze, et de là proche de la ville de Trebes, pour en suitte le conduire de Trebes à la mer Mediterranée, ou de cette mer à Trebes. Et pour ce, l'on commencera par vne ouuerture qui se fera dans la Garonne, entre Toulouze et le lieu appellé Septdeniers, aussi bas que le plan ou le lit de cette riuiere; et en continuera-t'on l'entrée par vne jettée de bonne massonnerie, au moyen de laquelle on puisse empescher que la rapidité ordinaire et extraordinaire de son courant ne consomme pas ladite entrée peu à peu, ne la comble pas des sables et autres matieres qu'elle charie ordinairement, et enfin ne la destruise pas, comme elle pourroit faire, par vne voye ou par vne autre, si elle n'estoit asseurée par la jettée proposée.

L'entrée du canal de jonction estant asseurée de cette sorte, on pourra faire assez proche d'icelle la chaussée qui doit empescher les eaux de la Garonne d'entrer hors de mesure dans ledit canal et l'escluse qui doit admettre les batteaux qui auront à nauiger du costé de Narbonne, aussi bien qu'à en faire sortir ceux qui auront à descendre du costé de Bourdeaux. Mais afin que l'vn et l'autre se puisse tousiours faire dans l'ordre et dans la commodité requise, cette premiere escluse se construira dans les mesures et dans la mesme maniere que celles qui ont esté faites sur les riuieres de Lot, de Tar et d'Agoust qui aboutissent dans la Garonne, afin que les mesmes batteaux, couraux, et toute autre sorte de bastimens qui pratiquent dans toutes ces riuieres là, puissent aussi pratiquer et nauiger, chargez et deschargez, dans le canal de jonction : Partant cette escluse, aussi bien que toutes les autres qui devront estre faites dans toute l'estenduë dudit canal pour suspendre les eaux, les y conseruer, les y entretenir dans vn mesme niueau, et les y rendre faciles à monter et à descendre, n'aura pas moins de vingt-quatre toises de longueur pour chacune de ses joüyeres, afin que par ce moyen les bastimens susdits y puissent entrer, et que mesme il y en puisse tenir deux mediocres en vn mesme temps.

Toutesfois, parce que les grandes escluses emportent toûjours vne plus considerable quantité d'eau que les petites, il sera examiné sur les lieux si celles qui sont à faire sur ledit canal peuuent estre accourcies de quelques toises; ce qui se jugera par la possibilité que les Mariniers, qui auront à y nauiger, trouueront à se pouuoir seruir d'vn gouuernail plus court que celuy dont ils se seruent ordinairement dans les riuieres de Garonne, de Tar, et de Lot; ou bien s'ils pourront, en entrant dans chaque escluse, leuer leur gouuernail, et le coucher sur leurs batteaux, pour luy donner moyen d'occuper moins de place dans les bassins; auquel cas on pourroit reduire la longueur desdits bassins à quatorze toises, entre deux portes, et à vingt toises en tout pour la longueur de chaque joüyere.

Les portes, plattes formes, et empalements de cette escluse, aussi-bien que de toutes les autres qui seront à construire en toute l'estenduë dudit canal, se feront dans la maniere de celles qui ont esté faites dans lesdites riuieres de Lot, de Tar, et Dagoust, aussi-bien que toutes les autres choses necessaires à leur perfection. Mais comme la docilité des eaux qui seront renfermées dans ledit canal de jonction, n'exige pas vne si grande solidité, ny de si grandes hauteurs que celles qui ont esté gardées dans les mesures des escluses basties sur les riuieres cy-deuant mentionnées, il suffira de donner aux joüyeres de celles-cy six pieds d'espoisseur, et douze de hauteur, si ce n'est que l'approfondissement qui se fera en quelques endroits, pour gagner quelque niueau, et sauuer quelques escluses de moins, exigent qu'on leur donnast quelque peu plus d'eleuation : mais en cas qu'il s'y trouue du costé où elles s'appuyeront des terrains pierreux et assez solides, pour n'exiger pas qu'on donne ausdites joüyeres six pieds d'espoisseur du costé de la terre, l'Entrepreneur ne sera point obligé à garder la mesme espoisseur, qui en ces sortes d'endroits-là seroit inutile. Enfin, il suffira que l'ouurage des escluses soit jugé assez bon pour durer aussi long-temps qu'il sera possible.

La distance d'entre ces joüyeres sera de quinze pieds à l'entrée ; mais si on en veut eslargir le bassin entre les deux ponts, il n'en sera que mieux, en ce que cela donnera plus de commodité d'y receuoir deux batteaux tout à la fois ; et que la despense qui se fera dans les auances, par lesquelles peut estre produit cét élargissement, sera compensée par l'auantage qui resultera de pouuoir d'autant racourcir les chaussées ausquelles seront attachées lesdites escluses, que leur bassin aura esté eslargy au delà des quinze pieds susdits. Mais comme il seroit long d'exposer tout le détail de leur construction dans ce Deuis, il en sera donné des desseins particuliers par celuy qui sera preposé pour auoir l'inspection generale desdits ouurages.

Mais comme l'impetuosité des eaux qui entrent dans la portion de ce canal, depuis la Garonne jusqu'à la premiere escluse, ou l'agitation de celles qui sejourneront depuis son entrée jusqu'à ladite escluse, pourroient endommager les bords, ils seront reuestus dans cette espace d'vne bonne massonnerie à chaux et à ciment.

Pour regler la quantité d'escluses qui sont à faire dans l'estenduë du canal de jonction proposé à faire depuis Toulouse jusqu'à Trebes, outre celle qui est cy-dessus descrite; il est à sçauoir, que de Toulouse aux pierres de Naurouze, qui est le lieu du partage des eaux qui ont à estre portées de l'vn et de l'autre costé de ces deux endroits, il y a sur les vingt-six-mille deux cents soixante neuf toises d'estenduë qui s'y rencontrent, vingt-huit toises de pente assez insensible : et que du mesme lieu à Trebes, il y a sur les trente-vn mille cent trente-trois toises d'interualle qui s'y trouuent, cinquante-huit toises de pente, qui sont aussi tellement insensibles, qu'il paroist que les eaux de la fontaine de la Graue, proche desdites pierres de Naurouze, dont partie s'espanche dans l'Ocean, en allant vers Toulouse, et partie dans la Mediterranée en allant vers Narbonne, coulent dans un plan ésgal, et specialement au point de partage où il n'y a aucune terre ny hauteur qui puisse faire connoistre l'eleuation imperceptible qui s'y rencontre; mais comme le niueau l'y descouure, aussi-bien que le cours des eaux, et qu'il s'agit de reduire l'espace qui est entre ces deux extremitez, à vne telle égalité, que la quantité d'eau qui est necessaire à y entretenir la nauigation s'y puisse arrester, et s'y conseruer auec plus d'asseurance, et que les batteaux qui auront à y pratiquer y puissent aller et venir auec plus de facilité, il n'y faudra, par la réduction qui se fait de ce qui est haut auec ce qui est bas, gueres moins de quarante escluses pour cela. Toutesfois comme en approfondissant dauantage le canal de jonction aux endroits où les terrains, dans lesquels il doit estre creusé, s'efleuent plus que les autres, on se pourroit dispenser de faire toute cette grande quantité d'escluses; et que si l'on en pouuoit retrencher quelques-vnes de ce grand nombre, l'on accommoderoit d'autant plus la nauigation, qu'elle est toujours retardée dans leur partage, quelque promptitude qu'on puisse apporter à en ouurir les portes; il sera non seulement au choix de l'Entrepreneur d'approfondir de telle sorte ledit canal aux endroits où il y aura occasion d'y pouuoir espargner vne escluse, qu'on se puisse passer de l'y faire; mais encore y sera-t'il sollicité toutesfois qu'il y en aura vne possibilité raisonnable : Et ce d'autant plus qu'il sauuera la despense de l'approfondissement qu'il sera conuenable de faire, par l'espargne des frais qui seroient à employer dans la construction de l'escluse, de laquelle il trouuera moyen de se dispenser. S'il se trouuoit neantmoins en quelques endroits, qu'en approfondissant trop les terrains qui seroient à creuser dans ce canal, les bords ne s'en pûssent pas si bien soustenir, et que les éboulemens qui pourroient naistre de leur trop grande éleuation, deussent insensiblement combler cét approfondissement, il faudrait pour lors s'abstenir de rechercher vn auantage qui deust estre contrepesé par vne si grande incommodité. Ainsi le retrenchement qui se pourra faire de quelques-vnes des escluses cy-dessus comptées, se doit remettre à la prudence de l'Entrepreneur, et de celuy qui sera preposé pour Inspecteur general des ouurages, ou en son absence, à celle des gens habiles qui y seront par luy commis.

Voilà pour ce qui est des escluses. Quant au canal de jonction sur lequel elles deuront estre, aussi bien que leurs chaussées, basties d'espace en espace, qu'on appelle dans le terme vsité en Languedoc, pour les riuieres, de courtine en courtine, toutes les mesures n'en peuuent pas estre bien determinées en ce qui regarde sa longitude ; parce que bien qu'elle doiue estre à peu prés la mesme que celle dont il est cy-dessus parlé dans la distance qu'il y a des pierres de Naurouze à Toulouse, et de ce lieu là à Trebes ; parce que s'y trouuant quelquefois des endroits dont la situation demandera vne autre route que celle qui a esté cy-deuant mesurée, on n'en peut pas faire le calcul dans la derniere justesse, non plus que dans la largeur, que la necessité d'aprofondir plus en vn lieu qu'en l'autre, fera par fois changer de quelque chose. Toutefois sa largeur ordinaire sera de huit toises par enhaut, et de cinq toises deux pieds par enbas, sur neuf pieds de profondeur ; quoy que s'il y a des terrains qui exigent vn plus grand talut, il faudra eslargir ledit canal par enhaut à proportion de la necessité qui s'en trouuera, et enfin le mettre en tel estat par tout, que dans l'endroit le moins profond il y ait en tout temps six pieds d'eau qui ne verse point sur les bords, lesquels deuront tousiours auoir au moins deux pieds d'eleuation au dessus de la surface de l'eau.

Les terres qui se tireront de l'excauation de ce canal seront portées à deux toises au de là de son riuage, pour y auoir vn franc bord entre luy et lesdites terres ; lesquelles seront autant bien ramassées qu'il se pourra, bien rangées en les portant, et disposées en forme de digue, afin de défendre par ce moyen ledit canal des dommages que les pluyes des pays voisins, et les eaux qui sejournent pendant l'Hiuer dans les prairies, et particulierement du costé de Toulouse, y pourroient causer.

Il semble, que comme la nauigation ordinaire de ce canal se fera probablement par des cheuaux, tant en allant d'vn costé que de l'autre; et que pour leur donner lieu de tirer auec plus de commodité, les batteaux qui auront à y pratiquer, deuront auoir quelque sorte de masts qui soûtiennent les cordes du tirage; il faudroit que les ponts qui se feront pour trauerser d'vn costé et de l'autre de ce canal, et sous lesquels lesdits batteaux auront à passer, fussent assez exaucez pour n'obliger point les batteliers à baisser ou démonter leurs masts, et que pour cela il fust mieux de faire les ponts susdits d'vne seule arche que de deux. Mais comme ce grand exaucement requiert de grandes chaussées, et qu'il n'y a pas moins de solidité en vn pont composé de deux arches, qu'en celuy qui ne l'est que d'vne seule; il sera peut-estre mieux d'obliger lesdits batteliers à briser et à baisser vn peu leurs masts, que de tant hausser les ponts et que de les faire d'vne seule arcade. Mais quoy qu'apparemment il soit plus à propos d'y en faire deux; c'est à dire, vne petite et vne grande, il ne faut pas laisser d'en remettre la decision à la pratique, et à la prudence des Commissaires du Roy ou de la Prouince, qui seront ordonnez pour regler la qualité aussi bien que la quantité desdits ponts, et mesme pour en faire la despense, s'il est ainsi jugé à propos.

Et d'autant que tous les ouurages cy-dessus mentionnez doiuent, autant qu'il se pourra, marquer la puissance du grand Roy qui les fait faire, et que pour cela et pour l'vtilité publique, ils doiuent, s'il estoit possible, durer jusqu'à l'eternité; l'Entrepreneur qui en aura l'adjudication, prendra soin d'y employer tous les meilleurs materiaux qui se pourront trouuer, et de faire faire lesdits ouvrages en telle perfection, que les gens qui seront ordonnez par sa Majesté pour en auoir l'inspection generale, n'y puissent trouuer rien à redire tant dans le temps de l'execution que dans celuy de la reception d'iceux.

Mais comme il s'y pourra trouuer, que la pratique découurira peut-estre quelques nouuelles choses, qui pour n'estre pas icy exposées, ne laisseront pas d'estre bonnes et mesme necessaires, l'Entrepreneur pourra bien alors les executer, pourueu que ce soit auec l'approbation de sa Majesté, ou au moins auec celle de l'homme proposé, pour auoir l'inspection generale desdits ouurages. Et en cas que ce qui sera jugé à propos d'adjouster ou de changer, soit d'vne plus grande despense que ce dont il aura esté conuenu par le Traité fait auec luy, il se retirera pardeuers sa Majesté pour y pouruoir : Mais si elles sont d'vne égale dépense, il sera obligé d'executer ce qui luy sera marqué là dessus par ledit Inspecteur, ou ceux qui seront par luy preposez, sans aucune difficulté; hors dequoy ledit Entrepreneur ne pourra rien changer au present Deuis, apres que la lecture luy en aura esté faite, et qu'il aura dit le bien entendre.

Fait au Chasteau de Vincennes le 5. octobre 1666.

Signé, LE CHEVALIER DE CLERVILLE.

VEV par le Roy, en son Conseil Royal des Finances, le Deuis dressé par le sieur Cheualier de Clerville, Commissaire general des Fortifications de France, des ouurages à faire pour le canal de transnauigation et communication *des mers Oceane et Mediterranée, ledit canal depuis la riuiere de Garonne prés Toulouze, jusques en celle d'Aude prés Trebes*; dans lequel Deuis tous les ouurages sont designez et specifiez en la maniere qu'ils doiuent estre faits par l'Entrepreneur d'iceux : LE ROY EN SON CONSEIL ROYAL DES FINANCES, a approuué et ratifié ledit Deuis, et ordonné et ordonne que la construction des ouurages designez et portez par iceluy, seront publiez au rabais audit Conseil, et adjugez au moins disant en la maniere accoustumée.

Fait au Conseil Royal des Finances, tenu à Vincennes le 1. jour d'Octobre 1666. Collationné :

Signé, BECHAMEIL.

LEQUEL Deuis ayant esté communiqué à plusieurs hommes intelligents en cette matiere, et les publications de tous les ouurages qui y sont projettez, ayant esté faites dans les formes accoustumées, il se seroit presenté diuerses personnes qui auroient offert de faire tous les ouurages mentionnez au Deuis susdit, tant en ce qui concerne la rigole de deriuation que le canal de jonction, depuis la riuiere de Garonne proche la ville de Toulouse, jusqu'à la riuiere d'Aude prés Trebes, moyennant la somme de cinq millions de liures; laquelle offre ayant esté publiée au rabais, il y aurait eû de moins dites par des particuliers, à quatre millions trois cent quarante mille liures : et en suitte lesdites offres ayant esté enuoyées ausdits sieurs de Besons et Tubeuf pour faire pareilles publications desdits ouurages, et proceder sur les lieux à l'eualuation d'iceux, auec des personnes intelligentes sur cette matière, pour en donner leur aduis à sa Majesté, et luy en faire le rapport : lesdits sieurs Commissaires ayant fait proceder à ladite estimation et publication, il a esté jugé par les Procez verbaux qu'ils ont enuoyez à sadite Majesté, Que les trente mille quatre cents trente-sept toises courantes que contient la rigole de deriuation, jugée necessaire pour fournir le canal de jonction d'eaux estrangeres, ne pouuaient pas estre faites l'vne portant l'autre, à moins de trente-cinq liures pour les huit mille cent dix-neuf premieres toises, qui doiuent estre creusées dans la montagne Noire, et de dix liures pour les vingt-deux mille trois cents dix-huit toises restantes de l'entiere estenduë que doit auoir ladite rigole, faisant en tout cinq cents cinq mille cinq cents quarante-cinq liures : Et aussi par les mesmes estimations et Procez verbaux, il appert, que les reseruoirs et magazins d'eau preprosez dans le Deuis dudit sieur Cheualier de Clerville, auec les chaussées qui sont à faire aux prinses des eaux, et les aqueducs à faire passer celles des rauines par dessus ou par dessous ladite rigole, ne devoient pas moins couster de sept cents cinquante mille livres : ny les cinquante-sept mille quatre cents deux toises courantes du canal de jonction, moins de trente liures chacune; c'est à dire en tout, moins d'vn million sept cents vingt-deux mille soixante liures : ny les quarante escluses qui sont à faire sur le canal de jonction, à quinze mille liures chacune, moins de six cents mille liures; et les frais impreueus, moins de cent mille liures; reuenans les susdites estimations de tous lesdits ouvrages à faire, depuis ladite riuiere de Garonne proche Toulouse, jusques à celle d'Aude prés Trebes, à trois millions six cents soixante et dix-sept mille six cents cinq liures. Lesquels ouurages ayant esté de nouueau publiez, et ledit *Deuis communiqué pendant diuers jours, à diverses autres personnes, se serait presenté ledit Me Pierre Paul Riquet sieur de Bonrepos, qui apres auoir representé à sa Majesté; que par ledit Deuis, plusieurs des ouurages susdits ayant esté remis à ce que la pratique décou-*

urirait de mieux en trauaillant, il resultera peutestre de cela, qu'il s'y trouuera vne plus grande quantité de toises, et de choses à faire, que celles qui sont mentionnées audit Deuis, il auroit offert à sa Majesté de faire et parfaire à forfait tous les trauaux et ouurages mentionnez au susdit Deuis, sans aucun excepter, en ce qui concerne la rigole de deriuation, magazins de reserue, canal de jonction, escluses, chaussées, et autres choses necessaires à la nauigation proposée à faire, depuis Toulouse jusques à la riuiere d'Aude prés Trebes tant seulement, dans le temps de huit années consecutiues, à commencer au *premier Ianuier prochain, que l'on comptera* 1667. *pour et moyennant la somme de trois millions six cents trente mille liures, payables en huit années, et huit payements esgaux*, au commencement de chacune année : Et à ces fins, que sa Majesté luy fera remettre en ses mains des assignations pour l'entiere somme, sur les fonds que sa Majesté a destinez pour lesdits ouurages ; lesdites assignations payables au commencement de chacune année, à la charge que sa Majesté sera tenuë de payer et dédommager les particuliers proprietaires des heritages et possessions où lesdits ouurages doiuent estres construits : Ensemble les Seigneurs particuliers des Fiefs et Iurisdictions desquels lesdits heritages releuent. Comme aussi, Que sa Majesté demeurera chargée de faire construire à ses frais et despens toutes les piles, arcs, et ponts qui seront jugez necessaires pour la commodité publique, tant sur le canal de jonction, que rigole de deriuation, enoncées audit Deuis. Et en outre sera tenuë sa Majesté de faire cesser tous troubles et empeschemens qui pourraient estre donnez audit Riquet, et de faire enregistrer dans les Compagnies Souueraines de la Province de Languedoc, et par tout où besoin sera, tous Edicts, Declarations et Arrests necessaires pour raison de ce, aux frais et despens de sa Majesté. Et attendu que ledit Riquet a fourny les moyens et les intelligences pour paruenir auxdits ouurages, ses deuanciers ayant vescu noblement jusques aux guerres ciuiles, arriuées dans l'Estat és années 1586. et suiuantes, qu'ils ont dérogé, il auroit supplié sa Majesté de luy accorder la rehabilitation de sa Noblesse, et aux siens, et entant que de besoin seroit, attendu les seruices qu'il rend au Roi, à l'Estat, et au public, en faisant reüssir vn si grand ouurage, luy octroyer Lettres de rehabilitation et Noblesse, tant pour luy, sa femme, leurs enfans, que leur posterité, pour joüir de tous priuileges de Noblesse à perpetuité : Lesquelles offres et conditions ayant esté examinées au Conseil, et jugées plus auantageuses qu'aucunes autres ; Et faisant sadite Majesté consideration des choses à Elle demandées par ledit Riquet : SA MAJESTÉ ESTANT EN SON CONSEIL ROYAL DES FINANCES, a accepté et accepte les offres faites *par ledit Me Pierre Paul Riquet sieur de Bonrepos,* *comme faisant la condition meilleure, et dernier moins disant ; Et en consequence dequoy luy a fait et fait Bail et delivrance* des trauaux et ouurages specifiez et designez au Deuis cy-dessus transcrit, et projettez à faire depuis la riuiere de Garonne au dessous de Toulouse, jusques à la riuiere d'Aude proche de Trebes; lesquels trauaux et ouurages il sera tenu de faire et parfaire dans huit années, à commencer au premier Ianuier que l'on comptera mil six cents soixante-sept, dans la mesme forme et maniere portée par le Deuis susdit, aux clauses et conditions que s'ensuit :

PREMIEREMENT.

Que sadite Majesté promet et s'oblige de faire payer audit Riquet, pour le prix desdits ouurages, la somme de trois millions six cents trente mille liures contenuë en son offre : Laquelle somme luy sera payée en huit années, et huit payemens esgaux, de quatre cents cinquante-trois mille sept cents cinquante liures chacun, au commencement de chacune année. Et à ces fins, qu'il luy sera remis presentement en ses mains des assignations pour la susdite entiere somme, sur les fonds que sa Majesté a destinez pour la construction desdits ouurages.

2. Se charge sa Majesté de payer et indemniser les particuliers proprietaires des terres et heritages qui seront pris à l'effet de la construction desdits

ouurages ; Ensemble les Seigneurs particuliers, des Fiefs et Iuridictions desquels lesdits heritages releueront, suiuant la liquidation qui en sera faite par Experts qui seront pris par les Commissaires qui seront deputez.

3. Se charge aussi sa Majesté de faire construire à ses frais et despens toutes les piles, arcs et ponts qui seront jugez necessaires pour la commodité publique, tant sur ledit canal de jonction, que rigole de deriuation.

4. Sa Majesté se charge de faire cesser tous troubles et empeschemens qui pourroient estre donnez audit Riquet pour raison de ce que dessus, et promet l'assister de tout ce qui dépendra de son autorité; En consideration dequoy, et pour traiter fauorablement, ledit Riquet, sadite Majesté luy a accordé la rehabilitation de Noblesse, et entant que de besoin, l'a declaré et declare Noble; ensemble sa femme, leurs enfans, et leur posterité, nais et à naistre en loyal mariage, pour joüir par eux de tous priuileges de Noblesse à perpetuité, dont luy sera expedié Lettres de rehabilitation et annoblissement, sans qu'il puisse estre censé ny reputé nouueau Noble; et pour l'execution du present Contrat, toutes Lettres, Declarations et Arrest necessaires seront expediées audit Riquet sans frais.

Fait au Conseil Royal des Finances, tenu à saint Germain en Laye le 14. jour d'Octobre 1666.

Signé, BECHAMEIL.

LOVIS par la grace de Dieu Roy de France et de Navarre; A nos amez et féaux Conseillers les gens tenans nostre Cour de Parlement de Toulouze, Cour des Comptes, Aydes et Finances de Montpellier; Presidens, Tresoriers de France et Generaux de nos Finances ausdits lieux, Salut. Voulans pourvoir au restablissement du commerce dans nostre Royaume, et le rendre plus florissant qu'en aucun des siecles passez, Nous aurions fait examiner en nostre Conseil à cét effet les propositions à Nous faites par nostre cher et bien amé Me Pierre Paul Riquet sieur de Bonrepos, pour la construction du canal de communication des mers Oceane et Mediterranée dans la Prouince de Languedoc; lesquelles nous aurions jugées si auantageuses tant à nos sujets qu'aux autres peuples de l'Europe, que pour en connoistre la possibilité, Nous aurions deputé des Commissaires tirez du Corps des Gens des trois Estats de ladite Prouince de Languedoc, auec les Commissaires presidans pour nous ausdits Estats; lesquels s'estans transportez sur les lieux, nous auroient donné leur aduis de la possibilité de faire ledit canal, et de la forme qu'il doit estre construit; sur lesquelles nous aurions fait dresser le Deuis et estat des trauaux qu'il conuient faire pour la construction dudit canal. Mais auparauant que d'entreprendre vn si grand ouurage, Nous aurions jugé à propos d'y faire trauailler par l'essay d'vn petit canal ou rigole de deriuation; ayant à ces fins par

Arrest de nostredit Conseil d'Estat du 27. *May* 1665.
commis ledit Riquet, pour sous les ordres des sieurs de Bezons et Tubeuf, Conseillers en nos Conseils, Intendants de Iustice, Police et Finances en Languedoc, faire proceder audit essay ; lequel ayant autant bien reüssi comme on pouuoit esperer, et asseuré de l'euenement de cette entreprise, Nous aurions resolu d'y faire trauailler sans aucun retardement; et à cét effet aurions ordonné au sieur Cheualier de Clerville, Commissaire general des Fortifications de France, de dresser vn nouueau Deuis de la forme et maniere en laquelle nous entendions lesdits ouurages estre faits, pour conduire ledit canal de communication des Mers depuis la riuiere de Garonne, au dessous la ville de Toulouze, jusques en celle d'Aude proche la ville de Trebes ; Lequel Deuis ayant esté communiqué à plusieurs hommes intelligents en cette matiere, et les publications de tous les ouurages qui y seront projettez ayant esté faites en nostredit Conseil dans les formes accoustumées, il se seroit presenté diuerses personnes qui auroient offert de faire tous les ouurages mentionnez au Deuis susdit, tant en ce qui concerne la rigole de deriuation que le canal de jonction, depuis la riuiere de Garonne proche la ville de Toulouze, jusques à la riuiere d'Aude prés Trebes, moyennant la somme de cinq millions de liures : Laquelle offre ayant esté publiée de nouueau en nostredit Conseil au rabais, il y auroit eû de moins dites par des particuliers, à

quatre millions trois cents quarante mille liures. Et en suitte, lesdites offres ayant esté enuoyées ausdits sieurs de Bezons et Tubeuf, pour faire faire pareille publication desdits ouurages, et proceder sur les lieux à l'eualuation d'iceux avec les personnes intelligentes en cette matiere, pour nous en donner leur aduis, et nous en estre fait rapport; Lesdits sieurs Commissaires ayant fait proceder à ladite estimation et publication, il a esté jugé par les procez verbaux qu'ils nous en ont enuoyez, Que tous lesdits ouurages mentionnez audit Deuis ne pouuoient pas estre faits à moins de trois millions six cents soixante dix-sept mille six cents cinq liures : Lesquels ouurages ayant derechef fait publier en nostredit Conseil, et ledit Deuis communiqué pendant diuers jours à diuerses autres personnes, ledit Riquet nous auroit representé, Que par ledit Deuis, plusieurs des ouurages susdits ayans esté remis à ce que la pratique descouuriroit de mieux en trauaillant, il resultera peut-estre de cela, qu'il s'y trouuera vne plus grande quantité de toises et des choses à faire que celles qui sont mentionnées audit Deuis, et nous auroit offert de faire et parfaire à forfait tous les trauaux et ouurages mentionnez au susdit Devis, sans aucuns excepter en ce qui concerne la rigole de deriuation et magasins de reserue, canal de jonction, escluses, chassées, et autres choses necessaires à la nauigation proposée à faire depuis Toulouse jusques à la riuiere d'Aude prés

Trebes tant seulement, dans le temps de huit années consecutiues, à commencer au premier Ianuier prochain que l'on comptera 1667. pour et moyennant la la somme de trois millions six cents trente mille liures, payable en huit années, et huit payements esgaux, au commencement de chacune année; en lui faisant par Nous remettre des assignations pour l'entiere somme, sur le fonds que nous auons destiné pour lesdits ouurages; lesdites assignations payables au commencement de chacune année, à la charge que nous serons tenus de payer et dédommager les particuliers proprietaires des heritages et possessions où lesdits ouurages doiuent estre construits; ensemble les Seigneurs particuliers des Fiefs et Iuridictions desquels lesdits heritages releuent. Comme aussi que nous nous chargerons de faire construire à nos frais et despens toutes les piles, arcs, et ponts qui seront jugez necessaires pour la commodité publique, tant sur le canal de jonction, que rigole de deriuation énoncées audit Deuis. Et en outre, que nous serons obligez de faire cesser tous troubles et empeschemens qui pourraient estre donnez audit Riquet; et de faire enregistrer dans les compagnies souueraines de la Province de Languedoc, et de par tout où besoin sera, tous Edicts, Declarations et arrests necessaires pour raison de ce, à nos frais et despens. Et attendu que ledit Riquet a fourni les moyens et les intelligences pour paruenir ausdits ouurages; ses devanciers ayans vescu noblement jusques aux *guerres ciuiles arriuées dans l'Estat és années* 1586. *et suiuantes qu'ils ont dérogé, il nous aurait supplié et requis de luy accorder la rehabilitation de sa Noblesse, et aux siens, et entant que besoin seroit, attendu les seruices qu'il nous rend, à l'Estat et au public, en faisant reüssir vn si grand ouurage : luy vouloir octroyer nos Lettres de rehabilitation et Noblesse, tant pour luy, sa femme, leurs enfans, que leur posterité, pour jouir de tous priuileges de Noblesse à perpetuité : lesquelles offres et conditions ayant esté examinées en Notre Conseil royal des Finances, et jugées plus aduantageuses qu'aucunes autres ; A CES CAVSES, de l'aduis de nostredit Conseil, suiuant l'Arrest donné en iceluy le* 14. *Octobre dernier cy-attaché sous le contreseel de nostre Chancellerie, et de notre pleine puissance et autorité royale, Nous auons par ces presentes signées de nostre main, accepté et acceptons les offres faites par ledit Riquet, comme faisant nostre condition meilleure, et dernier moins disant ; et en consequence, nous luy auons fait et faisons Bail et deliurance des trauaux et ouurages specifiez et designez au Deuis dudit sieur de Cleruille, transcrit audit Arrest, et projetté à faire depuis la riuiere de Garonne au dessous de Toulouse, jusques à la riuiere d'Aude proche de Trebes ; lesquels trauaux et ouurages il sera tenu de faire et parfaire dans huit années, à commencer au premier de Ianuier, que l'on comptera* 1667. *dans la mesme forme et ma-*

niere portée par le Deuis susdit : moyennant quoy nous promettons et nous nous obligeons de faire payer audit Riquet pour le prix desdits ouurages la somme de trois millions six cents trente mille liures contenuë en son offre ; laquelle somme luy sera payée en huit années, et huit payements esgaux, de quatre cents cinquante-trois mille sept cents cinquante liures chacun au commencement de chacune année : et à ces fins, qu'il luy sera remis presentement en ses mains des assignations pour la susdite entiere somme sur les fonds que nous auons destinez pour la construction desdits ouurages. Comme aussi nous nous obligeons de payer et indemniser les particuliers proprietaires des terres et heritages qui seront pris à l'effet de la construction desdits ouurages ; ensemble les Seigneurs particuliers des Fiefs et Iuridictions desquels lesdits heritages releueront, suiuant la liquidation qui en sera faite par Experts, qui seront pris par les Commissaires qui seront par nous à ce deputez, et de faire construire à nos frais et despens toutes les piles, arcs et ponts qui seront jugez necessaires pour la commodité publique, tant sur ledit canal de jonction que rigole de deriuation. Et en cas qu'il suruienne quelques troubles et empeschemens à l'execution desdits ouurages, nous promettons audit Riquet de les faire incontinent cesser, et donner à cet effet tous les ordres necessaires. Et voulant donner audit Riquet et à sa posterité des marques d'honneur et dignes d'vne si haute entreprise, et si aduantageuse au bien de nostre Estat ; Nous, de la mesme autorité que dessus, luy auons accordé et accordons par cesdites presentes la rehabilitation de Noblesse ; et entant que de besoin, l'auons declaré et declarons Noble, ensemble sa femme, leurs enfans et leur posterité, nais et à naistre en loyal mariage, pour jouïr par eux de tous priuileges de Noblesse à perpetuité, sans qu'il puisse estre censé ny reputé nouueau noble. Si vous mandons et ordonnons de faire chacun en droit soy, registrer ledit Arrest et cesdites presentes purement et simplement ; et faire jouïr ledit Riquet de l'effet d'iceux pleinement et paisiblement, cessant et faisant cesser tous troubles et empeschemens au contraire. Voulons qu'aux coppies dudit Arrest, et desdites presentes collationnées par l'vn de nos amez et feaux Conseillers et Secretaires, foy soit adjoustée comme aux Originaux : Car tel est nostre plaisir.

Donné à Saint Germain en Laye le 18. jour de Nouembre l'an de grace 1666. Et de nostre Regne le vingt-quatriesme.

Signé, LOVIS.

Et plus bas, Par le Roy, PHELYPPEAUX ; *Et scellé.*

Collationné aux Originaux par moy Conseiller, Secretaire du Roy, Maison, Couronne de France, et de ses Finances.

DESCRIPTION

DE L'ANCIENNE MACHINE DE MARLY,

ET DE CELLE QUI L'A REMPLACÉE.

Extrait de l'article RENNEQUIN SUALEM. (*Biographie universelle.*)

La considération que la description de l'ancienne machine de Marly se trouve déjà dans plusieurs livres, avait d'abord déterminé l'auteur à ne pas la donner ici; mais depuis qu'il a jugé convenable d'insérer dans l'ouvrage les détails d'exécution du canal de Languedoc, il a pensé que la description de l'ancienne machine de Marly en devenait, en quelque sorte, le pendant nécessaire, ces deux entreprises hydrauliques ayant été les deux plus saillantes merveilles du 17.ᵉ siècle. Si l'importance de cette machine ne peut nullement être mise en parallèle avec celle du canal de Languedoc, il faut convenir du moins que l'ingénieuse construction du baron Deville a été, pendant plus de cent ans, un secours indispensable, puisque, sans elle, les habitants d'une grande ville auraient été forcés de faire venir de loin l'eau potable nécessaire à leurs besoins.

M. de Prony, auteur de la description qui va suivre, paraît persuadé, comme on l'a déjà vu, que Rennequin Sualem a été le seul inventeur de la machine de Marly : aussi dans tout le cours de son récit, remplace-t-il le nom du baron Deville par celui du charpentier liégeois. L'article intitulé : *Discussion sur un fait historique*, a dû mettre le lecteur en état de prononcer sur la question.

On verra, dans cette description, que M. Prony regrette vivement que l'on n'ait aucune donnée sur le montant du capital primitivement dépensé pour la construction de la machine, et sur tous les ouvrages et établissements auxquels cette construction a donné lieu. Le tableau de l'ouvrage, n.° 3, fait voir que M. Prony a été complètement dans l'erreur.

DESCRIPTION.

Toute la longueur du fleuve, depuis le port de Marly jusqu'à Bezons, était, avant le 17.ᵉ siècle, presque entièrement divisée en deux bras par une suite d'îlots, qui ont été réunis pour ne former qu'une seule digue longitudinale de 10,150 mètres (environ 2 lieues et demie), et avoir, sur toute cette étendue, une grande partie des eaux de la Seine, exclusivement employée au mouvement de la machine. Par cette opération on n'a laissé, du côté de la rive droite, qu'un canal difficilement praticable à la navigation.

Au-dessous de la chute étaient établies 14 roues hydrauliques de 36 pieds de diamètre chacune, mues par le fluide qui se précipitait du haut de cette chute. Ce système de roues mettait en jeu 64 pompes, prenant immédiatement l'eau du fleuve, et la refoulant à un premier puisard placé sur le penchant de la montagne; l'eau élevée à ce premier puisard, y était reprise par 79 pompes, et refoulée une seconde fois jusqu'à un second puisard supérieur au premier ; là, 78 autres pompes achevaient d'opérer l'ascension de l'eau jusqu'au haut de la tour, dont la plate-forme supérieure est élevée au-dessus des eaux moyennes de la Seine, de 154 mètres 7/10 (476 pieds), et qui se trouve placée à 1236 mètres (634 toises) de distance horizontale de la machine en rivière, ou du premier mobile.

La tour est bâtie à l'origine d'un magnifique aqueduc de 643 mètres (330 toises) de longueur, que l'eau élevée parcourt avec la seule déclivité d'écoulement. Cet aqueduc fournit un très-beau point de vue au pays environnant; mais sa dépense, qui a dû être considérable, n'est motivée en aucune manière, par des raisons hydrauliques.

On voit, par ce qui précède, que le produit de la machine était le résultat du travail de 224 pompes placées tant dans le lit du fleuve, que dans les deux puisards établis sur le penchant de la montagne, sans parler des pompes auxiliaires qui n'avaient pour objet que le jeu du mécanisme.

Or, la complication apparente de cette machine, son aspect gigantesque, qui a principalement fait sa réputation, tenaient à ce que les deux systèmes de pompes qui reprenaient à mi-côte l'eau refoulée immédiatement de la Seine, ne pouvaient avoir de mouvement, qu'en vertu de la force motrice transmise du point inférieur du système général, et émanant des eaux mêmes du fleuve.

En conséquence, les roues hydrauliques, tournant par l'impulsion de l'eau de ce fleuve, avaient deux fonctions: l'une était de faire mouvoir le système de 64 pompes fournissant l'eau reprise successivement par les deux systèmes supérieurs; l'autre, de mettre en jeu les longues suites de pièces de communication de mouvement, au moyen desquelles les pompes des deux systèmes supérieurs pouvaient faire leur service; ainsi les pompes du puisard le plus élevé, agissaient en vertu d'une impulsion donnée à des distances de ce puisard, l'une verticale de 100 mètres 3/4 (310 pieds), l'autre, horizontale, de 671 mètres (344 toises).

Cette transmission de mouvement s'opérait par l'intermède de plusieurs couples de chaînes de fer, partant du fleuve, et aboutissant aux points où le mouvement devait être transmis; chaque couple avait ses deux chaînes dans un même plan vertical, attachées, d'espace en espace, aux extrémités des balanciers, dont les axes de rotation placées à mi-distance entre les deux chaînes, étaient posées sur des cours de lices établis sur des chevalets.

Des manivelles en fer fixées aux extrémités des axes des roues hydrauliques, agissaient sur les chaînes dans le sens de leur longueur, par l'intermède de pièces *de traction et de rotation*, désignées par les noms *de bielles et varlets;* et en résultat, lorsque la chaîne supérieure d'une couple était tirée et se mouvait dans le sens de la montagne, la descente de l'inférieure se mouvait dans le sens de la montée, et réciproquement; ces allées et venues oscillatoires, qui se répétaient plusieurs fois par minute, produisaient des oscillations correspondantes dans les pièces du mécanisme auxquelles les points supérieurs des chaînes étaient attachés, et par suite l'ascension et la descente des pistons des pompes de reprise des puisards.

Ces indications sommaires suffisent pour motiver l'énorme quantité de fer et de bois, dont la montagne se trouvait couverte, sur une longueur d'environ 700 mètres. Les mouvements bruyants de toutes ces masses dont on ne pouvait pas, sans instruction et sans étude, saisir la correspondance avec le premier mobile, excitaient l'étonnement et l'admiration des hommes étrangers à la science des machines; et cependant le mécanisme examiné dans ses détails, ne présentait au fond, que des procédés assez simples. Nous devons ajouter que ces procédés étaient connus et employés dans l'exploitation des mines, plusieurs siècles avant Rennequin. On les désignait en Allemagne, dans les mines du *Hartz* sous les noms, depuis francisés, *de tirailles et de varlets*. Les mineurs de Hongrie et de Suède s'en servaient, et en tirent encore un parti fort utile, lorsqu'il s'agit de transmettre l'eau à de grandes distances, par-dessus de hautes montagnes. L'application grande et mémorable que Rennequin en a faite, est le résultat manifeste des connaissances que cet homme avait acquises par une longue pratique, mais qui de son temps, n'étaient pas répandues en France.

Il était naturel, d'après la grandeur du sysème mécanique qu'offrait la montagne de Marly, de supposer qu'une immense quantité d'eau franchissait le sommet de cette montagne. Malheureusement les curieux qui avaient le courage de monter au haut de la tour, se trouvaient désenchantés *à l'aspect du mince filet d'eau qui arrivait à l'aqueduc*. Nous pensons que les lecteurs nous sauront gré de leur faire connaître ce produit effectif, et son rapport avec celui qu'on peut obtenir de la force motrice fournie par le bras inférieur de la Seine.

D'après les opérations faites le 21 juin 1794,

par l'auteur de cet article, pour parvenir à cette connaissance, la chute du fleuve, au barrage, était de 1 mètre 615 millimètres ; et d'après les méthodes de jaugeage les plus exactes, il a trouvé le volume d'eau qui tombait de cette hauteur, pendant une seconde de temps, égal à 55 mètres cubes 676 millièmes. En calculant, d'après ces données, et avec les réductions convenables, l'effet utile dont serait capable une machine qui mettrait à profit l'énergie entière de la force motrice due à la chute et au volume d'eau qui la franchit, il a reconnu que cette machine pourrait élever au sommet de la tour, ou à 155 mètres de hauteur, 6,920 mètres cubes d'eau, en 24 heures. Il conserve le manuscrit authographe d'une vérification de ce calcul, faite par le grand géomètre Lagrange, qui était fort curieux de ces sortes de recherches.

Or, d'après les relevés faits sur plusieurs dizaines d'années, le produit effectif moyen de l'ancienne machine n'excédait pas la sixième partie du produit possible, c'est-à-dire 1,150 mètres cubes ou 1,150,000 litres en 24 heures, *quantité très-suffisante pour les besoins privés* de 115,000 habitants, dans un pays salubre.

On a agité la question de savoir à quel prix monétaire revenait un volume d'eau déterminé, élevé par la machine de Marly. Un des auteurs qui ont parlé de cette machine, prétend qu'elle *faisait acheter l'eau aussi chèrement que du vin*, sans cependant rien prononcer sur la qualité de ce vin. La donnée importante dans une pareille recherche, est le montant du capital primitivement dépensé pour la construction de la machine, et pour tous les ouvrages et établissements auxquels cette construction a donné lieu. Mais *cette donnée manque absolument*, en sorte qu'on ne peut rien statuer sur les intérêts de la première mise de fonds, qui devraient être ajoutés aux frais annuels d'entretien et de régie.

Ces derniers frais portaient 1.° sur les réparations des digues et barrages qui se trouvaient dans le lit de la rivière entre Bezons et la machine; 2.° sur les réparations de cette machine elle-même, et de tous les objets compris entre la rivière et la tour, la direction des travaux et du mouvement des eaux; 3.° sur l'entretien des réservoirs, conduites, fontaines, etc., existant entre la tour sur laquelle les eaux sont élevées, et Versailles, et à Versailles même. Nous avons été à portée de savoir à quoi se montait le second de ces trois derniers objets de dépense annuelle. On a reconnu qu'il ajoutait, seul, à tous les autres articles inconnus 9 deniers 6/10, par muid d'eau de huit pieds cubes élevés au haut de la tour : cette évaluation est applicable aux années antérieures à 1788.

Après avoir exposé les résultats des conceptions du génie sans culture, pour surmonter de grandes difficultés, on va dire, en peu de mots, comment ces difficultés ont été récemment vaincues par les moyens que fournit l'état perfectionné des sciences physico-mathématiques. L'immense attirail de mécanisme, de puisards, réservoirs, équipages de pompes établis par Rennequin sur le penchant de la montagne de Marly, n'avait d'autre motif que l'impossibilité où il croyait être de faire monter une colonne d'eau depuis la Seine jusqu'au haut de la tour, d'un seul jet, c'est-à-dire par un tuyau unique qui ne fût interrompu nulle part entre ses points extrêmes.

Ce n'est pas qu'on manquât de la force nécessaire pour refouler une pareille colonne : cette force aurait été moindre que celle qu'on dépensait avec un mécanisme surchargé de masses inertes; mais des raisons, tenant en grande partie à la capacité de résistance du fer de fonte, avaient déterminé Rennequin à sous-diviser la colonne ascendante. Il fallait, par conséquent, appliquer à chaque point de sous-division ou d'interruption un appareil mécanique particulier, pour faire continuer à l'eau qui y arrivait sa marche ascensionnelle; et les appareils intermédiaires ne pouvaient communiquer que le mouvement qui leur était transmis par l'action inférieure de l'eau du fleuve.

De là l'énorme quantité de pièces de mécanisme dont cette transmission était la fonction unique, et qui couvraient la surface du sol sur plus de la moitié de la distance entre la machine inférieure, ou le premier mobile, et la tour. Plusieurs essais avaient été faits, après la mort de Rennequin et dans le cours du siècle dernier, pour constater la possibilité d'élever l'eau d'un seul jet, depuis le bas de la chute de la machine jusqu'au haut de la tour, par Camus, en 1738; Bockstaller, 1747; Trois, Bossut, Montucla, Deparcieux, en 1775. Ces essais avaient laissé fort indécise la question importante dont on cherchait la solution, et qui n'a été résolue, par le fait, qu'au commencement du siècle présent.

Nous sommes redevables de cet intéressant succès à feu M. Brunet aîné, qui, par un hasard singulier, était charpentier comme Rennequin, mais qui avait été à portée de recevoir une éducation et une instruction dont son prédécesseur manquait absolument. Les charpentiers comme Brunet, sont à Paris de gros entrepreneurs, dont plusieurs jouissent d'une fortune considérable. Un mémoire qu'il a publié sur la charpente en fer de la Halle-au-Blé, et plusieurs pièces manuscrites qui restent de lui, attestent qu'il n'était nullement étranger à la géométrie, à la mécanique et à la physique. Il avait choisi pour roue d'essai la quatorzième de la machine, celle qui est tout-à-fait en aval, ou au-dessous du courant par rapport aux autres.

Voici ce qui est dit dans un rapport rédigé par l'auteur de cet article, comme rapporteur d'une commission où il avait pour collègues MM. Monge et Coulomb, et qui a été lu à la classe des sciences de l'Institut, le 16 juin 1806 : il s'agissait d'une visite qu'ils avaient faite de la machine de Marly.

« Il est essentiel d'ajouter que sur les quatre-vingt-dix pouces de fontainier (produit de la machine le jour de la visite), il y en avait seize ou dix-huit fournis par la quatorzième roue, qui les refoulait dans un seul tuyau sans aucune reprise le long de la montagne, et qui agissait de cette manière depuis quinze jours sans interruption. »

Ce fait, qui établit l'antériorité du mécanisme de Brunet, est cité dans un rapport postérieur du 12 décembre 1814, lu à la même classe des sciences au nom d'une commission (de MM. de Prony, Carnot et Poisson), chargée de constater les améliorations que MM. Cecile, directeur actuel de la machine, et Martin, artiste mécanicien, avaient faites au mécanisme de Brunet, dont une des principales était d'assurer la continuité du mouvement de l'eau élevée, sans le secours d'un réservoir d'air. Ce sont deux roues ainsi perfectionnées qui, remplaçant les quatorze roues anciennes, font maintenant et depuis plusieurs années, le service de la fourniture d'eau de Versailles; mais elles ont perdu, en bruit et en aspect, ce qu'elles ont gagné en bonne construction. Plus de tirailles, de longues chaînes de fer, de balançoires, de chevalets, etc.; la montagne qui en était couverte, s'en trouve tout-à-fait débarrassée.

Nous ne serions pas étonnés (si l'on connaissait le capital dépensé pour l'établissement de l'ancienne machine, et pour la construction du magnifique et inutile aqueduc) de trouver qu'avec une année d'intérêts de ce capital, on aurait pu assurer la fourniture d'eau de Versailles, en employant les moyens mécaniques actuellement connus et mis en pratique. Il est vrai qu'un mécanisme simple et silencieux aurait pu échapper à l'attention, à l'admiration du voyageur. Nous avons plus d'un exemple de l'enthousiasme excité par les produits de l'enfance de l'art, tandis que ceux de sa maturité restent inaperçus.

Les nouvelles roues hydrauliques de MM. Cécile et Martin n'ont que des fonctions provisoires, attendu qu'une machine à vapeur placée près de la machine hydraulique, et dont la construction est bien avancée, doit fournir désormais à Versailles l'eau potable qui lui est nécessaire.

Observations critiques sur cette description.

Nous vivons dans un siècle où l'admiration est presque exclusivement réservée aux choses de l'état présent. Ce qui est ancien, excite le plus souvent le dédain, ou du moins n'obtient pas les louanges qui lui sont dues. On veut juger du mérite d'une invention plus que séculaire, d'après les connaissances actuelles, fruit du progrès toujours croissant des arts. On n'est point assez juste pour tenir compte des difficultés sans nombre que faisait nécessairement naître l'état d'enfance où se trouvaient certains arts, il y a 150 ans. On compare les moyens aujourd'hui employés avec ceux qui étaient mis en usage anciennement ; et comme cette comparaison n'est pas et ne peut pas être à l'avantage des époques déjà loin de nous, on profite du parallèle établi, pour critiquer les opérations du temps passé, afin de faire mieux ressortir l'incontestable supériorité du temps présent.

Ces réflexions m'ont été suggérées par la lecture attentive de la description de M. de Prony. Il règne, dans tout le cours de cette description, un ton d'amertume malveillante, qui donne à penser que l'auteur, loin d'être juste appréciateur des productions du 17.ᵉ siècle, a saisi toutes les occasions qui se sont offertes à lui de les dénigrer, ou du moins de leur enlever la plus grande partie de leur mérite, en présentant, d'un air de satisfaction, leur côté faible ou défectueux. Il me reste à justifier l'accusation que j'intente ici à M. de Prony : la tâche ne me paraît pas difficile à remplir.

D'abord l'auteur, après s'être élevé avec force contre la complication et l'aspect gigantesque de la machine, qui selon lui, en ont principalement fait la réputation, convient quelques lignes plus bas, que la complication reprochée *n'était qu'apparente*, et que le mécanisme *examiné dans ses détails*, ne *présentait au fond que des procédés assez simples.* N'y a-t-il pas là contradiction de M. de Prony avec lui-même? Mais je n'insiste pas là dessus, et ceci est le moindre de mes griefs contre lui.

Notre biographe nous dit : le produit effectif de l'ancienne machine n'excédait pas la sixième partie du produit possible. Elle donnait régulièrement 1,150 mètres cubes d'eau en vingt-quatre heures, *tandis qu'elle aurait dû en produire* 6,920. Le raisonnement de l'auteur serait logique, et conclurait contre la perfection de la machine, si celle-ci eût été dans l'impuissance réelle de donner au-delà des 1,150 mètres avoués; mais qui ne sait que ses quatorze roues ne fonctionnaient pas toutes à-la-fois, parce que plusieurs étaient souvent arrêtées pour cause de réparation, et que d'ailleurs on ne voulait pas, et avec raison, donner à la ville de Versailles un volume d'eau de beaucoup supérieur à ses besoins? M. de Prony lui-même ne balance pas à déclarer que les 1,150 mètres *étaient très-suffisants* pour les besoins privés de 115,000 habitants. En effet, les 1,150 mètres produisant, selon l'auteur, 1150 mille litres d'eau en vingt-quatre heures, chaque habitant avait la faculté d'en consommer dix litres par jour.

Mais, ajoute M. de Prony, un des auteurs qui ont parlé de cette machine, prétend *qu'elle faisait acheter l'eau aussi chèrement que du vin, sans cependant rien prononcer sur la qualité de ce vin.*

L'auteur ne nous dit pas ce qu'il pense de la singulière prétention du critique. Il n'approuve ni ne désavoue, il est vrai, cette téméraire allégation; mais il me semble que l'on est autorisé à conclure de son silence, que secrètement il y ajoutait foi; car, dans le cas contraire, il eût manifesté son improbation d'une telle sottise. Si cette conjecture est fondée, voici de quoi confondre l'erreur de M. de Prony.

Je caserai au plus bas; je supposerai que le vin en question n'était ni du Beaune, ni du Châblis, mais de mauvais vin de Surène; je supposerai encore que ce vin, il y a cent cinquante ans, ne se vendait qu'un sou le litre. Les 1150 mille litres par jour, devaient donner 419 millions 750 mille litres par an. Cette eau changée en vin, à un sou le litre, aurait coûté annuellement au roi 20 millions 937 mille livres, ce qui, en dix ans, aurait produit une dépense effrayante de 209 millions 370 mille livres. Eh bien! la construction de la machine de Marly, et son entretien jusqu'en 1690, n'ont coûté à Louis XIV que 3 millions 674 mille livres du temps, ce qui n'offre pas au-delà de 22 millions de nos jours. Que pense maintenant le lecteur de la prétention du censeur dont parle notre savant biographe?

M. de Prony nous dit encore que les curieux qui avaient le courage de monter au haut de la tour, *étaient désenchantés à la vue du mince filet d'eau* qui arrivait à l'aqueduc. Cette observation n'a pas été, à coup sûr, dictée par un esprit de bienveillance. Mais on peut répondre à M. de Prony, 1.° que ce filet auquel est donnée une épithète qui l'affaiblit encore, n'était pas aussi mince qu'on veut le faire croire, puisqu'à raison de 1150 mille litres, en vingt-quatre heures, ledit filet donnait par minute au-delà de 898 litres, ce qui serait au moins la contenance de deux gros tonneaux de 500 bouteilles chacun; 2.° que le filet n'était si faible, que parce qu'il y eût eu inutilité, et inconvénient de perte d'eau à le rendre plus fort, M. de Prony lui-même, comme il a déjà été remarqué, nous assurant que la quantité d'eau fournie par jour à Versailles, *était très-suffisante.* Si les besoins de la consommation eussent exigé un volume plus considérable, la machine eût été en puissance de le donner : il n'eût fallu, pour cela, qu'accroître le nombre de roues à mettre en mouvement.

Enfin, M. de Prony termine sa description comme il l'avait commencée, c'est-à-dire dans le même esprit et avec l'intention d'amoindrir aux yeux du siècle présent, l'importance de l'ancienne machine et l'habileté de son constructeur. Il se plaint amèrement de *l'enthousiasme excité par les produits de l'enfance de l'art.* Il se complait surtout à nous insinuer que le système si compliqué de l'ancienne machine n'a eu pour but, de la part de ses auteurs, que d'exciter l'admiration des hommes qui ne s'attachent aux objets extérieurs capables de les frapper soit par un grand bruit, soit par un gigantesque développement, que parce que, privés des lumières nécessaires, ils se trouvent réduits à l'impuissance de pénétrer au fond des choses.

Pour être juste, M. de Prony aurait dû remarquer qu'ici il faut nécessairement se reporter en arrière, d'un siècle et demi; il aurait dû, par cette raison, reconnaître que les connaissances acquises alors ne permettaient pas de faire mieux. Ce qui prouve la sagesse de cette conjecture, et ce qui est éminemment propre à justifier pleinement l'habile constructeur Deville, c'est que 60, 80 et même 100 ans après la construction de l'ancienne machine, les hommes de l'art les plus expérimentés, à ces diverses époques, furent appelés par l'autorité, et chargés d'aviser aux moyens de simplifier le système du 17.ᵉ siècle; que cependant ils se sont toujours séparés, après de longues méditations, **sans** avoir trouvé une solution satisfaisante du problème qui leur était proposé. Il n'y a point à douter de ce fait, puisque c'est M. de Prony lui-même qui nous le rapporte et nous le certifie.

Les détails renfermés dans ce dernier article de critique, lequel termine l'ouvrage, sont bien propres à confirmer la justesse de l'observation que j'ai faite en commençant l'article, savoir : que les siècles présents sont rarement équitables à l'égard des siècles passés. On veut absolument juger ceux-ci d'après les idées, les goûts, les connaissances, les préjugés même de l'âge où l'on vit, tandis que, pour être juste envers eux, il faudrait les juger d'après les goûts, les idées, les connaissances acquises, les préjugés de l'âge, que l'on cite, avec une si présomptueuse assurance, au tribunal de l'opinion publique de son siècle.

Lecteurs,

Voilà la tâche de l'auteur achevée. S'il l'a remplie à votre satisfaction, il vous demandera pour prix des efforts qu'il a faits, dans la vue de mériter votre estime et vos suffrages, de vouloir bien recommander à vos parens et à vos amis, le Siècle des Beaux-Arts et de la Gloire. Répandre ce livre, c'est travailler à dissiper en France les illusions funestes de certaines erreurs, et à faire triompher la vérité sur plusieurs points intéressants de notre histoire nationale.

TABLE DES MATIÈRES.

Préface.. . . . . .page v
Introduction 1
Article Saint-Simon. 7
—— La Fare 15
—— La Beaumelle.. 23
—— abbé de Saint-Pierre. 37
—— Duclos. 57
—— Voltaire 77
—— Mirabeau. 107
—— Volney 111
—— Dulaure. 121
—— Lemontey. 133
—— Montyon. 161

Article Alexandre de La Borde . . . . . page 167
— — Vatout. 177
— — Jules Janin. 185
— — Vaysse de Villiers, Peignot, Eckard. 193
Objections prévues 205
Observations critiques. 208
Discussion sur un fait historique. 214
Dépenses en bâtiments, réduites à leur taux réel et effectif 221
Tableaux généraux de la dépense des bâtiments au 17.ᵉ siècle. 224
Administration générale des bâtiments. . . . 231
Eaux, étangs, aqueducs, retenues et rigoles. 234
Le Louvre 239
Ville et château de Versailles 242
Trianon. 244
Marly. 245
Clagny. 247
Meudon. 248
Fontainebleau. 249
Compiègne 250
Artistes célèbres 252
Principaux Entrepreneurs. 262
Chapelle du château de Versailles. 265
Pensions et gratifications des gens de lettres. . 266
Noms des principaux Pensionnaires 267

Notices historiques sur diverses dépenses des
    bâtiments. . . . . page 269
Rapprochements entre les règnes de Louis xiv
    et de Louis xv. 276
Parallèle entre ces deux princes 283
Administration générale des bâtiments sous
    Louis xv. 289
Organisation de la direction générale des bâ-
    timents 292
Tableau général des dépenses des bâtiments
    sous Louis xv 294
Article Salverte. 296
Canal du Languedoc. 304
Adjudication des ouvrages à faire 305
Machine de Marly (sa description) 343
Observations critiques sur cette description. . 354
Allocution aux lecteurs 360

FIN.

VERSAILLES. — IMPRIMERIE DE DUFAURE,
Rue de la Paroisse, n.º 24.

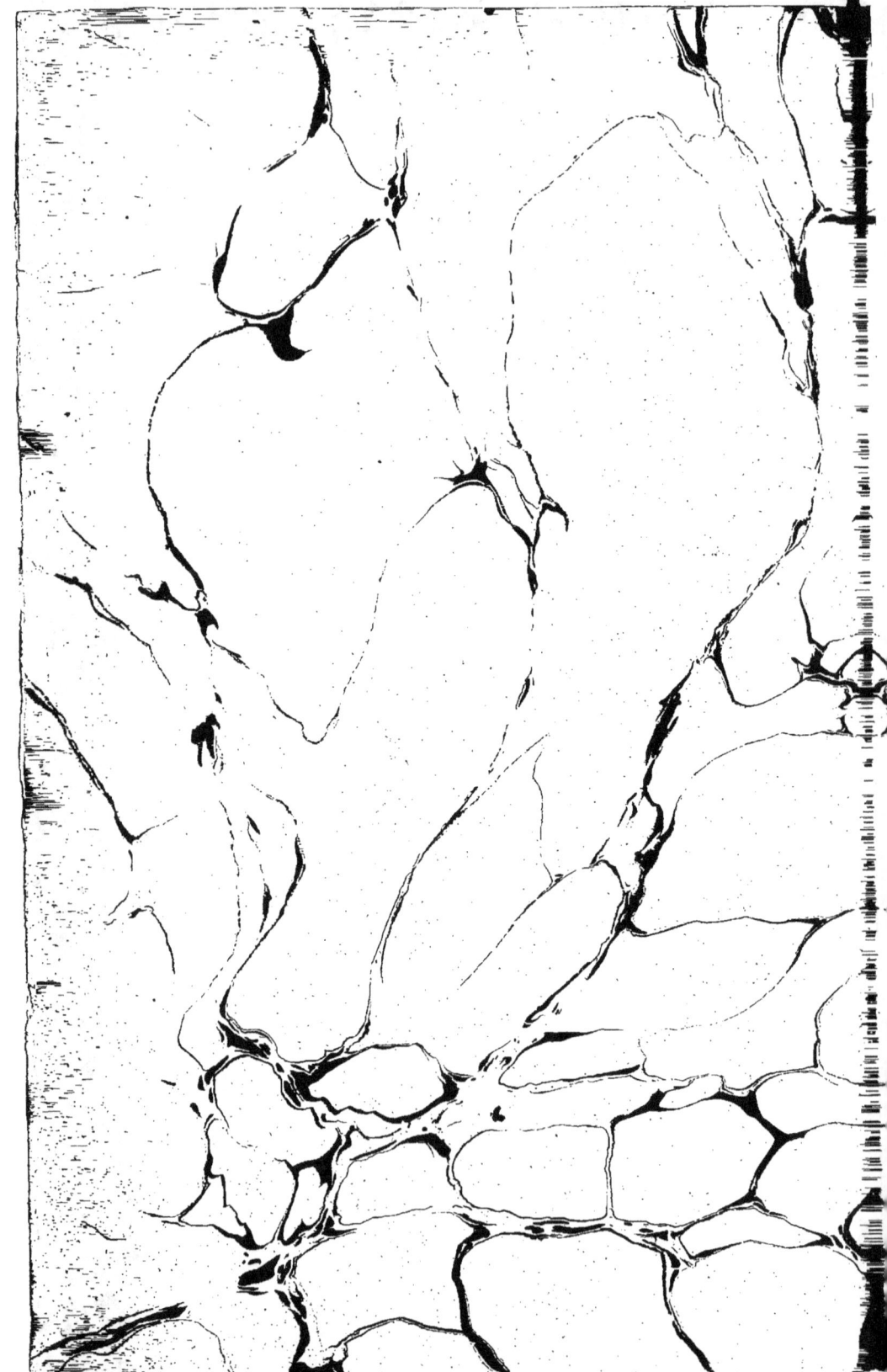

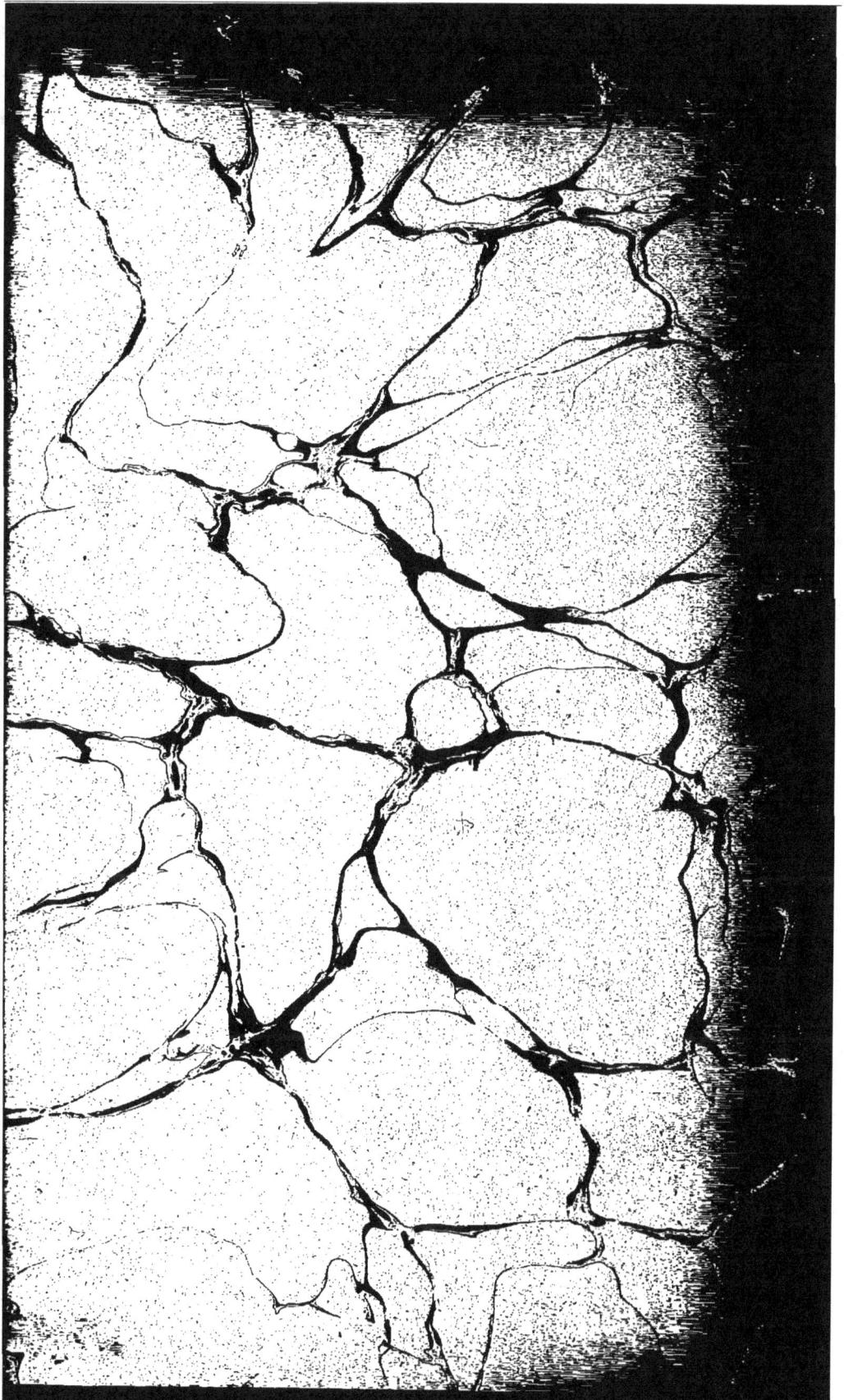

www.ingramcontent.com/pod-product-compliance
Lightning Source LLC
Chambersburg PA
CBHW052043230426
43671CB00011B/1774